關於 **心理學** 100 Storys of
的100個故事 Psychology

汪向東◎編著

100個故事，帶您進入心理學的殿堂，讓您更深層的了解人性！

　　「心理學」一詞來自於希臘文，意思是關於靈魂的科學。它是研究人與動物心理活動和行為表現的一門科學。

　　心理學是一門既古老又年輕的科學。說它古老是因為人類探索自己的心理現象已有兩千年的歷史：從西元前四世紀古希臘亞里斯多德的《論靈魂》開始，心理學一直是包括在哲學之中；說它年輕是因為它是十九世紀中葉才漸漸從哲學中分出來，成為一門獨立的科學，它只有百餘年的歷史。

　　因此，德國著名的心理學家艾賓浩斯曾說：「心理學的誕生是以德國心理學家、科學心理學的創始人馮特1879年在德國萊比錫創立的第一個心理實驗室為標誌的。」

　　心理學是研究人的心理現象發生、發展規律的科學。它包括兩方面：一方面是心理過程，包括認知過程（感覺、知覺、記憶、思維、想像）、情感過程（喜、怒、哀、樂等）和意志過程（目的的確定、困難的克服等）。

　　那麼，什麼是人的心理現象？其實，心理現象無時無刻都在我們的勞動、工作、學習中產生。只是我們不去瞭解它，才會覺得它非常神秘罷了。例如：我們看電視時，能聽到電視中優美的音樂和看到電視中壯麗的山水；吃飯時，能聞到飯的香、甜之味等，這就是人的感覺和知覺；另外，我們對看過的影片還能「記憶猶新」，這就是記憶等等，這些都是心理現象。

　　隨著生活和工作節奏的加快、緊張情緒的持續、競爭壓力的增大、社會閱歷的擴展和思維方式的變革，在工作、學習、生活、人際關係和自我意識等方面，幾乎每個人都會遇到心理失衡的現象。

　　據最新統計顯示，目前全球約有3億人患有不同程度的心理障礙症，其中男性占發病人數的82.5%，女性占17.5%。

　　美國心理疾病的發病率是20%～30%，德國已達300萬人，而整個亞洲則是5,000萬人，其中有90%的人並沒有意識到自己患有心理疾病。其中兒童因各種心理問題的發生率為17.66%。大學生、高中生中5%～6%有輕生的念頭，其中13%有自殺的準備，而且，這些情況呈直線上升趨勢。

　　其實，我們生活中的很多心理困惑和苦惱，都是可以藉由心理學迎刃而解的，然而，由於很多人對心理學知識的瞭解還很膚淺並存在或多或少的誤解，使得一些問題逐漸惡化，最終造成不可挽回的後果。如：戀愛、婚姻、自卑、人際關係，以及失眠、焦慮、憂鬱等等問題。

　　因此，我們進行了長達兩年的調查研究，決定用故事的形式來編輯本書。書中將以生動、貼切的故事，精彩的圖片以及視覺藝術專家的專業設計等形式，來為讀者鋪就一條通往心理學之門的康莊大道。使讀者在享受讀書樂趣的同時，在潛移默化中深入瞭解心理學上的各種知識。

　　期望讀者在讀完這本書後能夠進一步地瞭解心理學，並將之應用到現實生活中，使自己的身體健康和事業發展做一次質的飛躍。

第一章　普通心理學

目錄

第二章　社會心理學

第三章　人格心理學

第四章　醫學心理學

第五章　生理及其他心理學

第一章

普通心理學

普通心理學是研究心理學基本原理和心理現象的一般規律的心理學分支。

心理學有許多分支，每一分支分別從不同的角度來研究心理現象。但是，任何一個分支都不可避免地要涉及對心理和心理現象的整體看法，如心理學的對象和方法，心理的實質和心理現象的規律性等。對這些心理學一般理論問題的闡述，構成了普通心理學的一個重要的研究領域，即心理學基本原理的研究。其研究成果對其他心理學分支有重大的意義。

普通心理學以正常成人的心理活動爲對象，闡述心理活動的最基本規律。它所涉及的內容是心理學最基本的概念和心理活動最基本的規律，是學習其他心理學知識的基礎。普通心理學可以分爲四個方面：認知；情緒、情感和意志；需要和動機；能力、氣質和性格。

失去感覺怎麼辦？

感覺是指人腦對直接作用於感覺器官的事物的個別屬性的反映。也就是說，客觀事物具有許多個別屬性，這些個別屬性在人腦中的反映就是感覺。

傳說，古希臘有一位名叫萊恩多的貴族，因為勾引國王的妃子被打入了死牢，國王要用最殘酷的刑罰來嚴懲這位膽大妄為的偷情者，要讓他生活在沒有聲光色彩的世界中——他把萊恩多關在一間沒有光線的地下室，這裡黑漆漆的，什麼也看不見，他的手腳和頸部用固定在牆上的鐵環套住，動彈不得，獄卒每天餵他吃沒有任何味道的麵粉。

萊恩多決心復仇，他每天在單純的復仇意念中用想像力來鍛鍊自己的體格和武藝，由於沒有各種感覺刺激，使得他的理智和想像力得到了極大的發展。

由於每天只吃乾麵粉，使他的體格格外強壯，並且能夠免除一切疾病的侵害……十年後，當他重見天日的時候，他已經是一個無堅不摧的強者了，憑著十年牢獄生涯練就的一身功夫，他輕易的打敗了國王，並和他心愛的王妃幸福地生活在一起。

這樣的牢獄生活真的可以把人鍛鍊成一個偉大的強者嗎？喪失了感覺能發展一個人的理智嗎？感覺對於人到底有什麼作用？為了解答這個問題，1954年，加拿大麥克吉爾大學的心理學教授博克森進行了一個名為「感覺剝奪」的實驗。

在這個實驗中，實驗對象戴著半透明的護目鏡，它僅能透過漫射的光線而看不見圖像。棉手套和卡片紙做的護腕剝奪了受試者手指的觸覺。聽覺刺激被

一個圍在頭上的U形枕頭和一部始終嗡嗡作響的冷氣機控制著。

　　實驗對象在小房間裡盡可能地躺在床上，吃、喝都由實驗者安排好了，用不著實驗對象移動手腳。總之，實驗對象的各種感覺都被「剝奪」了。他招募了20名大學生做實驗對象，這些實驗對象每忍受一天的感覺剝奪，就可以得到20美元的酬勞，在五〇年代的美國，這可是相當可觀的一筆收入。

　　這些實驗對象本以為自己找到了一個好差事，閉著眼睛睡大頭覺也可以賺錢。實驗剛開始的時候，實驗對象還能安靜地睡著，但過沒多久，實驗對象就開始失眠、不耐煩，他們急切地想尋找一點刺激，他們想說話、唱歌、用手套互相敲打……等等。

　　總之，他們變得焦躁不安，很不舒服，甚至連思維都混亂了。被隔離12、24、48小時後，實驗對象要分別進行包括簡單算術、字謎遊戲及造詞等內容的測試。結果顯示：隨著被隔離時間的延長，測試的成績越來越差，隔離一段時間後，受試者很難集中注意力並變得容易激動。此外，還會產生幻覺。隔離狀態下的腦電波比隔離前顯著地減慢。剛解除隔離狀態時，實驗對象常產生感覺失真，腦電波要過幾小時後才能恢復正常。

　　我們依靠聽覺感受聲音和旋律，靠視覺感受色彩和光線，靠皮膚覺感受冷暖、粗糙和細膩……感覺是我們一些外界刺激的來源，它對人的心理健康發揮著重要的作用。首先，沒有感覺，我們就無法獲得外界的任何資訊，我們的心靈將是一片空白；其次，人體是一個內外平衡的系統，只有資訊的輸入和輸出保持平衡的時候，人的心理才能保持健康。

最後，感覺對人際關係而言也非常重要，沒有感覺既不能和他人建立同感，對於他人的情緒變化也是麻木的。在一個感覺被剝奪的環境中，不要說十年，就是待上十天，人也會出現思維混亂、注意力渙散、語言能力受損等現象，嚴重地損害了人們的心理健康。

豐富的感覺刺激對嬰幼兒的智力發展來說也是非常重要的。所以，嬰幼兒的娃娃車上往往裝飾著色彩絢麗的各種玩具。家長們應當為嬰幼兒提供盡可能豐富的感覺刺激以幫助嬰幼兒大腦的發育。而刺激、貧乏、單調的環境將嚴重影響嬰幼兒大腦的發展。

埃蒂耶納·博諾·德·孔狄亞克（1715年～1780年）
法國啟蒙思想家，著有《人類知識起源論》和《感覺論》等。孔狄亞克認為一切心理過程都是由感覺轉化而來的，並認為心理的複雜性不是因為感覺有多種，一種感覺也一樣可以轉變出所有高級的心理功能，如記憶、判斷、抽象等作用。他認為感覺越新近，越容易回憶；感覺越生動，也越容易回憶。

長不大的孩子

「假裝長不大」同樣具有精緻的心理結構，其實，他為的就是避免自己「家庭的死亡」。

有一天，一名行為恭謙的父親帶著孩子來到魯特的診療室，父親坐在兒子旁邊，面對著魯特教授，然後站起來走到治療師面前的沙發上坐下，很急切地看著治療師說：「他是我兒子，今年18歲了，可是至今還和他媽媽睡，使得我們夫妻分居多年，我擔心他是不是有什麼問題？」

接下來，孩子的父親就對著魯特教授侃侃而談，說自己家裡的房子小，三口之家一直住在一起，後來房子大了，因老人的原因使得三人仍不能分開睡，還好他經常出差，所以孩子能夠和母親兩人睡。過了幾年之後，他的工作也比較穩定下來了，這樣一來，他就可以每天回家了，但這時候，已經13歲的兒子卻不願和母親分開睡了，所以他只好自己一個人睡。不過，如果母親有事不在的話，孩子也要父親陪著他睡。

於是魯特教授就轉向孩子，問他的同學關係，觀察他的語言表達能力。

意外的是，小男孩竟然很沉著地講述自己喜歡聽音樂、跳舞和同學聚會等。而且，有時候如果高興的話，還會向別的同學成功推銷一些小東西，得到一點盈利。

他和同學關係一開始時很順利，也很談得來，但持續深交下去，他自己也不知道為什麼，就逐漸疏遠。學業成績以前還可以，近來明顯有退步情形，總覺得自己

腦子不靈光；注意力、記憶力下降，自己也覺得很苦惱。

而且，他說自己和父親關係是「矛盾性親近」，即既願意接觸，又比較叛逆。而在和母親相處則為「親近性疏遠」，即關係很親，但心裡又覺得很疏遠。

魯特覺得現在與自己對話的小孩，是以18歲甚至更成熟的年齡在和自己溝通。這樣的孩子不該有嚴重的分離焦慮。

「那你父母的關係如何？」魯特問。

「他們以前總是吵架，最近幾年稍微好些。」男孩回答說。

「是否自從父母不吵架了，你的成績反而開始退步了呢？」魯特又問道。

男孩想了想，說：「這好像沒什麼關係吧！」

這時，父親插話說：「我在公司工作，交際能力還可以，經常會有一些應酬，為此，他的媽媽經常與我吵架，這孩子其實很佩服我，但和我交談時我可能會比較粗暴、武斷，他雖然和他媽媽較親些，但他媽媽工作普通、教育程度不高，他其實瞧不起他媽媽。」

現在，問題的根源慢慢浮現了。父親事業有成，在家裡絕對權威，與母親各方面的懸殊差異導致不經意對母親的不屑。當孩子長大之後，他無疑是欣賞和願意成為父親那樣的男子漢的，但這樣家裡就有兩個強大的男人──面對一個弱小、無助的女性，母親失去了身為母親的照顧功能、又沒有知識上的跟進，在孩子的內心，母親既可能被父親淘汰、也可能被自己、最後被社會所淘汰。

而這是他以不能接受的「幻想現實」作為妥協，他必須使自己變得不進步、變得需要回到被照顧的狀態中。

這時，孩子在父母面前仍是年幼、需要照顧的，這樣，自己能夠不那麼強大，母親也就顯得有「照顧」的價值了。

孩子身體的不適是為了不與父親直接對抗，將自己變得弱小一點，他的「退步」還導致了來自母親的照顧，旨在繼續發揮她的作用，這種「假裝長不大」的心理結構，使家庭維持在「維持」的水準。

斯金納‧伯爾赫斯‧弗雷德里克（1904年～1990年）
美國心理學家，新行為主義的主要代表。1904年出生於美國賓夕法尼亞州薩斯奎漢娜，從小對動物及人類行為感興趣。1990年8月18日卒於波士頓。主要著作有《有機體的行為》（1938年）、《科學和人類行為》（1953年）、《言語行為》（1957年）、《關於行為主義》（1974年）、《超越自由和尊嚴》（1971年）等。他在心理治療、兒童行為矯正領域卓有貢獻，是行為矯正技術的創始人之一。

猩猩的驚人智慧

頓悟指的是透過觀察，對情境的全局達到目標途徑的提示有所瞭解，進而在主體內部確立起相對的目標和手段之間的關係完形的過程。

德國心理學家沃爾夫甘・苛勒長期致力於猩猩的「智力」問題研究，在他擔任猩猩研究站站長期間，發表了大量的研究報告，揭示了猩猩這種動物的生活習性和學習本領。

猩猩研究中心有一隻名叫沙爾的雄性猩猩，為了在牠身上做一項特殊的試驗，飼養員刻意一個上午不給牠吃任何東西，讓牠處於極度饑餓狀態。午間過後，等到時機差不多成熟了，飼養員才把牠帶到一個房間，房間的天花板上吊著一串香蕉，沙爾即使是站立起來，也觸摸不到。

沙爾一見香蕉便又竄又跳，可是怎麼也觸摸不到。牠急得在屋子裡來回打轉，嘴裡發出不滿的吼聲。這時候，飼養員在房間裡放了一個大木箱、一根短木棍。沙爾猶豫了一下，牠拿起棍子，試著去勾香蕉，可是依然勾不著。沙爾失望了，牠沮喪地蹲在地上。就在牠萬般無奈的時候，突然，牠直奔箱子，把它拖到香蕉的下面，然後又拿著那根短木棍，很敏捷地爬到了箱子上，輕輕一勾，香蕉就到手了。

幾天之後，他們再次測試沙爾的學習本領。這次，房間依舊，不同的只是香蕉掛得更高，短木棍換成了一個小木箱。

沙爾一開始仍然沿襲上次得到的經驗，牠把小箱子搬到香蕉下面，然後爬上去，蹲下來，準備跳起來拿香蕉。但牠並沒有這樣做，因為香蕉太高了，無論如何還是觸摸不到的。

　　牠茫然地坐在箱子上，有些不知所措。突然，牠又跳了下來，抓住小箱子，拖著它滿屋子的亂轉，同時發出憤怒的怪叫聲，並用力地踢打牆壁。等到牠氣發洩得差不多的時候，牠忽然像是明白了什麼似的，拖著小箱子來到大箱子前面，稍微一用力，便將小箱子扔在了大箱子上面，然後迅速爬了上去，解決了難題。

　　另外，苛勒還設計了許多不同的難題讓猩猩解決。猩猩似乎能不時地在某個關鍵時刻想出了解決問題的辦法，苛勒解釋說，這是猩猩在腦海裡對形勢的重塑。他將這種突然的發現叫做「頓悟」，定義為「某種相對於整個問題的佈局，而出現的完美解決方法。」

　　另外一個顯著的頓悟例子則是由別的問題誘發的。苛勒把一隻叫沃特的雌猩猩放在籠子裡，再當著牠的面，把香蕉放在籠子外面牠觸摸不到的地方，並在籠子裡面放一些棍子。沃特看到香蕉，只是拼命地用前臂去拿，嘴裡呼哧呼哧地喘著粗氣，拿不到香蕉，卻也沒想到拿棍子。結果，折騰了一個多小時，牠失去了耐心，乾脆躺在地上，一動也不動。

　　這時候，牠發現另外幾隻猩猩正朝著籠子外面的香蕉走來，牠一下子就跳了起來，抓住一根棍子，猛然地把香蕉勾到了自己面前。顯然，其他猩猩接近食物對牠起了激發的作用，進而誘發出牠的頓悟力。

　　也正是這樣的一系列研究，苛勒在1921年出版了《猩猩的智力》這本專著，報告了自己的試驗結果和驚人發現。他的專著讓心理學界大受震撼。

他最重要的發現之一就是，頓悟式學習不一定要依靠獎勵。另外一項重要發現，就是當動物得到某種頓悟時，牠不僅知道用頓悟到的知識來解決當下的問題，而且可以融會貫通，甚至舉一反三，把稍加改變的方法應用到其他不同的情形之中。按照心理學的術語來說，頓悟式學習能進行「積極傳遞」。

以獎品為基礎，透過試誤法來解決問題的模式，對一些簡單動物解決問題的解釋是令人滿意的，可是，在對一些有較高智力的動物和人類進行解決問題的研究時，還是按照由苛勒、登卡爾和韋特海默指示的方向進行。

他認為學習不是由於盲目的嘗試，而是由於對情境有所頓悟而獲得成功的。在苛勒看來，頓悟就是體會到自己的動作為什麼和怎樣進行，體會到自己的動作和情境，特別是和目的物的關係。這一學習理論目前已成為西方心理學中重要的學習理論之一。

沃爾夫甘·苛勒（1887年～1967年）
美籍德裔心理學家，格式塔學派的創始人之一，出生於愛沙尼亞，5歲時遷居德國北部。1917年出版了名著《猿猴的智力》，提出頓悟學習理論。

和珅的同感心理學

同理心又叫「同感」，指能設身處地的體會他人的處境，對他人的情緒和心境保持敏感和理解。

在大清王朝的歷史上，和珅不僅是個大貪官，而且還是一個惡名昭彰的奸佞小人。但是，以乾隆的英明為何還要寵倖和珅長達二十餘年呢？到底是君臣相得益彰，還是別有隱情？是乾隆看錯了和珅，還是和珅深得乾隆的心？

不過，恐怕沒有幾個人會否認，和珅在貪官小人的背後，還是一位善解人意的心理大師呢！

要知道，和珅是乾隆皇帝的大紅人。他「少貧無籍，為文生員」，到了乾隆四十年（西元1775年）才被擢為御前侍衛。但自此之後，和珅深得乾隆的寵信，平步青雲，任軍機大臣長達20年之久，可謂空前絕後。其中原因，應該是得益於他的善解人意了。

乾隆皇帝喜歡吟詩作賦，而和珅也在很早的時候，就下了很大功夫來收集乾隆的詩作，並對其用典、詩（詞）風、喜用的詞句瞭解得一清二楚，閒來還有所唱和，這讓乾隆對他另眼相待。要知道，和珅身為一個滿人，卻能在詩賦上有所建樹，這可不是件容易的事情！

乾隆的母親去世時，和珅表現得非常出色。他並不像其他皇親國戚、官宦臣下那樣一味地勸皇上節哀，或說一些無關痛癢的話。和珅只是默默地陪著乾隆跪泣落淚，不思寢食，幾天下來人就變得面無血色，形容枯槁。能如此與皇

帝同感共情的人，在滿朝文武官中也只有和珅一人！因此，他也深受乾隆皇帝寵信。

一次乾隆出遊，途中忽命停轎卻不言為何，別人都很著急。和珅知道後，立即找到一個瓦盆遞進轎中，結果讓乾隆非常高興，溺畢繼續起駕。一路上，所有的人全都非常佩服和珅腦子的靈活，取悅龍心有術。

乾隆是一個非常詼諧的人，總是喜歡和大臣們開玩笑。因此，和珅就經常告訴乾隆一些市井的俚語笑話，使得龍心大悅，而這些，絕對不是一般軍機大臣所能做到的。

記得清人筆記中有一則故事：按照慣例，順天（指北京）鄉試《四書》考題，例由皇上欽命，由內閣先期呈進《四書》一部，命題完畢，書歸內閣。有一次，乾隆在命題之後，由內監捧著《四書》送還內閣。途中正好遇到和珅，於是，和珅便打聽起皇上命題的情況，內監又不敢多言，只說皇上手批《論語》第一本，在快批完的時候，就微笑著開始書寫。

和珅聽了沉思片刻，就立刻想到乾隆肯定批的是「乙醯」一章。因為乙醯兩字包含「乙酉」二字，而那年鄉試就是在乾隆乙酉年舉行。和珅便以此通知他的弟子們，結果正如和珅所料，那年的鄉試考題果然是「乙醯」一章。從這點足以看出和珅「以帝心為心」，功夫非比尋常！

同感共情是指一個人能夠準確無誤地體察到對方的內心感同，也就是「想對方之所想，急對方之所急」。

和珅同感共情的能力在心理學中成為「同理心」。同理心這個概念最初是由美國的臨床心理學家羅傑斯針對醫患關係中的醫生而談的，現今已擴展到醫患

關係雙方及一般的人群之中了。

同理心又譯作「移情」、「同感」、「共情」等，是指能設身處地的體會他人的處境，對他人的情緒和心境保持敏感和理解。在與他人交流時體會到對方的內心世界的感受，並能對對方的感情做出恰當的反應。而且，這種共情層次越高、感受越準確、越深入時，它不僅能幫助人們更好地理解對方，緩解情緒狀態，促進對方的自我理解和雙方深入地溝通，自然就能建立起一種積極的人際關係和有助於問題的解決。它還有助於發展人們的愛心、利他、合作等素質。

通常，一個具有同理心的人對周圍的一切事物都會產生一種關心和瞭解的心理趨向。當自己在與他人在認知上出現了分歧時，能夠真誠地尊重對方、並容忍這種差異；當自己在與他人在行為上出現磨擦時，能善意地理解對方，並分擔因此而產生的各種心理負擔。

所以，這便會使人感受到這種力量在支撐著他或是她，使他們感覺到無論說什麼都會得到寬容和尊重，並因此而增強了自己的自信心、看到了希望，進而獲得愉快的心理體驗。缺乏同理心的人是不能從他人的角度出發去理解他人的，他們常常不能接受別人的觀點，卻一味要求別人接受他們的觀點。對這樣的人，人們自然就會「敬而遠之」。

> 羅傑斯
> 美國心理學家，人本主義心理學的代表之一。1902年1月8日出生於美國伊利諾斯的奧克派克。1951年，他出版了《患者中心治療：它目前的實施、含義和理論》一書，十年後《成為一個人：一個治療者的心理治療觀點》問世。羅傑斯的突出貢獻在於創立了一種人本主義心理治療體系，其流行程度僅次於佛洛伊德的精神分析法。

狐狸與酸葡萄

心理學把個體所追求的目標受到阻礙而無法實現時，以貶低原有目標來沖淡內心欲望，減輕焦慮情緒的行為稱之為「酸葡萄心理」。

在山上有家獵戶，院子裡種了好多葡萄。一到收穫的季節，所有的葡萄架上爬滿了葡萄，距離很遠就看到了。葡萄架上，綠葉成蔭，掛著一串串沉甸甸的葡萄，紫的像瑪瑙，綠的像翡翠，上面還有一層薄薄的粉霜呢！望著這些熟透了的葡萄，簡直是口水欲滴，誰不想摘一串嘗嘗呢？

這些葡萄，吸引了無數的人和動物前來參觀、品嘗。其中就有一隻狐狸，已經糾纏了好幾天了，牠每次等到獵戶一出門，便來到葡萄架下，希望能吃到葡萄，不過，因為葡萄架太高的原因，使得牠每次都是趁興而來敗興而歸。

今天從早上到現在，狐狸一點東西都沒吃，肚皮早餓得扁扁的了。牠走到葡萄架下，看到這些誘人的熟葡萄，口水都快流出來啦！可是葡萄太高，吃不到。

怎麼辦？對！跳起來不就行了嗎？狐狸向後退了幾步，憋足了勁兒，猛然跳起。可惜，只差半尺就碰到了。再來一次！唉，越來越不行，越差越多，起碼有一尺！繼續跳第三次？狐狸實在餓得沒力氣，跳不動了！一陣風吹來，葡萄的綠葉「沙沙」作響，飄下來一片枯葉。

狐狸心想：要是掉下來一串葡萄就好了！牠仰著脖子，等了一陣子，結果還是毫無希望，那幾串葡萄掛在架上，看起來牢固得很呢！

「唉……」狐狸嘆了一口氣。

忽然，狐狸笑了起來，牠安慰自己說：「那葡萄是生的，又酸又澀，吃到嘴裡難受死了，不嘔吐才怪呢！哼，這種酸葡萄，送給我，我也不吃！」而同時，牠又拿出了幾個又小又青的檸檬，說：「天底下最甜美、最好吃的莫過於檸檬了。只有傻子才去吃什麼葡萄呢！」於是，狐狸餓著肚子，又高高興興地回去了。

這是一則在世界上流傳很廣的寓言，因為它的出現，使得心理學中有了「酸葡萄心理」這個術語，並用它來解釋合理化的自我安慰，它是人類心理防衛功能的一種。

生活中，我們會遇到很多像狐狸那樣的境遇和心態，當受到挫折時，就找理由醜化得不到的東西。「酸葡萄心理」是因為自己真正的需求無法得到滿足產生挫折感時，為了解除內心不安，編造一些「理由」自我安慰，以消除緊張，減輕壓力，使自己從不滿、不安等消極的心理狀態中解脫，保護自己免於傷害。

「百年人生，逆境十之八九。」當遭遇挫折並產生挫折感時，人們往往會不自覺地產生要消除或減輕受挫感的傾向，總會有意無意地採用一些心理防衛方式來實現這一點。其中，「酸葡萄心理」和「甜檸檬心理」就是較為典型和常用的心理防衛方式。

「酸葡萄心理」，就像狐狸吃不到葡萄而說葡萄酸一樣，即醜化得不到的東西。如某學生考不上大學，就說考上大學不好，修業年限長而且花費高，將來畢業到何處工作還是個未知數。

「甜檸檬心理」，指狐狸吃不到甜葡萄，只好吃酸檸檬，卻硬說檸檬是甜的，即美化得到的東西。如某學生考不上大學但考上專科學校，就說考上專科學校更好，修業年限短而且學有專長，將來畢業很快就可以找到好工作。

　　「酸葡萄心理」和「甜檸檬心理」看起來愚蠢而荒唐，但卻具有一些積極作用。它是一種心理調整的過程，當人們的心理素質有某種消化受挫的彈性，這兩種心理可以幫助人在遭遇挫折時從憂傷中解脫，靈活地鬆動既定的、可望而不可及的追求目標，暫時保持一種良好心態，恢復心理平衡，防止行為上出現偏差並保持自尊心。當然這只是一種治「標」的心理防衛方式，不能治「本」。

　　如果凡遇挫折都一味地聽任這種心理擺佈而不敢正視現實，這不但不能解決問題，久而久之形成惰性，反而使問題複雜化，導致更大的挫折。只有樹立正確的人生觀，才能真正積極地改變環境，面對挫折。

杜威（1859年～1952年）

John Dewey，美國心理學家、教育家，機能主義心理學的奠基人之一。他的心理學觀點是在進化論和他本人的工具主義哲學思想影響下形成的。杜威編寫了美國的第一本心理學教科書，但後來他的興趣轉向實用方面，成為進步教育運動的領導人。20年代他曾到中國訪問講學，對中國教育界有一定影響。

信任和期望的力量

心理定勢又叫做心向。它是主體對一定活動的一種預先的心理準備狀態。它不是人的局部心理活動，而是主體完善的個性狀態。定勢以一定的活動方向，預先準備的形式，對已經形成的生活需要以及滿足需要的客觀環境發生反映。它可表現在人的一切心理活動中。

美國著名心理學家羅森塔爾曾做過兩個有趣實驗：

有一次，他讓參加實驗的學生用兩組大白鼠做實驗，還故意讓這次負責實驗的老師告訴這些學生們，這兩組大白鼠品種是不一樣的，其中的一組十分聰明，而另外一組不僅稱不上聰明，甚至可以說有些笨拙了。

等老師把這些事情交待完畢之後，就正式開始實驗操作了。這時候，這些進行實驗的學生們全都非常堅信，無論如何，實驗的結果絕對是不一樣的。

於是，在實驗的時候，學生們讓這兩組大白鼠學習走迷宮，打算看看哪一組大白鼠會學得更快。結果他們發現，「聰明」的那一組大白鼠要比「愚笨」的那一組學得快很多。

其實，這兩組大白鼠根本就沒有任何差別，負責實驗的老師之所以那樣告訴他們，是故意給他們一個心理暗示，最後，就出現了這樣的結果。

而羅森塔爾對這種結果的解釋是：這可能是由於實驗者對「聰明」的動物和藹、友好，對待「愚笨」的動物粗暴而造成的。

另外一項實驗中，羅森塔爾和自己的同事，要求教師們對他們所教的學生進行智力測驗。然後，他們就告訴教師們說，班上有些學生是屬於大器晚成（lateblooming）的類型。然後，就把這些學生的名字列在一張紙上，交給老師。最後，羅森塔爾告訴老師說，這些學生的學業成績絕對可以得到改善。

自從羅森塔爾宣佈大器晚成者的名單之後，羅森塔爾就再也沒有和這些學生接觸過，而老師們也都沒有再提起過這件事。

事實上，所謂的大器晚成者的名單，只不過是羅森塔爾從一個班級的學生中隨機挑選出來的罷了，他們與班上其他學生沒有顯著不同。

然而，當學期結束的時候，羅森塔爾再次對這些學生進行智力測驗時，驚奇地發現，他們的成績顯著優於第一次測試的結果。

這種結局到底是怎樣造成的呢？羅森塔爾覺得，這可能是因為老師們認為這些大成晚器的學生，開始嶄露頭角，予以特別照顧和關懷，進而使得他們的成績得以改善。

為什麼會發生這樣的情況呢？用心理學的術語來說就是因為人們的頭腦中事先就存在著一種定勢，定勢也可以說是一種心向，是指在對某一刺激發生反應以前，就已經存在的某種意向。

就像我們聽到別人說某人對自己有意見，即使有可能是別人在說謊，但是，我們見到某人時，總會有很不自然的感覺。或有人告訴你說某個人特別愛挑別人講話的毛病，那麼，在你見到某人時的談話，就肯定不會像平時那麼流利了。

其原因，就是它們事先已經在你的腦袋中形成了一種趨勢，由於這種趨勢的存在，使得你的反應和平時大不相同，這也是信任和期望心理的共鳴現象。

曾有人說，阻礙我們學習、發展的不是我們未知的領域，而是我們已學過的東西。因為，人的年齡越大，學識越豐富，可能受的影響更大些。從小到大，我們從無知到懂事，學習無數規則、無數定理，因此，這些規則和定理已經紮根於我們的「潛意識」之中，而我們並不知覺。

其實，規則的作用就是要讓我們去打破的！那麼，如何破除心理定勢呢？

1、從自身著手,列出「我不能」、「我做不到」等一些想法。再找一找自己認為「理所當然」的東西。

2、找到這些想法後,先要想一想它們的依據是什麼?接著,再問自己,這些有沒有必然的關聯?最後,明確自己沒有做到的原因不是自己沒能力,而是自己「認為」自己不能,是這種定勢的觀念影響了自己。

3、有些事人們之所以不去做,只是認為不可能,而許多的不可能,只存在於人們的想像之中。打破心理定勢,有時只需要去做就夠了。

榮格(1875年～1961年)
瑞士精神病學家,分析心理學創始人,早年曾與佛洛伊德合作,後來由於兩人觀點不同而分裂。與佛洛伊德的自然主義傾向相比,榮格更強調人的精神有崇高的抱負。

過於快樂也是病

「躁狂症」主要表現為輕鬆愉快，自我感覺良好，覺得周圍的一切都非常美好，感到其生活絢麗多彩，自己也無比幸福和快樂。然而，情緒卻很不穩定，易激怒，常以敵意或暴怒對待別人的干涉和反對，情緒持續時間短。

23歲的瑪莉特是個漂亮的女孩，她每天都很快樂、熱情、好動。只是和瑪莉特接觸久了的同事與朋友都會發覺她並非一般的熱情、好動，而且常常表現得很離譜……

記得那次公司舉辦的旅行，瑪莉特和幾位同事一組，一起爬那座山。從出發開始，到山上，瑪莉特一直沒有停止說話，說不清為了什麼，瑪莉特只覺得一直說話很愉快，但始終圍繞只一個話題，就是出發前一個公司同事偶然說起的一個笑話。瑪莉特說了一遍又一遍，同事們用奇怪的眼神看她，她依然我行我素。

在山上，瑪莉特還是一直不停地說著，她的表情很興奮，甚至對著藍天喊了一聲：「啊！多麼湛藍的天空呀！」離她不遠的地方也有幾個一起爬山的同事，都轉過身來看她，其中有一個同事就說了一句「神經病」。心情突然變壞的瑪莉特跑過去，指著他們幾個，「你們說誰呢？你們才有病。」並拿起手上的飲料向他們砸去。一位同事趕快走過去把她拉開了，從好心情到壞心情，那種突然轉變的落差，讓瑪莉特覺得很難受，她低下頭來，沒有再說話。

那一整天的時間，瑪莉特都沉浸在一種莫名的抑鬱之中，同事們說的笑話，瑪莉特也提不起興趣來。

瑪莉特總是這樣，將興奮與沉默表現到某種極限，別人開玩笑說她不是爆發，就是死亡。而且，在她沉默的時候對任何人都是一副冷冷的面孔。

瑪莉特可以為一件小事興奮半天的時間，不時地將話題延伸到事情以外的地方或與此相關的經典事情上，說得沒完沒了，滔滔不絕，但在別人聽來，都覺得是一些很膚淺又很無聊的東西。而且，她在很多時候，會為了一句話或是一個不起眼的小細節而發火，那種火氣，像是積了多天的怨恨一樣大，所以，身邊的人們對她都是小心翼翼的，暗地裡對自己說，「這樣的女孩子，還是躲開為妙。」

當然，瑪莉特從來不覺得自己有病，反而覺得這樣挺快樂的，可是別人為什麼總是在背後說她有病，難道自己真的病了嗎？我表現自己的快樂，難道這樣也錯了嗎？

瑪莉特的這種症狀在臨床上被稱之為躁狂症，躁狂症最主要表現為「三高」的症狀：

一是情緒高：患者會持續地興奮、高興，心情洋溢著節日般的色彩，世界在他眼中格外美好，簡直沒有什麼事情可以讓他不高興。

第二是言語「高」：患者口若懸河，誇誇其談，通常他們會不厭其煩地大肆吹噓炫耀自己，例如說自己多麼有錢、事業飛黃騰達、有多少人追求、辦任何事都難不倒自己等，即使別人不理他也不影響他的熱情。

第三是動作「高」：患者往往精力充沛，不知疲乏，每天只睡兩三個小時，白天都毫無倦意，性需要和行為增多，或者突然不停地逛街，亂花錢，買一大堆沒用的東西送給別人。但是做任何事情都沒有長久性，給人浮躁、不踏實的感覺。

在與躁狂症病人接觸、交談時，態度要和藹、親切、耐心；對話多的病人，不要試圖說服他，避免和他過多的交談或爭論，更不能因病人有誇大言語而諷刺、嘲笑他。病人話特別多時，可採用引導、轉移注意力的方法，如提醒他時間不早了，該休息或吃飯了，還有其他工作改天再談等等，這些都是病人能夠接受的。

考夫卡（1886年～1941年）
美籍德裔心理學家、完形心理學派的主要代表，曾和苛勒一起參與韋特海默似動現象的試驗。於發展心理學中貫徹完形理論，是其一生重要的貢獻。代表作《完形心理學原理》（1935年）等。

帶走100個亡靈

恐懼、焦慮、抑鬱、嫉妒、敵意、衝動等負面情緒，會導致身心疾病的發生。

傍晚，一位老人正從外面回來，就在他馬上要走進小鎮的時候，突然發現遠處有位非常高大的人站在那裡。於是，老人便走上前去，問道：「先生，我是本鎮的鎮長，為了人們的安全，你能告訴我你從哪裡來，要做什麼嗎？」

「當然可以！」大個子恭敬地對老人說道，「我是死神，來自地獄，我來這裡是為了帶走即將死去的100個亡靈。」

「啊！這簡直是太可怕了！」老人吃驚地看著這位自稱死神的大個子，說：「既然你知道他們有難，為何不伸出你的援助之手呢？而站在這裡等著、看著這些可憐的人們步入死亡？」

「請你先不要生氣。這就是我的工作。況且，你能阻止田地裡馬上就要成熟的農作物，或果樹上的果子嗎？」死神頓了頓說，「我不伸出自己的援助之手，是因為我是死神，而不是天使。就像男人絕對不能生出小孩一樣！所以，這絕對是不可能的事情。」老人看無法改變，便告別了死神，趕快跑回小鎮裡。挨家挨戶地提醒大家，無論做什麼事情都要小心翼翼、盡量別出意外。死神在外面等著要帶走100個亡靈呢！

老鎮長的一席話，立刻掀起軒然大波，整個鎮裡全都陷入了深深的恐懼之中。每個人都在想「天啊！死神要帶走100個亡靈，其中有沒有自己呢？如果真的有自己，那該怎麼辦呢？」

老鎮長的家裡坐滿了人，全都在商討應該怎麼來面對和解決這個問題。結果，討論了很久時間，依舊沒有任何結論。沒辦法，於是，所有的人全都心事重重地回去了。

這一夜，整個小鎮的氣氛非常緊張，人們全都在驚恐害怕、焦慮無望中度過。第二天早上，老鎮長非常生氣，他怒氣沖沖地來到鎮外，尋找死神的蹤影。他來到和死神相遇的地方，大聲怒吼著：「死神，你給我出來，你為什麼不守信用……」死神顯身了，他平靜地對老鎮長說：「親愛的鎮長，我非常能理解你的心情，但是，我也明確地告訴你，我一向是守信用的。」

「你守信用？你昨天告訴我說你要帶走100個亡靈，可是現在呢？整整死了一千多人！」老人生氣地怒斥道：「難道這就是你的守信之道嗎？」

的確，在天剛亮的時候，噩耗便一個接一個地傳來，這裡死了幾個人，那裡死了多少人的資料來到老鎮長手中之後，經過彙總，老人震怒了，竟然死了一千多人，於是他要找死神討個公道。

死神看了看老人，依舊平靜地說：「我帶走的數目，也就是我昨天告訴你的，這你不用懷疑。然而，由於那些人們的恐懼過度，所以，他們被恐懼和焦慮帶走了。」恐懼和焦慮可以起到和死神一樣的作用，這就是「情緒效應」。往往在面臨特殊的心理社會壓力後引發內在的心理衝突而導致精神相關症狀。

實際上，在我們的生活中，這樣的效應每天都在發生，只不過我們已經習以為常。然而，恐懼、焦慮、抑鬱、嫉妒、敵意、衝動等這些負面情緒，是一種破壞性的情感，長期被這些心理問題困擾就會導致身心疾病的發生。

焦慮指個體為一種非特異的、不可確定的因素所困擾，感到莫名的煩惱。主要表現為憂愁、悲觀和感到生存無價值；緊張、易激動；心神不定，對人不信任，有不安全感；坐立不安，注意力不能集中，思維與表達中斷；睡眠過多或過少，多夢易醒，失眠。

　　喜、怒、哀、樂、恐懼……各式各樣的情緒伴隨著我們的一生。情緒和健康之間的關係非常密切，適當調節情緒對身體健康是至關重要的。良好的情緒是健康的良方，而消極情緒則會產生和死神一樣的作用。

　　良好的情緒是一種最有助於健康的力量。當人精神愉快時，中樞神經系統興奮，指揮作用加強，人體內進行正常的消化、吸收、分泌和排泄的調整，保持著旺盛的新陳代謝。因此，不僅食欲好，睡眠香，而且頭腦敏銳，精力充沛。早在上個世紀初，有研究者對教堂的修女進行了研究，發現年輕時具有積極樂觀心態的修女壽命比較長。另一方面，良好情緒還具有明顯的「醫療價值」。醫生們有這樣的經驗：勝利者的傷口，總是要比失敗者的傷口好得快；沒有精神負擔的病人，要比有精神負擔的病人痊癒得快。

　　相反，現代醫學研究發現，恐懼、焦慮等消極情緒則對健康有著非常不利的影響。長期的憂鬱、恐懼、悲傷、嫉妒、憤怒和緊張會導致一些「心生疾病」，即由心理狀態引發的疾病，如高血壓、冠心病、神經官能症、精神病、哮喘、慢性胃炎、青光眼、癌症等等，婦女還容易引起月經不調，甚至閉經。醫學研究顯示，70％以上的胃腸疾病患者與情緒變化有密切關係，心理性因素引起的頭痛在各種頭痛患者中占80～90％。

卡特爾·雷蒙德·B（1905年）
美國傑出的心理學家，1905年出生於英格蘭斯塔福德郡。卡特爾最突出的貢獻在於將因素分析的統計方法應用於人格心理學的研究。他編寫的《卡特爾十六項個性因素測驗》是世界公認的最具權威的個性測驗方法，在臨床醫學中被廣泛應用於心理障礙、行為障礙、心身疾病的個性特徵的研究，對人才選拔和培養也很有參考價值。
代表作有：《多元實驗心理學手冊》、《人格研究導論》等。

哈哈鏡下的「苗條病」

神經性厭食症，主要由精神因素引起進食障礙，是一種以有意識地控制飲食和體重明顯減輕為主要特徵的心理疾病。神經性厭食症好發於青春期，所以又稱之為青春期厭食症。

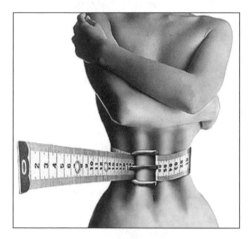

2005年夏天的一天凌晨，北京世紀壇醫院急診室，一群醫生圍著一個女孩子，不停地為她做心肺復甦術。急診科的醫生說，剛看到這個女孩時，他們都嚇了一跳。據醫生轉述，女孩的大腿只有成人的小臂粗，手臂只有兩根手指那麼粗。這個女孩最終還是沒有逃離死神的魔掌，醫生說，她的死因是饑餓過度導致身體各臟器衰竭。

「餓死」的女孩名叫曾依，15歲，湖南岳陽人，岳陽四中的學生，曾是班長兼學習委員，成績優異。曾依的三姑曾金鳳說，曾依從小就能歌善舞，還曾獲得岳陽市三好學生。她喜歡唱歌，經常在家裡唱卡拉OK。去年，她迷上了湖南衛視的「超級女聲」節目，每集必看。今年6月間，她還曾向父母表示，自己要參加明年的「超級女聲」節目。

此後，曾依開始注意自己的形象。那時，身高155公分的她體重44公斤，可是曾依認為「不符合標準」。今年4月起，曾依開始控制食量。曾金鳳說，曾依決定減肥後，食量越來越小，到最後乾脆不吃東西，即使吃了也會馬上到廁所用手摳喉嚨將食物吐出。很快，她就骨瘦如柴。4月11日，曾依的父親曾勇帶著女兒從岳陽趕到長沙求醫。經專家會診，確定曾依患有神經性厭食症。隨後，曾依住進了醫院精神科。經過治療，她的病情有所好轉，又被父母接回家中。

「回到家後，她心情就一直不好，不願說話。」曾金鳳說，因曾依對父母將她送醫院一事耿耿於懷，7月12日，她將曾依接到自己家中。曾金鳳說，曾依在她家裡表現得很乖。每次吃飯，她都給曾依盛一勺飯，曾依都全部吃完。

曾依的生日在五姑家過。席間，大家開始勸曾依回醫院接受治療。曾依沒說話。此後，她留住在五姑家中。可是第二天早上，五姑在客廳桌上發現一張紙條：「姑姑，我出去一下，待會兒就回來。」此後，曾依再也沒回家。曾依的父親開始四處尋找，然而一直沒有曾依的任何消息。

8月21日下午，曾依的外婆突然接到一個電話。電話裡，曾依有氣無力地告訴外婆，她在北京，並希望家人到北京「救」她。親戚們很快聯繫到了他們在北京的朋友肖先生。肖先生趕到西站時，發現一群人圍在一起。員警已經趕到了現場，還有999的醫護人員。他擠進人群，發現一個女孩躺在地上，於是上前問她是不是曾依，女孩吃力地點了點頭。

隨後，曾依被送入北京世紀壇醫院。而曾依的父母得知消息後，立刻乘火車趕往北京。曾依的父母趕到北京。他們在醫院裡見到的是曾依的遺體。曾依的母親拿著女兒生前背的包包發呆。之前，她因傷心過度，曾多次哭昏過去。曾依的背包裡放著一本藍色的日記本。曾依的三姑打開日記本，上面還有一篇曾依7月間的日記：「我要好好努力，要爭取做一個健康的好女孩……」

神經性厭食是一種進食障礙，多見於青年女性，尤其是少女。患者對自身體形的感知發生了扭曲，總感到自己太胖、腿太粗、臀部太大……即使自身已相當消瘦，仍是固執己見，絲毫聽不進旁人的勸說。她們幾乎對任何食物都缺乏食欲，尤其是對營養豐富的食物如肉類、乳製品等更是厭惡，而只願吃一些不至於使她「發胖」的食物如水果、青菜等。有的患者在進食之後，還會隨自己的意願將所吃的東西吐出來。還有的患者長期服用緩瀉劑，將腸胃中的食物盡量地排出體外。由於長期的缺乏營養，她們逐漸消瘦，無月經來潮，性欲減退或消失。

神經性厭食好發於比較富裕的社會，患者也往往是一些品學兼優的年輕人，人們在吃、穿不愁之後才有心思注意自己的體態形象，而這種體態美醜的觀念和標準又受社會風氣的影響。如英國著名歌手卡本特，就是在媒體指出她體形微胖之後，患上神經性厭食症，最後英年早逝的。對於兒童、青少年來說，環境改變、父母不和睦、學習上遇到挫折、父母過分溺愛、過分嚴厲等，都可造成此種症狀。

神經性厭食症的治療要結合生理和心理兩方面共同努力。一方面，使用相對的藥物進行神經調節，另一方面要耐心找出患者患病的心理原因，使用認知調節等方法進行矯正。

桑代克（1874年～1949年）
出生於美國麻省一位牧師家庭，他是美國哥倫比亞學派的主要代表，又是動物心理實驗的首創者，教育心理學體系和聯結主義心理學的創始人，並設計了心理測驗，為美國教育測驗運動的領袖之一。正因為如此，一些史學家將他劃歸美國機能主義心理學派，但也有不少人認為他更像行為主義學派的人物，可是他本人卻認為他並不屬於任何一個學派。

治療神經性厭食症，首先，必須改變當事人對於美和健康的錯誤認知。第二步，學會用均衡的營養和身體鍛鍊方法，去擁有健美迷人的身材。倘若已經出現了軀體症狀，應該即時到醫療部門診治。

約翰‧法伯的跟屁蟲實驗

毛毛蟲習慣於固守原有的本能、習慣、先例和經驗，而無法破除尾隨習慣而轉向去覓食。後來，科學家把這種喜歡跟著前面的路線走的習慣稱之為「跟隨者」的習慣，也把因跟隨而導致失敗的現象稱為「毛毛蟲效應」。

在法國，心理學專家約翰‧法伯做過一個很有名的「毛毛蟲實驗」。他在一只花盆的邊緣上擺放一些毛毛蟲，讓牠們首尾相接圍成一個圈，然後，又在距離花盆周圍150公分的地方撒了牠們喜歡吃的松針。由於這些毛毛蟲天生有一種「跟隨他人」的習性，因此牠們一隻跟著一隻，繞著花盆邊一圈一圈地行走。時間慢慢過去，一分鐘、一小時、一天……毛毛蟲就這樣固執地兜圈子，一直不停地走。在連續七天七夜之後，牠們饑餓難當，筋疲力盡，結果全部死亡了。

在第二次實驗中，約翰‧法伯曾和學生們一起，打算引誘其中的一隻毛毛蟲。希望牠能改變自己的運行軌道，走出一條生路。然而無論怎樣誘惑，毛毛蟲依舊死死地跟這前面的毛毛蟲，不受任何誘惑。最後，約翰‧法伯乾脆把其中的一隻毛毛蟲拿開，這樣一來，使得以前的環形出現了一個缺口，結果，缺口中的第一隻毛毛蟲看不到前面的同類，於是就改變了方向，自動離開了花盆邊緣。而牠的這一改變，不僅使得那些毛毛蟲全部獲救，而且，還都找到了自己最喜歡吃的松針。

法伯教授在做這個實驗前曾經設想毛毛蟲會很快厭倦這種毫無意義的繞圈而轉向牠們比較愛吃的食物，然而，遺憾的是毛毛蟲並沒有這樣做。導致這種悲劇的原因就在於毛毛蟲的盲從，在於毛毛蟲總習慣於固守原有的本能、習慣、先例和經驗。毛毛蟲付出了生命，但沒有任何成果。其實，如果有一隻毛毛蟲能夠破除尾隨的習慣而轉向去覓食，就絕對可以避免悲劇的發生。毛毛蟲是低等動物，犯下此錯並不可笑。可悲的是，在人類這種高等動物的身上，從眾心理或是追隨潮流還是很普遍。

　　首先，毛毛蟲習慣於固守本能、習慣、先例和經驗，不懂得靈活地調整目標，進行適當的變通，結果付出了生命的代價，也沒有取得任何成果。其實，如果有一隻毛毛蟲能夠破除尾隨的習慣而轉向去覓食，就絕對可以避免悲劇的發生。

　　其次，就是毛毛蟲沒有目標的盲從。根據眾人的反應來進行決策是一種比較安全的策略，如果決策失誤也不用單獨承擔責任。但是盲目的從眾會引發很多的問題。人們往往覺得「大家都那樣做」和「大家都認為應該那樣做」，於是就放棄了自己的主見，遵循既定的方法和步驟，跟著大家繞圈子。

　　其實，人類也難逃這種效應的影響。比如說，在進行工作、學習和日常生活的過程中，對於那些「駕輕就熟」的問題，會下意識地重複一些現成的思考過程和行為方式，因此很容易產生思維上的慣性，也就是不由自主地依靠既有的經驗，按照固定思路去考慮問題，不願意轉個方向、換個角度想問題。要知道，時代在不斷變化和發展，我們也在不斷地成長和發展，對於任何問題的解決不能禁錮於以往的僵化模式，而要不斷地創新和與時俱進，進而能夠適應時代變化以及自身發展的需求。

巴甫洛夫，伊凡·彼德羅維奇（1849年～1936年）
俄國生理學家、心理學家、高級神經活動學說的創始人。1849年9月14日出生於梁贊的一個牧師家庭，1904年因消化腺生理學研究的卓越貢獻而獲得諾貝爾獎金。他一生最突出的貢獻是關於高級神經活動的研究。他是用條件反射方法對動物和人的高級神經活動進行客觀實驗研究的創始人，也是現代唯物主義高級神經活動學說的創立者。

農場主人拉選票

自我失敗的思維模式是指有些人在準備去做某件事情之前，自我設想出許多可能遇到的困難和障礙，並被這種困難和障礙所嚇倒，進而感到憂慮和恐懼，似乎必然失敗，於是總想迴避。這是由個人主觀心理活動所造成的失敗感。

衛斯理是加州的一個農場主人，在當地小有名氣。於是，在家人和朋友的鼓勵下，打算競選加州議員。既然決定參加競選，那麼，拉選票是非常必要的。為此，他和家人整日奔忙，希望能夠為他多拉一些選票。

一天晚上，衛斯理開著車在漆黑偏僻的公路上，現在他打算到一位他最不願意去的雅恩家去拉選票。

以前，他和雅恩本來是無話不談的好朋友，然而，因為一件小事，使得兩人開始斷交。至今，兩人已經有三年多沒有見面了。其實，兩人心裡早就已經沒有仇恨了，但卻都礙於面子，所以，誰都不願主動言和。現在，衛斯理為了取得更多人的支持，所以，想起了這位老友。

一路上，衛斯理都在想著他們見面之後會聊些什麼。等到快到雅恩家時，衛斯理突然想到一些問題：

「如果他不在家，他的夫人會不會對我很不客氣？」

「要是他看到是我，不理不睬，連門都不開怎麼辦？」

「如果他對我冷嘲熱諷，很不禮貌怎麼辦？」

「如果他知道我要參加競選，不但不支持我，反而拉著好多人打擊我怎麼辦？」衛斯理一邊開著車，一邊順著這個思路想下去，結果，他越想越生氣，越想越覺得這個雅恩簡直太讓人討厭了，自己從這麼遠的地方來找他，他竟然一點面子都不給自己。

終於到了雅恩家，他怒氣沖沖地打開車門，手裡拿著工具箱裡的扳手。衝到了門口，用扳手使勁地敲打鐵門。結果，鐵門被他砸得歪七扭八。雅恩聽到有人砸門，就也順手拿起一根木棒衝了出來。等雅恩打開門一看，砸自己家大門的竟然是衛斯理。他感到非常不解，站在那裡看著衛斯理，看他到底想要做什麼。

衛斯理看門打開了，雅恩站在門口，手裡拿著木棒，眼睛死死地盯著自己，更加火大。他指著雅恩，不分青紅皂白地開罵：「真是的，還拿著木棒出來，有什麼了不起的？告訴你，老子根本就不稀罕你家的破選票。」罵完之後便轉身開車離去。

結果，弄得雅恩丈二和尚摸不著頭緒，以為衛斯理這次來自己家，根本就是沒忘舊仇，故意來搗亂的，不過，他也不忍心用木棒和他打架，於是，他「砰」的一聲就把門給關上了。

用心理學來講，衛斯理的這種現象，是一種常見的「自我失敗」的思維模式，他經過不停地否定，實際上已經對拉選票失去了信心。因此，等到了人家門口，就情不自禁地破口大罵了。

生活中，也有許多人會對自己做出一系列不利的推想，結果就真的把自己置於不利的情境。就像我們在做一件事之前，經常對自己說：可能不行吧！萬一怎麼樣，其結果，就是可能還沒去做，你就沒有信心了，事情十有八九就會朝著你設想的不利方向發展。

事實上，這是一種叫做「自我失敗」的心理思維模式在作祟。衛斯理不斷地進行自我否定，實際上他已經對拉到選票失去了信心，認為雅恩根本不會支持自己當議員的。因此，等到了人家門口，就情不自禁地破口大罵了。

自我失敗的心理因素主要有以下幾個方面：（1）過分計較他人的評價。（2）具有強烈的自我意識和榮譽感，實質上是虛榮心。（3）缺乏交往的自信心。陷入自我挫敗的人，大多習慣於內心活動，不擅長表達自己，尤其不願在公眾場合拋頭露面，較少參加社會交際活動等。

要從自我挫敗的觀念中解脫出來，關鍵是保持心理上的健康與平衡。首先要對自己的優點和不足有一個正確、全面的認知和分析，在此基礎上正確地接受自我，即認可和肯定本來的自己。那些不能自我接受的人，往往不能如實地表現自己，而是竭力把自己裝扮成另外一個形象，影響了自己的正常交往，帶來了沉重的心理負擔。

此外，做事之前先計畫成功的步驟，並對失敗做最壞的打算，從好處著眼，從壞處準備，才能立於不敗之地。最後，就是自我鼓勵。鼓勵自己和困難與痛苦奮戰，擺脫對自我虛構的失敗情境的想像，解除由想像中的挫折而產生的不良情緒的困擾，振作精神，恢復樂觀。

米勒（1920年）
美國心理學家，認知心理學的奠基者之一，在記憶方面的研究十分著名。他1956年發表的論文《神奇的數字7±2：我們資訊加工能力的局限》對於短時間記憶的研究具有里程碑意義。曾榮獲國家科學獎，1962年當選為國家科學院院士。1963年得獲美國心理學會頒發的傑出科學貢獻獎，1969年當選為美國心理學會主席。

讓人膽顫的橋

在這個世界上，成功的人少而失敗的人多。失敗者往往抱怨命運的不公，卻忘了檢討自己的弱點，特點是心理上的種種缺陷。錯誤的心態導致了機會的喪失，**機會**的喪失又導致了進一步的心態失衡，如此反覆，惡性循環，致使失敗一次次地落在他的頭上。

埃里希・弗洛姆是美國新佛洛德主義精神分析心理學家。是新佛洛德主義最重要的理論家，法蘭克福學派的重要成員。他1922年在海德堡大學獲得哲學博士學位。其主要著作有《逃避自由》、《尋找自我》等。

有一天早晨，他所任教的班級，有幾個學生一起來到他的辦公室，向他請教一個問題：「心態對一個人會產生什麼樣的影響？」當時他也正在思考一個心理學上的問題。因此，他微笑著看了看這些學生，為他們的好學而感到高興。不過，他好像並不急於回答這個問題似的。

他對這些學生們說：「同學們，我還有事情要處理，請到外面等我好嗎？」

過了一會兒，弗洛姆直接帶著學生們來到了一間房間。在他的帶領下，學生們很快穿過了這間伸手不見五指的神秘房間。然後，弗洛姆打開房間的一盞燈，在昏暗的燈光下，學生們才看清楚房間的所有佈置，嚇得同學們全都睜大眼睛，冒出一身冷汗，一個個目瞪口呆地站在那裡。

原來，這間房間的地面上是個很深、很大的水池，池子裡面蠕動著各種的毒蛇。而他們幾個人，剛剛就是從橋上走過來的，而現在也都站在距離池子不遠的地方。弗洛姆看了看幾位已經嚇壞了的學生問道：「現在，你們還願意再次走過這座橋嗎？」大家全都沈默不語。

最後，終於有3個學生猶豫地站了出來。

然而，在他們一到橋邊，就立刻戰戰兢兢，入臨大敵。「啪」，弗洛姆又打開房間內的另外幾盞燈，學生們揉揉眼睛仔細看，才發現在小木橋的下方還裝著一道安全網。然後，弗洛姆大聲問道：「現在你們當中還有誰願意通過這座小橋的？」

學生們沒有出聲，「為什麼不願意呢？難道你們沒有看到底下還有張安全網嗎？」弗洛姆問道。

「當然看到那張安全網了，只不過，教授，請問您這張安全網的品質可靠嗎？」學生們心有餘悸的反問。其實，這座橋本來不難走，可是橋下的毒蛇對他們造成了心理威懾，於是，他們失去了平靜的心態，亂了方寸，慌了手腳，表現出各種不同程度的膽怯。這就是心態對一個人的影響。心態就是內心的想法和外在的表現。心態只有兩種，積極的和消極的。

積極的心態，就是心靈的健康和營養。這樣的心靈能吸引財富、成功，快樂和心靈健康。消極的心態，卻是心靈的疾病和垃圾·這樣的心靈，不僅排斥財富、成功、快樂和健康，甚至會奪走生活中已有的一切。

艾里克森（1902年～1994年）
美國神經病學家，著名的發展心理學家和精神分析學家。他提出人格的社會心理發展理論，把心理的發展劃分為八個階段，指出每一階段的特殊社會心理任務；並認為每一階段都有一個特殊矛盾，矛盾的順利解決是人格健康發展的前提。艾里克森因其人格發展理論而聞名。他認為，人格是一種獨立的力量，是一種心理過程，是人的過去經驗和現在經驗的綜合體，能夠把個人的內部發展和社會發展綜合起來，引導心理朝合理的方向發展，決定著個人的命運。

世界顛倒過來了

心理學是研究心理活動發生、發展規律的科學，以每一個人為研究對象，有人的地方就可以展開心理工作。透過適當的手段發現人類的心理規律，研究如何應用這些規律，加以預見、影響和控制。

1897年，就在桑代克及其他人開始轉向動物實驗學和行為主義心理學，美國心理學家喬治・斯特拉頓進行了一項針對人類且顯然帶有認知性質的知覺實驗。在一週的時間裡，他戴著一副特殊的眼鏡，戴著這副眼鏡看東西，世界上的一切都是顛倒的。

剛戴上這副眼鏡的時候，他到處走動和拿東西時都非常困難，因此，很多時候，他都需要閉上眼睛，依靠觸摸和記憶力去拿一些東西和往一些地方走。可是，到第5天的時候，他已經能夠自由地活動了。

大概過了7天時間，他感覺到事物就在他看見的地方，有時候，他覺得這些東西「就是正放著的，而不是倒過來的樣子」。在一週的時間內，他就這樣戴著眼鏡。

當第8天突然把眼鏡拿掉的時候，一切都令人迷惑，因為眼前的世界讓他有些頭暈目眩。他去拿東西的時候，手卻伸錯了方向：他想向左走，卻走到了右邊……

經過大約半天的時間，他才又重新掌握了這些東西實際上在正常看起來的

時候是在什麼地方的。實驗很明顯地顯示，空間知覺，至少在人類中，有些部分是透過學習得來的，因此可以重新學習。

斯特拉頓的這些發現雖然令人驚訝，可是，20世紀初期，卻沒有引起心理學界的關注，也沒有任何人去欣賞斯特拉頓的工作，幾乎也不存在認知性的知覺研究。可是，20世紀到40年代，一些認同這些理論的心理學家才在知覺問題上採取與心理學和心理物理學完全不同的方式展開研究。

在美國和其他一些地方，有些人重新發現了斯特拉頓的工作，並進行了新的視覺——扭曲實驗。1951年，奧地利心理學家依沃·科勒爾說服志願者花50天的時間透過稜鏡眼罩看世界。這種眼罩可使他們的視野向右偏轉10度左右，並使垂直線稍有彎曲。

在剛開始的時候，他的這些受試者在幾天的時間裡感覺到世界很不穩定，走路和做一些簡單的事情也有困難，然而，這種情況並沒有維持多久，在大約10天之後，大部分東西在他們看來都恢復正常了，又過了幾星期之後，一位志願者甚至可以溜冰了。跟斯特拉頓的感覺一樣，在他們取下眼罩後感覺到方向不明，不過，後來還是迅速恢復了正常現力。

詹姆斯（1842年～1910年）
美國心理學家和哲學家，美國機能主義心理學和實用主義哲學的先驅，美國心理學會的創始人之一。1875年，建立美國第一個心理學實驗室。1904年當選為美國心理學會主席，1906年當選為國家科學院院士。
主要心理學著作包括：《心理學簡編》（1892年）、《對教師講心理學》（1899年）、《宗教經驗之種種》（1901年～1902年）

后羿射箭

如果一個人缺乏較好的心理素質，即使在平時表現得多麼出色，在最後也終將失敗！

夏朝的后羿是一位非常有名的神箭手。他練就了一身百步穿楊的好本領，立射、跪射、騎射等樣樣精通，幾乎從來沒有失手過。由於他的名氣越來越大，最後，夏王也知道后羿有這麼高超的本領，非常高興。有一天，夏王想把后羿召入宮中，準備見識一下他那爐火純青的射技。

於是，夏王就派人把后羿帶到御花園，在裡面找了一個開闊的地方，叫人拿來一塊一尺見方，靶心直徑大約一寸的獸皮箭靶擺放在遠處。然後，就用手指著箭靶說道：「你看著，遠處的那個箭靶就是你的目標。如果射中了的話，我就賞賜給你黃金萬鎰；如果射不中的話，那我就要削減你的封地。」

后羿聽了之後，臉色變得凝重起來。看著遠處一尺見方的靶心，想著即將到手的萬兩黃金或即將失去的封邑，心潮起伏，難以平靜。使得在平時根本不拿這麼遠的距離當一回事的他，露出了緊張的表情。他拖著沉重的腳步。慢慢走到離箭靶一百步的地方，然後取出一支箭搭上弓弦，擺好姿勢拉開弓開始瞄準。

這時候，后羿的呼吸變得十分急促，腦袋混亂地想著自己這一箭射出去之後的兩種結果，拉弓的手也微微發抖，瞄了幾次都沒有把箭射出去。最後，后羿一咬牙鬆開了弦，箭應聲而出，「啪」地一下射在離靶心足足有幾寸遠的地方。后羿臉色一下子發白了，然後，他再次彎弓搭箭，但精神卻更加不集中，而且，射出的箭距離靶心也越來越遠。

沒辦法，后羿只好收拾弓箭，沮喪地回去了。而夏王在失望的同時也不禁有些疑惑，就問身邊的人說：「為什麼平時后羿的射箭水準那麼高，而今天卻

變成這樣呢？」

這時候，旁邊的大臣解釋說：「后羿平時射箭，只不過是一般的練習，那時候，他是平常心，自然可以正常發揮。但是，今天他射出的箭卻直接關係到他的切身利益，因此，他根本無法靜下心來施展技術，那麼，他又怎麼能射得好呢？」

本來穩操勝券的后羿，因為心理負擔過重而失去水準，最終黯然離場。他的悲劇有各式各樣的解釋，但是我們從心理學上分析，可以歸因於詹森效應。詹森效應得名於一位名叫詹森的運動員。他平時訓練有素，實力雄厚，但在體育賽場上卻連連失利。人們藉此把那種平時表現良好，但由於缺乏應有的心理素質而導致競技場上失敗的現象稱為詹森效應。

在日常生活中，有些名列前茅的學生在大考中屢屢失利，有些實力相當強的運動員卻在賽場上發揮失常，飲恨敗北等。原來「實力雄厚」與「賽場失誤」之間的唯一解釋只能是心理素質問題，主要原因是得失心過重和自信心不足而造成。也正是因為這些人在平時卓然出眾，進而，給自己造成一種心理定勢：只能成功不能失敗，使得其患得患失的心理加劇，心理包袱過重，試想，有如此強烈的心理得失在困擾著自己，又如何能發揮出應有的水準呢？因此，要走出「詹森效應」的陰影，必須保持一顆平常心，主動去克服對失敗的恐懼。

華生（1878年～1958年）
美國心理學家，行為主義心理學的創始人。他認為心理學研究的對象不是意識而是行為，心理學的研究方法必須拋棄「內省法」，以自然科學常用的實驗法和觀察法取而代之。華生在使心理學客觀化方面發揮了巨大的作用。1915年當選為美國心理學會主席。

害怕英俊男孩的女生

心理學家說：「沒有一個女孩不想扮演成為好女孩；也沒有一個好女孩不將自己放縱於可怕的性妄想與性欲念之中。」

「白馬王子」是無數女生夢寐以求的童話。然而，對安妮來說，卻成了自己的噩夢。那時候，她國中三年級，就在她全心投入國三的總復習中的最後階段，偶然一次，她發覺自己的眼睛好像有什麼問題似的，總是害怕正視異性，而且眼光中充滿了輕浮。此後，她一直害怕與男性對視。

過了很長一段時間，情況卻一點也沒有改變。每當她不小心用那種眼光直視別人時，都這樣安慰自己：這不關我的事，請不要怪我。除了這樣我還能做什麼呢？我已經夠努力了，夠辛苦了。在課堂上，她都是一邊使自己集中精神聽課，一邊盡量避開老師的視線，特別是在男老師講課時。

因為這種神態引起很多人的誤解，包括她的老師。這位老師夫妻感情不好，由於她目光的輕浮，使得老師對她總有些特別關心。其實，她根本不是有意要這樣做的。

有一次，她的目光又引起了一個自私的男孩的誤會。其實，她也盡量克制自己了，可是受不了英俊男孩的誘惑，使得她的成績直線下降。同學嘲諷，老師責怪，家長失望，都讓她痛苦萬分，那時她才真正體會到生不如死的滋味。更讓她難受的是那男孩的得意，因為安妮從未向人屈服過，如今終於拜倒在他的腳下，他得意極了！每當傍晚，安妮一人枯坐教室裡，心很痛，頭很痛，情感很痛。

在考大學之前，安妮撕掉了所有的日記，毀掉了能喚起她回憶的一切東西，開始調整自己的心態。於是，她成了班上最好的學生。可是那個男孩又開始騷擾她了。她盡力克制，盡量抵制，她以為能戰勝誘惑，但是還是失敗了。

安妮恨透了那個男孩，也恨死了她那雙總是背叛自己的眼睛！

活著真好。每當安妮聽到別人這麼說的時候，「我還是覺得死去比較好！」她總是這樣固執地想著。

異性恐懼是一種心理倒錯，安妮恐懼的不是外在的性對象，而是自己內心的性妄想。這種倒錯首先從視線中表露出來。她的感覺、她的眼睛、她的焦慮，與其說是男人對她的誤解，不如說是她自己對男人的誤解，是想像的事實而不是真實的事實。這就是青春期女孩的妄想帶來的感覺倒錯。

異性恐懼症激化於對性妄想的壓抑。女孩的精神壓迫感來自對強加於自我的壓抑的厭倦。心理學家們說：沒有一個女孩不想扮演成為好女孩；也沒有一個好女孩不將自己放縱於可怕的性妄想與性欲念之中。隱瞞別人，隱瞞自己，正如女孩在同性面前也不肯脫光衣服。女孩最害怕被別人看到赤裸的心靈，害怕展示自己心裡的秘密。佛洛德說過：女孩在悔恨與羞恥中轉變成女人。過度的性壓抑就是神經病之源。

海布（1904年～1985年）

加拿大心理學家，提出細胞聯合理論來解釋知覺及在大量腦組織損傷條件下仍能保持一定智力水準的現象。他強調早期經驗對智力發展的重要性，以及正常環境刺激是保持心理健康的重要因素。1960年當選為美國心理學會主席，1961年獲得美國心理學會頒發的傑出科學貢獻獎，1979年當選為國家科學院院士。

異性恐懼症總是爆發在女孩性成熟的14～17歲這一年齡層。這一年齡層同時也是關係女孩前途命運的上學和升學最緊張的時期。害怕有關性的妄想，害怕這類妄想影響自己的前途和命運，極度壓抑、全力抵制自己成熟的性本能，就是這一年齡層要強的女孩沉重的精神負擔。

小牛仔的洗手之謎

手淫者不能以正常的方式解決性需求問題，導致低人一等的自卑感，無法與別人溝通，心中產生難以排解的閉鎖感。這是一種以不良心理感受為特徵的「手淫後效應」。

達恩優異的學業成績一直都是全家人的驕傲。從小學到國中一年級，他都是在掌聲中度過的。然而，自從進入國中二年級之後，情況就發生了變化，經常會為一些莫名其妙的小事與同學發生爭執，有兩次居然動手打了起來。上課的時候，很難集中精神，因此，學業成績每況愈下，甚至有些科目竟然亮起了紅燈。

老師發現這一情況之後，覺得這個小牛仔在生活中一定遇到了什麼困擾，或者是心裡有了某種障礙。

於是，老師就聯繫了他的家人，並與之進行了一次長談。從他母親那裡瞭解到：父母關係融洽，每個人都像以前一樣的愛護和在意他。不過，最近也不知道究竟為什麼，他每次回家之後，顯得沈默寡言。而他以前不僅喜歡說話，還非常喜歡演講，每次演講都能獲得大家的掌聲。

母親曾問過他無數次，但是，他總是不說。而且，現在還有一個異常情況，那就是他以前並不怎麼講究衛生，但是現在，好像完全變了一個人似的，經常洗手，一天能夠洗無數次，有時候，頻繁得讓人不解。

「看來真的有問題了！」老師回到辦公室之後決定和達恩談談。於是，到中午的時候，老師把達恩叫進了辦公室。在等達恩坐下之後，老師問道：「我最近和你媽媽談到了你，聽她說，你最近經常反覆地洗手，你能告訴我這是為什麼嗎？」達恩疑惑不解地看著老師道：「老師，這好像是我的私事，難道你連我洗手都要管嗎？」

「不，當然不！」老師和藹地解釋道：「你知道嗎？這段時間看著你的成績直線下降，身為老師，而且還有你的家人，都感到非常難過和擔憂。老師只想盡快幫你找到原因，然後，我們一起去克服它。」

達恩低下頭，猶豫了很久，最後輕輕地說：「我就是覺得手很髒。」

「哦！那肯定是你碰到了你覺得髒的東西。」老師在說「你覺得」的時候，特意的加重了語氣，他想暗示達恩，自己覺得髒的東西，未必就是真正的髒東西，有時候，只是認知上的偏差罷了。

接著，老師繼續說道：「反覆洗手是個心理障礙問題，它會影響到你的學業和心情，因此，最好把它改掉。」老師還告訴達恩，如果需要老師的幫助，他會像對待自己的孩子一樣，不遺餘力。

過了幾天之後，達恩主動找到了老師，告訴他自己反覆洗手主要是因為「手淫」所致，覺得很髒，自己很低賤、很下流，於是總想透過洗手去掉骯髒感。但是，水只能洗掉手上的髒物，卻洗不去內心的罪惡感。因此，一回到家裡，心情更加沉重，就一次次洗手。上課也打不起精神，老想著就這麼墮落了，心有不甘，但又像著了魔一樣，越是苦悶就越是手淫，然後又越覺得自己骯髒，就更加頻繁地洗手，成天就像生活在地獄裡。

美國著名性醫學權威馬斯特斯教授研究證明：男性一次達到性高潮的手淫，與一次完整的性交對身體的影響無顯著差異。換言之，如果不是「手淫有害」的錯誤觀念作祟，根本不會產生手淫後的心理問題。

其實，男青年到了青春發育期，由於睪丸不斷分泌雄性激素，便出現一系列的男性

特徵，肌肉發達，陰毛變粗、變黑，同時，也產生了對性的興奮感。有些人就會情不自禁地玩弄起外生殖器來，在好奇中悄悄地開始了手淫，以滿足自身的性要求。

應該說男性性自慰是一種較為普遍的現象。俗話說：「精滿則溢。」性發育成熟的男性，如果沒有規律的性生活使心理上、生理上的性能量得到正常發洩，就會透過手淫或夢遺等性行為方式進行發洩，這種生理行為無可厚非。

但由於大多數青年缺乏必要的性知識，認為精液是人之「精華」，流失了就會「未老先衰」，因而惶惶不可終日，還有些青年則由於羞愧和內疚的心理，而給自己背上了沉重的思想負擔。手淫本身對身體的危害是微乎其微的，而對心理上的危害超過性生理的影響。

赫爾（1884年～1952年）
美國心理學家，新行為主義代表人物之一。主要著作有《心理、機制和適應性行為》、《行為綱要》等。1936年當選為國家科學院院士，同年當選為美國心理學會主席。

赫爾最大的初衷是要按自然科學來建立新行為主義心理學，進而使其獲得知識上的地位。他學習微積分在30年代看起來還支離破碎，而在他的《行為的原理》（1943年）一書中卻已經有了系統的形式，當時，這種方法倍受尊崇，影響極大。他成了心理學研究文獻中和學習心理學領導人物中被引用最多的心理學家。

現在，他只是個在歷史研究中稍微引人注意的人物，年輕的心理學家和心理學圈子外很少有知道他名字的。

跳蚤實驗和自我放棄的狗

習得性無助指個體經歷了某種學習後，在情感、認知和行為上表現出消極的特殊心理狀態。表現在形成自我無能的策略，對於任務，哪怕自己有能力完成，也在嘗試之前自我放棄。

心理學家曾經做過一個有趣的實驗：將一隻跳蚤放進沒有蓋子的杯子內，結果，跳蚤輕而易舉地跳出杯子。緊接著，心理學家用一塊玻璃蓋住杯子，於是，跳蚤每次往上跳時，都因撞到這塊玻璃而跳不出去。不久，心理學家把這塊玻璃拿掉，結果，跳蚤再也不願意跳了，即使跳，跳的高度也謹慎地和玻璃蓋處保持著一段「安全距離」。

我們的生活中，也有很多人像上文提到的跳蚤一樣，經過一段時間的努力而沒有達到預定目標時，便灰心喪志，自我放棄。因為無法避免的挫折已經讓他們形成了「習得性無助」，「習得性無助」這個術語緣自美國心理學家塞利格曼做的一項經典實驗：塞利格曼先把狗關在籠子裡，只要擴音器一響，就給予狗難受的電擊，狗遭受了電擊之後，狂吠不已，並且四處衝撞籠子，希望能夠逃脫；這個實驗重複多次後，擴音器一響，狗就不可避免地受到電擊，躲也沒有地方可以躲，後來，當擴音器響的時候，狗乾脆趴下來，「心甘情願」地等待電擊。後來，實驗者在電擊前，先把籠門打開，此時狗不但不逃脫而是未電擊前就臥倒在地開始呻吟和顫抖——本來可以主動地逃脫卻絕望地等待痛苦的來臨，這就是「習得性無助」。

這給了我們很多省思。首先應當反省的是我們的教育。孩子一出生就是積極探索，喜歡嘗試的：他到處看、到處爬，到處摸……當然，因為是「第一次」，所以出錯的機會肯定很多。如果孩子的每一次嘗試成人都報以厲聲呵斥「不准……」或大驚小怪的驚呼「危險！不要……」時，他就好像被電擊了一樣，久而久之，他對自己要做的事情變得不自信了。

結果，他也許會如你所願地變成一個「乖」孩子，哪裡也不碰，什麼也不摸，但卻把「自卑」的種子深深地根植於心中。如果你不希望這樣的情況發生，那麼請對孩子「試一試」的行為予以鼓勵和幫助，在孩子失敗的時候給予

安慰和支持，並對孩子的嘗試予以進一步的啟發和建議。

在管理上也一樣，如果不論員工做怎樣的努力，做上司的都一臉不滿，甚至對員工言語打擊，員工也會慢慢地放棄努力，而消極地等待上司的責罰。所以，獎罰一定要分明，該獎的時候不要吝惜你的讚揚，該罰的時候，也一定要讓被責罰的對象清楚知道自己到底錯在哪裡。

凱根（1929年）

美國心理學家，對嬰兒和兒童的認知和情緒發展的研究，尤其是對氣質的形成根源的研究十分著名。他的研究顯示：個體氣質的差異既受環境影響又受基因制約。1987年獲得美國心理學會頒發的傑出科學貢獻獎。

一個非常簡單的實驗

韋柏感覺系統實驗發現，最小可感知差別的大小隨標準單位刺激（第二個與之進行比較的那一個）的程度變化而變化，而且，這兩種刺激之間的比率是一個常數。

19世紀30年代，在萊比錫大學，一位長著鬍鬚的年輕生理學教授正在進行一項與大多數生理學家完全不同的研究。

他的名字叫恩內斯特‧海因里奇‧韋柏。他不用手術刀，也不切開青蛙腿，更不用鋸開兔子的頭，反過來，他要用健康、完整無損的人類志願者做實驗（大學生、都市人、朋友）還使用一些平凡的工具做實驗，如藥房的小砝碼、燈、筆和粗毛衣針。

有一天，在一間實驗室裡，韋柏用一根塗了炭粉的縫衣針垂直落在一位年輕人的裸背上，在背上留下一個很小的黑點。

接著，他請年輕人指出原來那個黑點所在的位置。結果，年輕人所指的位置與黑點的位置有幾英寸遠。韋柏仔細測量兩點之間的距離，並在筆記本上記錄下來。

再來，他分別在年輕人的背、胸、臂和臉等不同的地方一次又一次地反覆進行這項試驗。之後，他又拿出一把圓規，在另一位蒙上眼睛的年輕人身體的不同部位把兩支圓規撐開按下，接觸身體。當圓規的兩支腳張得很開時，年輕

人知道兩個點都被接觸到了。可是，當韋柏將圓規腳拉得近一些的時候，受試者就很難說出到底是一支腳還是兩支腳都接觸到了身體上，直到在一個臨界點上，他感覺兩支腳就是一支腳。

這個臨界的距離，韋柏發現，是根據身體的不同部位而有所變化的。在舌尖上，這個距離不到二十分之一英寸；在臉上，只有半英寸；而在脊樑上，距離為從0～2英寸半不等……其敏感度有50倍的差別，這說明每個部位神經末梢的相對數字有相當大的變化。

在舌尖上，該距離不到1/20英寸，在臉上，只有半英寸，在脊椎上，不同位置距離不等，最大為2英寸半，敏感度差異竟然有50倍以上。以此戲劇性地說明了每個部位神經末梢的相對數字具有相當大的變化。這項試驗，被稱為「最小可感覺差別」試驗。

韋柏的試驗一發不可收拾，在當時的條件下，他盡一切可能對其他感覺系統進行了類似的實驗，分別決定出下列度量之間的最小可感覺差別：兩條線的長度、兩個物體的溫度、兩個光源的亮度等等。在每一種情況下，韋柏都發現，最小可感覺差別的大小隨標準單位刺激的程度而變化，而且，兩種刺激之間的比率是一個常數。其中視覺最為敏感，可區別光線強度的1/60；痛感的最小可感覺差別為1/30；聽覺的最小可感覺差別為1/10；嗅覺的最小可感覺差別為1/4；味覺的最小可感覺差別為1/3。

韋柏對感覺系統敏感度進行的全部實驗雖然都很簡單，但是在心理學史上卻產生了重要影響。這些資料反映了生理與心理世界之間標準計量的相互關係，為心理學的計量研究提供了成功的範例。

我們的心理感覺和外界物理刺激的性質並不是完全一一對應的。舉幾個例子來說明吧：

1、游泳的時候，在入水的一剎那你會覺得很冷，但是過了一會兒，你就漸

漸適應，覺得不那麼冷了。池水的溫度（物理刺激的性質）都是19度，而你的感覺卻出現了差異。

2、如果有人問你，一公斤棉花和一公斤鐵，哪一個比較重？你或許會脫口而出：「鐵比較重。」但事實上都是一公斤，它們的重量是一樣的，這就是所謂的「形重錯覺」。

上面的故事中韋柏的研究屬於心理學中一個名為心理物理學的領域。心理物理學先由韋柏奠定基礎，後由費希納正式建立。心理物理學是研究心和物之間函數關係的精密科學，它的目標就是最終用精確的數學函數的形式來描述外部的物理刺激與因此而發生的感覺和知覺之間的定量關係，其研究範圍包括感覺、知覺、情感、行為、注意等。

韋柏
在心理學史上是韋柏第一個將實驗法與數學測定法結合起來對感覺問題進行了研究。我們說試驗心理學開始於馮得，但應該說實驗心理學是由韋伯開始。
韋柏的感覺試驗規律公式：$\delta(R)/R=k$，
公式的意思是，在任何感覺系統中，最小可感知刺激（R）和標準刺激強度R之間的比率是一個常數K。這個公式被稱作韋柏定律，是這方面最早的一個定律──生理與心理世界之間準確計量的相互關係。這是實驗心理學家從此以後一直在尋找的那種概括的原型。

無法逾越的「玻璃之牆」

實驗、堅持不懈、試錯、冒險、即興發揮、最佳途徑、迂迴前進、混亂、刻板和隨機應變，所有的一切都有助於我們應付變化。

有一天，卡爾·韋克教授正在校園裡面散步。當他從一條小徑上來到花園的時候，發現幾個人聚精會神地圍在一個小視窗。來到他們面前，才發現是幾個心理系的學生，正趴在那裡做實驗呢！

而且，這幾位都是他非常熟悉的學生。為首的叫維蓮娜，是這屆心理系的佼佼者，旁邊的三位分別是：喬治、約瑟夫和史丹尼。他們之中除了喬治之外，也都是心理系的學生。而喬治是維蓮娜的男友，理所當然地變成了她的助手，最後在維蓮娜的影響下，也慢慢地對心理學產生了濃厚的興趣。

他們的行為吸引了卡爾·韋克教授，打算看看這幾個到底在搞什麼把戲。不過，這四位實驗者正聚精會神地看自己的實驗過程，根本沒有注意到教授竟然站在他們身後。

「這樣不行，來，讓我來告訴你應該怎麼放進去！」史丹尼一邊說，一邊拿起裝蒼蠅的小瓶子，打算把這些蒼蠅放在另外一個放著蜜蜂的瓶子裡。

「啊！快抓住牠！別讓牠跑掉了！」維蓮娜看到史丹尼沒注意放走一隻蒼蠅之後，驚呼道。當他們幾個人起來抓蒼蠅的時候，突然發現卡爾·韋克教授竟然站在身後。一下子全都安靜下來了，並一齊向教授問好。

「我只是想看看你們在做什麼有趣的實驗罷了！」卡爾·韋克教授說。

實驗重新開始，他們把幾隻蜜蜂和同樣數量的蒼蠅裝進了一個玻璃瓶中，然後將瓶子平放，讓瓶底朝著窗戶。結果，發現了一個讓人吃驚的事情。只見那些蜜蜂不停地想在瓶底上找到出口，卻從來都沒有往後面找，就這樣，一直

到牠們力竭倒斃或餓死在瓶底；而蒼蠅則全都在不到兩分鐘之內，穿過另一端的瓶頸逃逸一空。

這到底是為什麼呢？是因為那些蒼蠅比蜜蜂還聰明嗎？當然不是，其實，蜜蜂之所以全部死在瓶底，主要是因為牠們對光亮的喜愛，才導致死亡。蜜蜂以為，出口必然在光線最明亮的地方；牠們不停地重複著這種合乎邏輯的行動。對蜜蜂來說，玻璃是一種超自然的神秘之物，牠們在自然界中從未遇到過這種突然不可穿透的大氣層；而牠們的智力越高，這種奇怪的障礙就越顯得無法接受和不可理解。蒼蠅則對事物的邏輯毫無興趣，不顧亮光的吸引，四處亂飛，結果誤打誤撞地碰上了好運；這些頭腦簡單者總是在智者滅亡的地方順利得救。因此，蒼蠅最終發現那個正中下懷的出口，並因此獲得自由和新生。

這個結論是卡爾・韋克教授後來才總結出來的，然而對他的觸動也非常之大。以致於在他以後的講課生涯中曾無數次提到這次實驗。他說：「我們在生活中，有時就像蜜蜂一樣，隨時會撞上無法理喻的『玻璃之牆』，這就需要從混亂中理出頭緒；要知道，在一個經常變化的世界裡，混亂的行動也比有序的停滯好得多。」

約翰・穆勒（1806年～1873年）
英國心理學家、哲學家和經濟學家。其心理學思想散見於《邏輯學體系》（1843年）、《對漢密爾敦的審查》（1865年）和《對詹姆士・穆勒心理學的詮釋》（1869年）等。1865年約翰・穆勒提出了四條聯想律，即類似律、接近律、多次律和不可分律。

這是行為組織學裡的一個著名實驗，說明的是蒼蠅更能夠改變思維來適應環境，而蜜蜂卻頑固地認為有光的方向肯定就是出路，所以蜜蜂才會堅持著向瓶底飛。

李比希與功能固著心理

一個人看到一種慣常的功用或聯繫後，就很難看出它的其他新用途：如果初次看到的功用越重要，也就越難看出它的其他用途。這就是功能固著心理。

　　李比希是德國著名的化學家、化學教育家。他出身於一個經營藥物、染料及化學試劑的小商人家庭。小時候，李比希隨父親製造過家庭藥物和塗料，後來又當過藥劑師的徒弟。少年時代的李比希對當時德國學校正規化、公式化的陳舊教育感到乏味，但卻酷愛閱讀化學書籍和動手做化學試驗。學業有成後，李比希在黑森大公的公費資助下到巴黎深造，在法國著名化學家、物理學家蓋·呂薩克的實驗室工作，並結識了德國科學界泰斗洪堡。

　　有一次，李比希因公事而需要赴英國考察。到了英國之後，他來到一家工廠參觀繪畫顏料「柏林藍」的配製過程。他看見工人們先用藥水煮動物的血和皮，調製成「柏林藍」的原料，然後把原料溶液放在鐵鍋裡再煮，並用鐵棍長時間攪拌，邊攪邊把鐵鍋搗得卡卡作響。李比希感到很奇怪，就問這是怎麼一回事，其中的一個工頭向他解釋道：「攪拌鍋裡的溶液時，一定要用鐵棍，而且發出的聲音越大，『柏林藍』的品質越好。」

　　李比希聽了之後，不由得笑道：「其實根本不需要這樣攪，只要在『柏林藍』原料裡加點含鐵的化合物就行了。現在用鐵棍使勁攪拌，無非是把鍋上的鐵屑磨下來，使它與原料化合成『柏林藍』。」最後，工頭試著用他的方法做了一次，結果效果非常好。

　　在一次研究人的創造思維的會議上，日本創造學家走上主席臺，拿出一把迴紋針，同時提出一個問題。他問：「這些迴紋針有多少用途？」

　　在場的一位學者說有30多種。創造學家說他自己已經證明了有300多種。大家為他熱烈鼓掌。這時臺下有人遞上來一張紙條，上面寫著：我明天將發表一

個觀點，證明這個迴紋針可以有億萬個用途。這個人就是中國的許國泰。根據他的論證，迴紋針由於是相同的品質可以做各種砝碼；作為一個金屬物，迴紋針可以和各種酸類及其他的化學物質產生不知道多種反應；迴紋針可以變成1、2、3、4、5、6、7、8、9和加、減、乘、除，可以變成英文、拉丁文、俄文字母，於是天下所有語言能夠表達的東西，迴紋針都可以表達。

　　因此，對於這些難度不是很大的實際問題，許多人不能解決的主要原因是因為在他們的視野和心理上存在局限，受到某種物體的通常用途的影響，所以難以發現這種物體的其他用途，因而束縛了思維，妨礙問題的解決。一個東西能發揮多大的作用，取決於擁有和使用這個東西的人的聰明才智，運用的方式不同，得到的結果也就會有天壤之別。

　　人為什麼會產生功能固著這種心理現象呢？這是因為一個人在遇到新出現的問題時，總是容易用過去處理這類問題時的方式或經驗來對待和解決新出現的問題。如果在一切條件都沒有發生變化的情況下，運用已有的經驗和方法會使問題得到迅速解決，提高工作和學習效率。但是如果在條件已經發生變化的情況下，仍然照本宣科，以固定的模式去應付多變的生活和學習，就會多走許多冤枉路，使問題不能有效地解決。

笛卡兒（1596年～1660年）
法國數學家、科學家和哲學家。在心理學史上笛卡兒被稱為反射動作學說的創始人。「反射」術語起用於笛卡兒，但其具體意思卻與後來的「反射」概念有著一定的距離。
笛卡兒的《論情緒》認為有六種原始情緒：驚奇、愛悅、憎惡、欲望、歡樂、悲哀。其他情緒，雖然很多，但都是這六種情緒之中的某種組合。

愛迪生的合夥人

吉爾福德認為，人在解決問題時，思維常常「從同一的來源中產生各式各樣為數眾多的輸出」，即在一段時期內不拘一格地朝著多種方向去探尋各種不同的方法、途徑及答案，這種呈散射型或分叉型的思維模式就叫作「發散思維」。由於它往往能因此出現一些奇異思想，所以也稱作「求異思維」或「開放式思維」。

巴那斯是個農民子弟，但他卻有很大的理想，總想著自己要做一番大事業。也許是幸運之神對他的眷顧，有一天，一張報紙改變了他的命運。事隔多年之後，巴那斯每每提及這件事，都感慨萬千，說：「如果不是那張報紙的話，我可能就和自己的父親一樣，一輩子以種田來結束自己的一生。」

那天，當他在一張報紙上看到了大發明家愛迪生的故事之後，竟然萌發出要成為愛迪生的合作夥伴的夢想，他要把愛迪生的發明成果推廣到全世界。

就這樣，他告別了家人，坐上一輛開往新澤西州的火車。當他站在愛迪生面前的時候，他看起來就像一個街頭的流浪漢，衣衫襤褸、滿身污垢。然而，他的雙眼卻閃爍著希望和自信的光芒。

在愛迪生的實驗室裡，他告訴愛迪生說自己從很遠的農村來到這裡，雖然身無分文、衣食無著，但他來到這裡的目的是「要做你生意上的合夥人，你的發明成果需要有人把它們推向世界，我要讓所有的人都能夠分享你的發明。當然，我現在需要你收留我在你的工廠工作，我需要在你身邊，熟悉你的一切發明創造。」

愛迪生看了看他說道：「這位尊敬的先生！有件事我不得不遺憾地告訴你，類似你這樣的來客，我幾乎每週都會遇到幾次，但結果卻非常不好。因此，我是否可以向你提出一個問題呢？當然，如果你能夠完美地把問題解決了，我非常歡迎你加入我們的行列。反之，則請先生見諒了！」

「好吧！」巴那斯說。

「你現在就開始想辦法，看能否讓我走出這個實驗室。」愛迪生說道。

「這根本不行！這個問題簡直不可思議！」巴那斯生氣地吼道。「如果問題是把站在外面的您請回實驗室，那還有可能，而這個，絕對不可能！」

「哦？那我就到外面，看你有什麼辦法讓我進來！」愛迪生說著，就來到了門外。當他剛剛站穩腳步，再看巴那斯的時候，突然明白自己已經輸了。

就這樣，巴那斯留了下來。經過幾年的努力之後，他和愛迪生簽下合約，由他主管全國及出口的行銷事宜。很快，巴那斯成了富甲一方的大商人。

看了這個故事，你是不是也會稱讚巴那斯的聰明呢？他之所以聰明，與他善於「變通」的思維素質密不可分。在解決問題時，人們通常都按常規去思考（即使愛迪生如何出來這一方面去思考），而巴那斯則能從「讓愛迪生從外面走進實驗室」反向思維，而巧妙地解決了問題，即能從另一個角度、另一面去思考。這種思維具有發散性。

很多心理學家都認為，發散思維與創造力有直接關聯，因此，應有意識地培養、訓練自己的的發散性思維，即從思維的獨創性、變通性、流暢性著手，逐漸使我們養成多面向、多角度認識事物、解決問題的習慣，使自己的學習更具創造性。

與常規性思維相對，創造性思維指的是以新穎獨創的方法解決問題的思維過程。透過這種思維不僅能揭露客觀事物的本質及其內部關聯，而且能在此基

礎上產生新穎的、獨創的、有社會意義的思維成果。它是人類思維的高級過程，是人類意識發展水準的標誌。所以，訓練良好的思維力，特別是創造性思維能力，意義頗大。

創造性思維具有三個特點，即新穎性、流暢性和變通性。新穎性是指思維能夠標新立異，不落俗套；流暢性是指思維的過程非常順暢，沒有阻滯，「思如泉湧」就是這種狀態；變通性是指的是不受眼前條件的局限，能夠進行發散性的思考。

心理學家們對創造性思維給予很多的關注，認為可以從以下幾方面著眼，提高人的創造性思維。

首先，語言是思維的工具、物質外殼，也是思維活動的有效刺激物，思維，特別是抽象思維要借助於語言、辭彙來實現。所以應該透過多讀、多寫、多講來提高語言能力，進而增強思維能力。真正做到「思風發於胸臆，言泉流於唇齒。」

其次，整個創造過程就是對原有知識、資訊進行加工、重組、改造，進而產生新穎、獨特的組合形式的過程。「巧婦難為無米之炊」，對刺激做出快速、變通、新奇的反應是建立在廣泛的知識基礎上的。

黑格爾說得好：「單憑心血來潮並無濟於事，單靠有心要創作的意願也召喚不出靈感來。誰要是胸中本來沒有什麼內容在鼓動……不管他有多大的才能，他也絕不能憑藉這種意願，就可以抓住一個美好的意思或是產生一部有價值的作品來。」

最後，高創造性的人具有獨特的人格特徵。美國學者大衛斯在第22屆國際心理學大會上，歸納提出具有高創造性的人的人格特徵：「獨立性夠強，勇於冒險，具有好奇心，有理想抱負，不輕信他人的意見，對於複雜奇怪的事物會感受到一種魅力，而且，富有創造性的人通常都具有藝術上的審美觀和幽默感……他們的興趣和愛好既廣泛又專一。」所以，我們還應該注意培養自己的創造性人格。

柏拉圖（約西元前427年～西元前347年）
古希臘哲學、西方文化最偉大的哲學家和思想家之一。他把人的靈魂分等並與他的「理想國」的等級相對應。靈魂分為理性、意氣和欲望，理性位於頭部，意氣位於胸部，欲望位於腹部橫膜與肚臍之間。

較強的發散思維能力是創造性人才的基本特徵之一。在進行發散思維訓練的過程中，要吸收教育學和心理學的科學方法，充分重視主體意識，努力營造較為安全的心理環境，大膽質疑，勇於標新立異，使發散思維的培養得以順利實施。

別人的心思我知道

投射一詞在心理學上是指個人將自己的思想、態度、願望、情緒、性格等個性特徵，不自覺地反應於外界事物或者他人的一種心理作用，也就是個人的人格結構對感知、組織以及解釋環境的方式發生影響的過程。

在一家出版社的選題討論中，出現了一種有趣的現象。編輯們列出他們認為最重要的選題分別為：

編輯A正在參加成人教育以攻讀第二學位，他選的是「怎樣寫畢業論文」；

編輯B的女兒正在上幼稚園，她的選題是「學齡前兒童教育叢書」；

編輯C是圍棋迷，他的選題是「聶衛平棋路分析」……

這些人都在不經意之間將自己的心理投射到他人身上，認為自己感興趣的內容一定是所有讀者都感興趣的。還有一個故事也能說明這種投射效應。

一天，美國著名主持人林克萊特訪問一名小朋友：「你長大後想要當什麼呀？」小朋友天真的回答：「嗯……我要當飛機的駕駛員！」

林克萊特接著問：「如果有一天，你的飛機飛到太平洋上空時，所有引擎都熄火了，你會怎麼辦？」小朋友想了想：「我會先告訴坐在飛機上的人繫好安全帶，然後我背上我的降落傘跳出去。」

現場的觀眾有的笑得東倒西歪，有的則皺起眉頭，說：「好壞的孩子。」林克萊特則繼續注視著這個孩子，想看他是不是一個自作聰明的傢伙。

沒想到，接著孩子的兩行熱淚奪眶而出，這才使得林克萊特發覺這個孩子的悲憫之情遠非筆墨所能形容。林克萊特問他說：「你為什麼要這麼做呢？」答案透露出一個孩子真摯的想法：「我要去拿燃料！」

　　你聽到別人說話時……你真的聽懂他說的意思了嗎？不要先入為主地認為你知道別人的心思，因為這樣往往會將自己的意思投射到別人的身上，聽話不要聽一半，請聽別人說完，這就是「聽的藝術」。

　　心理學研究發現，人們在日常生活中常常不自覺的把自己的心理特徵（如個性、好惡、欲望、觀念、情緒等）歸屬到別人身上，認為別人也具有同樣的特徵，如：自己喜歡說謊，就認為別人也總是在騙自己；自己感覺很自豪，就認為別人也都認為自己很出色……心理學家們稱這種心理現象為「投射效應」。

　　由於投射效應的存在，使得我們常常可以從一個人對別人的看法中來推測這個人的真正意圖或心理特徵。由於人都有一定的共同性，都有一些相同的欲望和要求，所以，在很多情況下，我們對別人做出的推測都是比較正確的，但是，人畢竟有差異，因此推測總會有出錯的時候。如在日常生活中，我們常常錯誤的把自己的想法和意願投射到別人身上：自己喜歡的人，以為別人也喜歡，總是疑神疑鬼，莫名其妙地吃醋；父母總是喜歡為子女安排前途、選擇學校和職業……

湯瑪斯‧霍布斯（1588年～1679年）
英國第一位經驗主義心理學家，不過，他主要還是以一位帶政治傾向的哲學家而聞名的。
他是第一位現代聯想主義者。亞里斯多德、聖奧古斯丁和維夫都曾說過記憶是透過某種連接調出來的，可是，霍布斯的貢獻是，他說得更清楚一些，更具體一些，儘管也是不完全和不成熟的。雖然他使用的是「概念的系列」而不是「聯想」這些辭彙，可是他是這種傳統之中最早的一位，該傳統最終還導致了19世紀的實驗主義心理學和20世紀的行為主義。

改變愛因斯坦一生的故事

著名雜技師肖曼・巴納姆在評價自己的表演時說，他之所以很受歡迎是因為節目中包含了每個人都喜歡的成分，所以他使得「每一分鐘都有人上當受騙」。人們常常認為一種籠統的、一般性的人格描述十分準確地揭示了自己的特點，心理學上將這種傾向稱為「巴納姆效應」。

　　據說愛因斯坦在的小時候是個十分貪玩的孩子，他的母親彼林經常為此而憂心忡忡。母親的再三告誡對他來說毫無用處。直到16歲那年的秋天，一天上午，父親將正要去河邊釣魚的愛因斯坦叫到屋子裡，並告訴他一個故事，正是這個故事改變了愛因斯坦的一生。

　　父親說：「我昨天和我們的鄰居傑克一起去清掃南邊的一個大煙囪，那個煙囪只有踩著裡面的鋼筋踏梯才能上去。你傑克大叔在前面，我在後面。我們抓著扶手一階一階的終於爬上去了，等到我們下來的時候，你傑克大叔依舊走在前面，我還是跟在後面。後來，鑽出煙囪，我們發現了一件非常奇怪的事情：你傑克大叔的後背、臉上全被煙囪裡的煙灰沾黑了，而我身上竟連一點煙灰也沒有。」

　　「是嗎？」愛因斯坦突然對故事顯得興致勃勃。

　　愛因斯坦的父親繼續微笑著說：「是啊！你知道嗎？我當時看見你傑克大叔的模樣，心想我一定和他一樣，臉髒得像個小丑，於是我就到附近的小河裡去洗了又洗。然而，你傑克大叔呢？他看我鑽出

煙囪時乾乾淨淨的，就以為他也和我一樣乾乾淨淨的，因此，只在那裡隨便洗了洗手就上街了。結果，街上的人都笑破了肚皮，還以為你傑克大叔是個不愛乾淨的人呢！」

愛因斯坦聽完，忍不住和父親一起大笑起來。父親笑完後，鄭重地對他說：「你知道嗎？孩子，我告訴你這些，其實是想提醒你，無論任何人，都不能做你的鏡子，只有自己才是自己的鏡子。拿別人做鏡子，即使是白癡都有可能把自己照成天才的。」

人之所以為人，就是人具有自我意識，能夠形成自我知覺，能夠在頭腦中勾畫出現實中的我是什麼樣子的，理想中的我又是什麼樣子的？

人類從來沒有停止過對自我的追尋，正因為如此，人常常迷失在自我當中，「不識廬山真面目，只緣身在此山中」，人難以脫離自己，以局外人的身分來審視自己，只能參照周圍的人來認識自己，因此很容易受到周圍資訊的暗示，並把他人的言行作為自己行動的參照，進而出現自我知覺的偏差，也叫「巴納姆效應」。

「巴納姆效應」主要表現在兩個方面：

1．更相信他人給自己的評價。有位心理學家給一群人做完明尼蘇達多相人格檢查表（MMPI）後，拿出兩份結果讓參加者判斷哪一份是自己的結果。事實上，一份是參加者自己的結果，另一份是多數人的回答平均起來的結果。參加者竟然認為後者更準確地表達了自己的人格特徵。

2．容易相信一個籠統的、一般性的人格描述特別適合他。即使這種描述十

分空洞，他仍然認為反映了自己的人格面貌。如你很需要別人喜歡並尊重你，你有自我批判的傾向等等。這其實是一些套在誰頭上都合適的帽子。巴納姆效應在生活中十分普遍。拿算命來說，很多人請教過算命先生後都認為算命先生說的「很準」。

其實，那些求助算命的人本身就有容易受到暗示的特點，再加上算命先生善於揣摩人的內心感受，稍微能夠理解求助者的感受，求助者立刻會感到一種精神安慰。算命先生接下來的無關痛癢的話，便會使求助者深信不疑。

約翰·洛克（1632年～1704年）
把這個原始的學說發展下去了，因而常被人稱作「英國經驗主義之父」。
他也是一位政治哲學家和原型心理學家；作為後者，他極力主張與霍布斯類似的學說，然而作為前者，他卻有極為不同的主張。
在社會政治體制上，他辯駁霍布斯的理論，他文采橫溢地說，某些天生的權利，如自由，在人從自然狀態轉向社會生活的時候不應該放棄掉。他的思想體現在美國的《獨立宣言》和法國的《人權宣言》中。

競選結果出來之前

齊加尼克效應因工作壓力導致心理上的緊張狀態,被稱為「齊加尼克效應」。克服齊加尼克效應的訣竅就在於找到一種辦法,讓人們感到自己擁有某種程度的控制力,儘管目前是不可能加以控制的。

班傑明・哈里森是美國第23任總統。他出身望族,祖父是美國第9任總統。哈里森是約翰・斯科特・哈里森與伊莉莎白・拉姆西的第六個孩子,連他父親與第一個妻子的三個孩子,哈里森共有兄妹九人。哈里森出生於俄亥俄州。他受過良好的教育,畢業於邁阿密大學,畢業後從事律師行業。南北戰爭期間參加聯邦軍,獲得將軍頭銜。1881年,他成為參議員。

1888年,他被共和黨提名為總統候選人,在最終的競選即將出爐的時候,很多人都非常激動或煩躁,而他卻依舊非常平靜地在等候最終的結果。他的主要票倉在印第安那州。印第安那州的競選結果宣佈時已經是晚上11點鐘了,等到結果剛剛出爐之後,一位朋友覺得他肯定會為此而寢食難安,於是就趕快打電話給他報信,並向他表示祝賀。然而,讓他這位朋友非常意外的是,當他打電話過去的時候,卻被告知哈里森很早就已經上床睡覺了。

第二天上午,那位朋友好奇地問他為什麼絲毫不擔心的樣子,還睡得這麼早。哈里森哈哈一笑,然後解釋說:「該出來的結果它是必然會出來的,這有什麼好擔心的?況且,熬夜並不能對結果產生任何影響和改變。

如果我在這次競選中獲勝，當選為總統，那麼，我知道自己前面的路會很難走。所以不管怎麼說，讓自己好好休息，才是最為明智的選擇。」

休息是明智的選擇，因為工作會帶來壓力。哈里森明白這一點，然而，他也許自己都不知道自己所要對付的，實際上是因工作壓力導致的心理上的緊張狀態。在心理學上，這種狀態稱為「齊加尼克效應」。

「齊加尼克效應」源自於法國心理學家齊加尼克的一次實驗：

齊加尼克把那些請來的受試志願者分為兩組，讓他們去完成20項工作。其間，齊加尼克對一組受試者進行干預，使得他們最終未能完成任務，而對另外一組則讓他們順利完成全部工作。實驗得到不同的結果。雖然所有受試者接受任務時都顯現一種緊張狀態，但順利完成任務者，緊張狀態隨之消失；而未能完成任務者，緊張狀態持續存在，他們的思緒總是被那些未能完成的工作所困擾，心理上的緊張壓力難以消失。

齊加尼克效應說明：一個人在接受一項工作的時候，就會產生一定的緊張心理，只有任務完成，緊張才會解除。如果任務沒有完成，則緊張持續不變。

「齊加尼克效應」給現代社會腦力工作者的身心健康帶來巨大的挑戰。腦力勞動要求大腦進行積極的思維，而思維活動往往是持續不間斷的，這就使得緊張的心理狀態也持續存在。

即使已經走出辦公室，那些尚未解決的問題或未完成的工作，會像影子一

樣困擾著你。醫務人員、工程師、作家、企業家……都有這種被「齊加尼克效應」困擾的體驗。

如果現代上班族無法適應和調節工作的壓力，就會產生緊迫感、壓力感和焦慮感，久而久之會誘發心身疾病。因此，學會緩解和應對心理的緊張狀態是現代上班族自我保健的一項重要內容。

吉爾福特（1897年～1987年）
美國心理學家，主要從事心理測量方法、人格和智力等方面的研究。他因應用心理測量方法和因素分析法進行人格特質的研究，特別是對智力的分類而馳名世界。1950年當選為美國心理學會主席，1954年當選為國家科學院院士，1964年獲得美國心理學會頒發的傑出科學貢獻獎。

法國心理學家齊加尼克曾做過一次頗有意義的實驗：他將自願受試者分為兩組，讓他們去完成20項工作。
其間，齊加尼克對一組受試者進行干擾，使他們無法繼續工作而未能完成任務，而對另一組則讓他們順利完成全部工作。儘管所有受試者接受任務時都顯現一種緊張狀態，但順利完成任務組的受試者緊張狀態隨之消失；而未能完成任務組的受試者，緊張狀態持續存在，他們的思緒總是被那些未能完成的工作所困擾，心理上的緊張壓力難以消失。
這種因工作壓力所致的心理上的緊張狀態即被稱為「齊加尼克效應」。

喬‧吉拉德找工作

首因，是指首次認知客體而在腦中留下的「第一印象」。首因效應，是指個體在社會認知過程中，透過「第一印象」最先輸入的資訊對客體以後的認知產生的影響作用。

喬‧吉拉德是世界上最偉大的銷售員，連續12年榮登世界吉斯尼記錄全世界銷售第一的寶座，喬‧吉拉德所保持的世界汽車銷售記錄：連續12年平均每天銷售6輛車，至今無人能破。

喬‧吉拉德也是全球最受歡迎的演講大師，曾為眾多世界500強企業精英傳授寶貴經驗，來自世界各地數以百萬的人們被喬‧吉拉德的演講所感動，被喬‧吉拉德的事蹟所激勵。

然而，卻很少人知道喬‧吉拉德有過一個有趣的小故事：當時，喬‧吉拉德正四處找工作，有一天，他來到一家公司，對人事經理說：「你需要一個助手嗎？」

「哦，對不起，先生，我現在不需要助手！」人事經理說道。

「那麼，你們需要一般職員嗎？」喬‧吉拉德仍舊不甘心地問道。

「我們的員工已經很多了，而且還打算裁員呢！所以，我們不需要，你還是到其他地方看看吧！」人事部經理拒絕道。

「即使是粗活也可以！好比那些搬運、跑腿、清潔之類的職位！」喬‧吉拉德說道。

「對不起，先生，我們真的不需要！」人事經理說道。

「哦！真是遺憾，」喬‧吉拉德說，「那麼，既然這樣的話，你們一定需要

這個東西。」他一邊說著，一邊從自己的公事包裡拿出一塊精緻的小牌子，上面寫著「額滿，公司暫不雇用職員」。

這位人事部經理拿著牌子，看了又看，然後，微笑著點了點頭，說：「先生，你真的非常優秀，如果你願意的話，我可以邀請你到我們的廣告部或業務部工作。」喬‧吉拉德透過自己製作的牌子表達了自己的機智和樂觀，給這位人事部經理留下了美好的「第一印象」，引起其極大的興趣，進而為自己贏得了一份工作。而這種「第一印象」的微妙作用，在心理學上被稱之為首因效應。

首因效應也就是人們根據最初獲得的資訊，所形成的印象非常深刻，而且還會左右獲得的新資訊的解釋。因此在日常交往過程中，尤其是與別人的初次交往時，一定要盡量讓自己給別人留下美好的印象。在社會認知中，個體獲得對方第一印象的認知線索主要是相貌、表情、姿態、身材、儀表、服裝等外部的資訊。但這些首次獲得的資訊往往成為以後認知與評價的重要根據。如在人們的日常社會交往中，若第一次與人交往接觸留下了好印象，則在彼此分開後的很長一段時間裡仍然會保留在腦中；當第二次再相遇交往時，則會不由自主地按照腦中原來第一次形成的好評價的視角來認知和評價對方。

首因效應，也會使個體在第一次交往所獲取對方少量的資訊後，就動用個體以往的知識經驗來對這少量的資訊進行加工處理，進而分析、綜合、比較、推測客體的特點，形成總體評價。

> 布魯納（1915年）
> 美國心理學家、結構主義教育思想的代表人物。對認知過程進行過大量研究，在詞語學習、概念形成和思維方面有諸多著述，對認知心理理論的系統化和科學化做出貢獻。1962年獲得美國心理學會頒發的傑出科學貢獻獎。主要著作有：《教育過程》（1960年）、《論認知》（1962年）、《教學論探討》（1966年）、《教育的適合性》（1971年）等。

這樣教育孩子

人們在日常生活中常常不自覺地把自己的心理特徵（如個性、好惡、欲望、觀念、情緒等）歸屬到別人身上，認為別人也具有同樣的特徵。如：自己喜歡說謊，就認為別人也總是在騙自己；自己自我感覺良好，就認為別人也都認為自己很出色……心理學家稱這種心理現象為「投射效應」。

在一間空房子裡，有隻小鳥總是往窗戶的玻璃上撞，其實，旁邊就是開著的窗子，小鳥絕對可以進入房子的，然而，牠卻始終都不進去。時間久了，人們說，這是笨鳥，有窗子不進，非要撞玻璃，好像要把玻璃撞碎才進去似的。小鳥每日還是那樣，每撞一次，跌落在窗臺上，然後再一次撞在玻璃上……

有一天，有個人禁不住好奇心，拿了一個望遠鏡，想要看看這隻小鳥到底是怎麼一回事。當他把一切都看清楚之後，他嚇呆了，原來「在小鳥撞的那塊玻璃上黏著好多的小蟲子」，小鳥根本不是人們想像的笨鳥，而是因為牠在那裡進食。

在2000年7月2日下午4點，一個剛剛結束考試的16歲男孩小海，從21層的家中躍窗而下，結束了正處於花樣年華的生命。根據瞭解，小海是個很不錯的孩子，他身高174公分，在班上學業成績很好。小海還有很多愛好，喜歡彈鋼琴和電子琴，而且擅長書法和繪畫，是個既聽話又懂事的好孩子，從來不惹是非。

那麼，他為什麼要選擇輕生呢？原來，小海不僅喜歡音樂，他簡直是個酷愛音樂的孩子。小海本來想讀藝術學校，學作曲，但卻被父母拒絕了，為了這件事他曾和父母吵過。但是，多次抗爭無效，最後他只得在父母的意願下選擇了一個他不喜歡的學校。此後，小海的心情一直不好，最終發生了悲劇。

另外，有位家長非常喜歡足球，幾乎是每場必看。因此，他在兒子上學的時候，每年都會給他報學校的足球班。而且，還總是希望孩子能夠喜歡上足

球，並往足球方面發展。結果，孩子根本就不喜歡足球，而且沒有一丁點的足球天賦。因此而和爸爸鬧得很僵。

心理學研究發現，人們在日常生活中經常會不自覺的把自己的心理特徵（如個性、好惡、欲望、觀念、情緒等）歸屬到別人身上，認為別人也具有同樣的特徵，例如：如果自己比較喜歡說謊，那麼，他就會覺得別人也總是在騙自己；如果自己自我感覺良好，就會覺得身邊的人也都認為自己很出色……在心理學上，這種心理現象被稱之為「投射效應」。

投射效應是指一個人將內在生命中的價值觀與情感好惡影射到外在世界的人、事、物上的心理現象。

人們往往錯誤的以為我們生活的四周似透明的玻璃，我們能看清外面的世界。實際上我們每個人的周圍都是一面巨大的鏡子，鏡子反射我們生命的內在歷程、價值觀、自我的需要。我們看到的不是外面的世界，看到的僅僅是自己！

希爾加德（1904年～2001年）
美國心理學家，早期研究動物和人的條件反射，後來研究人的動機作用和無意識過程，晚年主要從事美國心理學史的研究。1948年當選為國家科學院院士，1949年當選為美國心理學會主席，1967年獲得美國心理學會頒發的傑出科學貢獻獎。

「希望」馬拉松

主動的意志力能讓你克服惰性，把注意力集中於未來。在遇到阻力時，想像自己在克服它之後的快樂；積極投身於實現自己目標的具體實踐中，你就能堅持到底。

提到馬拉松，大家都知道它是一個體育項目的名稱。人們喜歡沿用它來表示那種超乎人們尋常精力，長時間、長距離的各種體育比賽和生活現象。「馬拉松式的」已經成為人們使用頻率較高的口頭用語。

西元前490年，波斯發動了對希臘的侵略戰爭。

雅典成為波斯侵略軍的第一個目標。雅典軍隊在無外援的情況下，同仇敵愾，在馬拉松平原與波斯軍隊展開決戰，最終以少勝多，打敗了波斯侵略軍。為了將勝利的消息告訴雅典城的居民，菲力比第斯授命跑回雅典，讓同胞們早一點分享勝利的喜悅。菲力比第斯不顧路途的遙遠和饑渴與傷痛，穿越了四十二公里零一百九十五米的距離，一刻不停地跑到雅典城，他到達以後只向自己的同胞高呼了一聲「歡呼吧！我們勝利了！」就倒在地上。

其中，菲力比第斯就是其中的英雄。那麼，誰又知道「希望馬拉松」的英雄是誰呢？他就是泰瑞·福克斯。

泰瑞·福克斯出生在溫尼伯·馬尼托巴，他是一個喜歡運動的、活潑的孩子。

1977年，年僅18歲的泰瑞被診斷出患有骨癌。結果，手術後右腿在高於膝蓋以上六英寸被完全切除。在醫院裡，其他癌症病人——其

中有許多幼小的孩子，見到那些孩子和自己被病魔折磨得不像人樣，讓他非常不忍，於是，他決定透過長跑橫越加拿大的方式來為癌症研究籌款，希望盡快能夠使癌症患者受益。

經過一番思考，泰瑞將自己的這次長跑稱為「希望馬拉松」！在歷經18個月的5,000多公里（3,107英里）長跑準備之後，泰瑞於1980年4月12日在聖約翰斯的紐芬蘭踏上了他的征程。 雖然一開始很難吸引人們的關注，但不久人們被鼓舞感動了，沿途也籌到了越來越多的捐款。 他以一天跑42公里（26英里）的進度橫越加拿大的大西洋省、魁北克和安大略省。這是加拿大人永難忘記的一次壯舉。

然而，9月1日，在經歷了143天的5,373公里（3,339英里）長跑之後，泰瑞不得不停了下來，因為這時候的癌細胞已經擴散到了肺部。這種情況使得整個國家沉浸在悲痛之中。

就這樣， 1981年6月28日，泰瑞在他22歲的時候離開了人世。雖然加拿大的這位英雄走了，但是他身後的遺產卻才剛剛開始積聚。到目前為止，透過每年在全世界舉行的以泰瑞‧福克斯的名字命名的長跑活動的形式，已經籌集到了3.4億多美元用於癌症研究的善款！

在泰瑞的長跑歷程中，他經歷了強勁的風，冰冷的雨，刺骨的嚴寒，以致潮濕、酷熱的氣候挑戰。但是他並不孤單，難以計數的加拿大人在沿途送來了溫暖和鼓勵，陪伴他戰勝了一個又一個難關，他的行動喚起了世界人民對癌症病人的關注，他的勇氣和決心鼓舞著人們為抗擊癌症而努力，泰瑞‧福克斯被加拿大人民尊為民族英雄。

　　現在，醫學家和心理學家一樣，越來越重視意志對治病的重要性，特別是癌症等嚴重或疑難病症治療的積極作用。據研究，有些癌症患者因意志薄弱、悲觀、失望，結果削弱了機體對癌細胞生長的自然抵抗力，即使採取各種方法，也難以使病人康復。但如果能樹立信心，保持樂觀情緒和頑強意志，則對治療疾病有幫助，或至少可以延長一些存活時間。

　　可見，堅強意志能賦予重症患者戰勝疾病的信念。正如一位科學家講的，「希望是一切疾病的解毒劑，頑強意志是抵抗疾病的有力武器。」

科爾伯格（1927年～1987年）
美國兒童發展心理學家。他繼承並發展了皮亞傑的道德發展理論，著重研究兒童道德認知的發展，提出了「道德發展階段」理論，在國際心理學界、教育界引起了很大迴響。

布里丹毛驢效應

在心理學上，決策過程中的那種猶豫不定、遲疑不決的現象稱之為「布里丹毛驢效應」。

布里丹是巴黎大學教授，他的出名，主要在於據說他證明了兩個相反而又完全平衡的推力下，要隨意行動是不可能的。他舉的實例就是一隻驢子在兩捆完全等量的草堆之間是完全平衡的。既然驢無理由選擇吃其中哪一捆草，那麼牠永遠無法做出決定只得最後餓死。

故事是這樣的：

法國哲學家布里丹養了一隻小毛驢，因此，布里丹每天都要向附近的農民買一堆草料來餵牠。

不過，前來送草料的農民，對布里丹非常敬仰，所以，每次都會多給他的小毛驢帶些草料，這讓布里丹非常滿意。

有一天，送草料的農民由於家裡割的草太多了，而布里丹對他又非常友好，所以，他就額外地多送了一堆草料過來。然後，又把這些草料全都卸在小毛驢的兩邊。

農夫本來想讓小毛驢多吃一些的，可是，他這樣一做，可難住了站在兩堆數量、品質和與牠的距離完全相等的草料之間，左右搖擺不定，為什麼小毛驢會這樣呢？因為，在小毛驢看來，自己雖然享有充分的選擇自由，然而，由於兩堆草料的價值相等，客觀上根本無法分辨優劣，於是牠左看看，右瞧瞧，始

終無法分清究竟選擇哪一堆好。

於是，這隻可憐的的小毛驢就這樣站在原地，一會兒考慮數量，一會兒考慮品質，一會兒分析顏色，一會兒分析新鮮度。最後，小毛驢終於在無所適從中被活活地餓死了。

另外，還有一個和它類似的故事：

有個人佈置了一個捉火雞的陷阱，他在一個大箱子的裡面和外面撒了玉米，大箱子有一道門，門上繫了一根繩子，他抓著繩子的另一端躲在一處，只要等到火雞進入箱子，他就拉扯繩子，把門關上。

有一次，12隻火雞進入箱子裡，不巧1隻溜了出來，他想等箱子裡有12隻火雞後，就關上門，然而就在他等第12隻火雞的時候，又有2隻火雞跑出來了，他想等箱子裡再有11隻火雞，就拉繩子，可是在他等待的時候，又有3隻火雞溜出來了，最後，箱子裡1隻火雞也沒有。

在這些案例中猶豫不定、遲疑不決的現象就是「布里丹毛驢效應」。它是決策的大忌，面對兩堆同樣大小的乾草時，或者「非理性地」選擇其中的一堆乾草，或者「理性地」等待下去，直至餓死。前者要求我們在已有的知識、經驗基礎上，運用直覺、想像力、創新思維，找出盡可能多的方案進行抉擇，以「有限理性」求得「滿意」結果。

生活中經常面臨種種抉擇，人們都希望得到最佳的抉擇，常常在抉擇之前反覆權衡利弊，再三仔細斟酌，甚至猶豫不決，舉棋不定。但是，在很多情況下，機會稍縱即逝，並沒有留下足夠的時間讓我們去反覆思考，反而要求我們當機立斷，迅速決策。如果我們猶豫不決，就會兩手空空，一無所獲。

那麼，如何才能避免「布里丹毛驢效應」呢？

第一，採用穩健的決策方式。當一種趨勢出現的時候，有些人拼命地陷入

孰好孰壞的爭論之中，其實沒有必要，只要不是非要二者擇一，就不必太早決策。

第二，養成獨立思考的習慣。人云亦云，缺乏主見的人是不可能做出正確決策的。

第三，嚴格執行一種決策紀律。有的人明明事先已經編製了能有效抵禦風險的決策紀律，然而一旦現實中的風險牽涉到自己的切身利益時，就難以下決心執行了。很多玩股票的人在處於有利狀態時會因為賺多賺少的問題而猶豫不決，在處於不利狀態時，雖然有事先制定好的停損計畫和停損標準，可是常常因此使自己被套牢。

第四，不要總是試圖獲取最多利益。過高的目標不一定會產生指示方向的作用，反而會帶來心理壓力，束縛決策水準的正常發揮。如果沒有良好的決策水準做支撐，一味地追求最高利益，勢必處處碰壁。

第五，在不利環境中不能逆勢而為。當不利環境造成損失時，很多人急於彌補損失。但是，環境的變化是不以人的意志為轉移的。當環境變壞，機會稀少的時候，如果強行採取冒險和激進的決策，或頻繁的增加操作次數，只會白白增加投資失誤的機率。

麥克蘭德（1917年～1998年）
美國心理學家，主要研究興趣是人格、職業勝任能力、企業家精神等方面。他對「成就動機」的研究十分著名。1987年獲得美國心理學會頒發的傑出科學貢獻獎。

口吃的雄辯家

自卑感是一種自己覺得慚愧、羞怯、畏縮甚至灰心的情感。若不克服是有害無益的。

如果有人問你：一個從小嚴重口吃的人，長大後最不可能成為什麼？一定會有很多人回答：「演說家。」的確，這樣的回答對於大部分人來說，都是正確的，但是，對於狄摩西尼來講，卻是完全錯誤的。

狄摩西尼出生於雅典的一個富裕家庭。本可以過著無憂無慮的生活。不幸的是，7歲時，狄摩西尼的父親去世了。隨著父親的去世，不幸便接踵而來，母親改嫁，巨額的家產被監護人所侵吞。一夜之間，他由一個大人物的寶貝兒子，成為一個一貧如洗的孤兒。

狄摩西尼天生就口吃，加上沒有受過良好的教育，成年後，他的口吃越來越嚴重。後來，狄摩西尼瞭解了自己家庭的真相之後，決心向法庭提出訴訟，討回被奪取的家產。然而，他還是沒有能力在法庭上清楚、流利地陳述自己的意見，只好暫時放棄。

對於這件事情，如果換了別人，也許會因此而放棄或走別的極端，進而向命運妥協，使自卑籠罩一生。但狄摩西尼卻沒有選擇逃避，而是握起拳頭，向命運挑戰，向自己的生理極限挑戰。據說，他為了戰勝自己的口吃，每天都要大聲朗讀100多頁的文章，站在海邊含著石子練習辯術。最後，他經過刻苦的練習，終於戰勝了自我，成了雅典最著名的演說家，使不可能變成可能。

他經常在公民大會上憑藉自己無人可擋的雄辯發表政治演說，得到了人們

熱烈的擁護。身為雅典民主派的領袖，狄摩西尼領導雅典人進行了近30年的反對馬其頓侵略的抗爭。在馬其頓入侵希臘時，狄摩西尼發表了動人的演說，譴責馬其頓王腓力二世的野心。他被公認為歷史上最傑出的演說家之一。

狄摩西尼故事的意義在於，當厄運快要扼住命運喉嚨的時候，選擇了自卑和屈服，就等於100％的失敗，如果選擇了自信和抗爭，可能就爭取到了希望並獲得成功。

從心理學意義上講，自信是一種積極的對自我的認識，是一種積極的人生態度。自信的人對自己的能力充滿信心，相信透過自己的努力，一定能夠實現既定的目標；他們相信自己對於社會和他人的價值，也相信自己一定會受到別人的重視；他們相信自己是獨特的人，不是可有可無的人，他們尊重別人，也相信能受到別人的尊重。

而自卑則是一種不拘小節的自我認識和一種消極的人生態度。自卑的人在遇到問題時往往無所適從，總是覺得自己不如別人，不相信自己有能力處理好所面臨的問題，甚至自暴自棄。

奧地利著名心理學家阿德勒認為，自卑感之所以成為個體發展的動力，是因為每一個個體身上都潛藏著與生俱來的追求優越的向上意志。追求優越是每一個人的基本動機，它是生活本身固有的需要……我們所有的機能都遵循這個方向發展；從低到高的欲望也永無休止。它是我們生命的基本事實。正因為每一個個體身上都有這種與生俱來並與生長過程並駕齊驅的基本動機，因而自卑感才成為個體不斷彌補不足、不斷進取、不斷超越的潛在動力。

阿德勒（1870年～1937年）
奧地利精神病學家，個體心理學的創始人，人本主義心理學的先驅。阿德勒對社會文化環境的強調對精神分析的社會文化學派產生了很大影響。

如何與對方拉近心理距離

兩人在交往時，如果首先表明自己與對方的態度和價值觀相同，就會使對方感覺到你與他有更多的相似性，進而很快地縮小與你的心理距離，更願意和你接近，結成良好的人際關係。在這裡，有意識、有目的的向對方所表明的態度和觀點如同名片一樣把你介紹給對方。這種現象在心理學上被稱為「名片效應」。

一位剛剛畢業的大學生，在應徵了好幾家公司都被拒於門外，感到十分沮喪。最後，他又抱著一線希望到一家公司應徵，在此之前，他先打聽該公司老闆的背景，透過瞭解，他發現這個公司老闆以前也有與自己相似的經歷，於是他如獲至寶，在應徵時，他就與老闆暢談自己的求職經歷，以及自己對未來的展望。

果然，這一席話博得了老闆的賞識和同情，最終他被錄取為部門經理。

這位大學生所使用的，就是「名片」效應。結果顯示，經過「名片」遞送程序的實驗對象要比未經過「名片」遞送程序的實驗對象，更快、更容易地接受我們所主張的思想觀點，而本人在對方面前也容易成為一個他們所能接受的、感到親切的、和他們有許多共同點的人。因此，只要我們摸清對方的預期立場和基本態度，而後恰當地運用「名片」，就能比較有效地對別人施加影響，並順利地實現自己的目的。

有一個年輕人出身貧寒，相貌平平，身無絕技，手中亦無文憑。與所有的年輕人一樣，為了生計，他去了一家電器公司求職。電器公司的經理見他衣衫襤褸、形銷骨立、毫無風度又無精打采，隨口便說：「我們暫時不缺人，你一個月後再來看看吧！」

不料，一個月後他果真又來了。於是，經理就直言不諱地說：「看你這身穿著，是不可能進我們公司的。」他彷彿如夢初醒，當天晚上就四處借錢買了

一套西服，理了頭髮，刮了鬍子，穿得整潔、大方，精神抖擻地去見經理。

經理這回真的被他難倒了，因為公司確實不需要人，之前跟他說的那些「理由」根本就是敷衍他的，沒想到他會那麼認真。無奈之下，經理又說：「你沒有工作相關的知識和技術，我們怎麼用你？」經理覺得這個難題總該把他給打退了。

可是他立刻又去買了許多關於電器方面的書籍進行苦心研究，並參加了函授教學。經過幾個月的「惡補」後，他信心十足地再去見經理，滿懷虔誠地說：「您看我還有什麼地方不足，儘管說，我一項一項地補！」

經理終於被他的精神感動了，破例錄用了他。他在工作上努力拼搏，勇於進取，很快便取得了令人折服的業績。他就是後來名揚日本飲譽世界的日本松下電器公司總裁：松下幸之助！

正是松下幸之助這種不輕言放棄的精神，在主管的心目中形成了一種良好的名片效應，進而使他得到了這份工作。而他自己了也透過不斷的努力，逐漸成為電器行業的英雄和日本的「經營之神」。

名片效應是指要讓對方接受你的觀點、態度，你就要把對方與自己視為一體，首先向交際對方說明一些他們所能接受和熟悉並喜歡的觀點或思想，然後再悄悄地將自己的觀點和思想滲透和組織進去，使對方產生一種印象，似乎我們的思想觀點與他們已認可的思想觀點是相近的。表明自己與對方的態度和價值觀相同，就會使對方感覺到你與他有

更多的相似性，進而很快地縮小與你的心理距離，更願意與你接近，結成良好的人際關係。

它有助於消除別人的防範心理，緩解他們的矛盾心情，也有助於減少資訊傳播管道上的障礙，形成傳受兩者情投意合的溝通氛圍。

恰當地使用「心理名片」，可以盡快促成人際關係的建立，但要使「心理名片」發揮應有的作用，首先，要善於捕捉對方的資訊，把握真實的態度，尋找其積極的、你可以接受的觀點，「製作」一張有效的「心理名片」。其次，尋找時機，恰到好處地向對方「出示」你的「心理名片」，這樣，你就可以達到目標。掌握「心理名片」的應用藝術，對於人際交往以及處理人際關係具有很大的實用價值。

塞利格曼（1942年）
美國心理學家，主要從事習得性無助、抑鬱、樂觀主義、悲觀主義等方面的研究。曾獲得美國應用與預防心理學會的榮譽獎章，並由於他在精神病理學方面的研究而獲得該學會的終身成就獎。1998年當選為美國心理學會主席。

蘇格拉底的教育法

蘇格拉底和別人談話、討論問題時，往往採取一種與眾不同的形式。他把自己透過不斷發問，從辯論中弄清楚問題的方法稱為「精神助產術」。

一位名叫歐諦德謨的青年，一心想當政治家，為了幫助這位青年認清正義與非正義問題，蘇格拉底用提問的方法，下面就是蘇格拉底與這位青年的對話：

蘇格拉底問：虛偽應歸於哪一類？

歐諦德謨答：應歸入非正義類。

蘇格拉底問：偷盜、欺騙、奴役等應歸入哪一類？

歐諦德謨答：非正義類。

蘇格拉底問：如果一個將軍懲罰那些損害了其國家利益的敵人，並對他們加以奴役，這能說是非正義嗎？

歐諦德謨答：不能。

蘇格拉底問：如果他偷走了敵人的財物或在作戰中欺騙了敵人，這種行為該怎麼看待呢？

歐諦德謨答：這當然正確，但我指的是欺騙朋友。

蘇格拉底：那好吧！我們就專門討論朋友間的問題。假如一位將軍所統帥的軍隊已經喪失了士氣，精神面臨崩潰，他欺騙自己士兵說援軍馬上就到，進而鼓舞起鬥志取得勝利，這種行為該如何解釋？

歐諦德謨答：應算是正義的。

蘇格拉底問：如果一個孩子有病不肯吃藥，父親騙他說藥不苦、很好吃，哄他吃下去了，結果治好了病，這種行為該屬於哪一類呢？

歐諦德謨答：應屬於正義類。

蘇格拉底仍不罷休又問：如果一個人發了瘋，他的朋友怕他自殺，偷走了他的刀子和利器，這種偷盜行為是正義的嗎？

歐諦德謨答：是，他們也應屬於這一類。

蘇格拉底問：你不是認為朋友之間不能欺騙嗎？

歐諦德謨：請允許我收回我剛才說過的話。

蘇格拉底在和別人談話、辯論、討論問題的時候，往往採取一種特殊的形式。他不像別的智者那樣，自稱自己知識豐富，而是說自己一無所知，對任何問題都不懂，只好把問題提出來向別人請教。但當別人回答他的問題時，蘇格拉底卻對別人的答案進行反駁，使得對方矛盾百出。最後透過啟發，誘導別人把蘇格拉底的觀點說出來，但蘇格拉底卻說這個觀點不是自己的，而是對方心靈中本來就有的，只是由於肉體的阻礙，未能明確顯現出來。他不過是透過提問幫助對方把觀點明確而已。蘇格拉底認為自己起到了「接生婆」的作用，並把他的這種獨特的教育方法形象地稱之為「精神助產術」。

蘇格拉底（西元前470年～西元前399年）
既是古希臘著名的哲學家，又是一位個性鮮明、從古至今被人毀譽不一的著名歷史人物。他終生從事教育工作，具有豐富的教育實踐經驗並有自己的教育理論。

菲力浦撞鬼

心理疾病就是指一個人在情緒、觀念、行為、興趣、個性等方面出現一系列的失調，亦稱為心理障礙和心理問題。

在英國有一個民間故事，說在諾里奇小鎮，有家旅館裡住著一位叫威廉的商人。因為感染風寒而臥床不起，由於不能下床，最後，他不得不求助於旅館的服務員菲力浦。

在把菲力浦叫到身邊之後，威廉說道：「我最近身體不好，根本就無法下床，所以，我非常需要幫助。你能不能幫助我做些事情。當然，我會付給你雙倍的薪金。」

菲力浦本來就沒什麼事情做，於是非常爽快地答應了。

然而，不久之後，威廉的病情越來越嚴重了，他不得不委託菲力浦幫自己保管身上的錢。以便讓菲力浦隨時去幫他請醫生。

菲力浦非常貧窮，突然看到這麼一大筆錢，眼睛立刻就發直了。心裡嘀咕道：「這些錢可是我們全家人賺三輩子也賺不到的啊！」

剛開始，菲力浦還非常踏實地幫威廉找名醫、買好藥。可是過了一段時間之後，菲力浦的腦瓜開始亂想了。他覺得如果把這些錢留給自己呢？那自己可

真就是鹹魚翻身了。將來在這一帶肯定是首富。

既然這樣，我為何不……

有了這樣的想法，他很快地就在威廉的藥裡攙兌了毒藥，結果，過沒幾天，威廉就死了。就這樣，菲力浦在人不知鬼不覺的情況下霸佔了威廉的所有金錢。從此在當地大富大貴起來。

有一天，菲力浦正和僕人一起開著自己的船在海上閒逛，突然，菲力浦跌倒在地，稍後爬起，睜怒雙眸大喊：「我是貴族威廉，被菲力浦殺害，他得我千金，反害我性命，今天我要把我的東西要回來！」

眾人看見菲力浦的樣子，都知道他做了虧心事，冤魂前來索命了。

菲力浦到家三日後，又大喊大叫，嚷起乘船日之事，家中親人詫異，先見菲力浦取來鐵鎚，亂敲口中牙齒；又拿來廚刀，在自己胸前亂砍；家人奪他手中之物，他便又用指頭自挖雙眼，眼珠摳出，血流滿面。召來街坊鄰居競相看熱鬧，直至菲力浦自殘氣絕。

菲力浦將自己打死，看似冤魂附身的迷信。其實，用現代醫學和人的心理積鬱程度可得到科學解釋：菲力浦自殘，是他心中鬱疾積澱的結果。

他昧著良心做了對不起人的惡事，其心理疾病的根源，在於患者受到某種強烈刺激後，腦神經系統嚴重受挫，精神受損，或心中鬱疾長期積澱無處釋

放，導致精神分裂症或神經錯亂等病症，產生「白日夢遊」、自傷、自殘、跳樓、自殺等等奇端異事。

因此，心理疾病不可輕視，更不能積瀦成疾。在競爭激烈的經濟社會和社會轉型時期，尤其是那些整天忙碌於工作賺錢的上班族或承受巨大心理壓力的打工族，更應提高警覺。不然，隨時都可能導致精神抑鬱、精神分裂，甚至心理崩潰，並快速走向自毀之路！

心理疾病並不完全等於「精神病」，首先，心理疾病患者可以清楚地感覺到自己某方面的不正常，並沒有喪失判斷能力，行為通常能夠自我控制；第二，病人的自我感覺十分痛苦，但往往又不被別人所理解。有強烈的求治欲望，病情不穩定。若單純用藥物治療很難見效。

多數病人易受心理暗示的影響。病人病前均有相對的性格或人格缺陷。發病有一定的誘發因素，常在某一種或多種精神因素打擊或心理、壓力下患病。

奈瑟爾（1928年）
美國認知心理學家，1967年著《認知心理學》一書，標誌著認知心理學的開始。他的主要研究興趣是記憶、智力以及自我概念。他對自然環境下關於生活事件的記憶和個體、群體在測驗成績上的差異的研究十分著名。1984年當選為國家科學院院士。

艾賓浩斯的記憶曲線

所謂遺忘就是我們對於曾經記憶過的東西不能再認出來，也不能回憶起來，或者是錯誤的認出和錯誤的回憶，這些都是遺忘。

艾賓浩斯・赫爾曼是德國心理學家。出生於德國波恩附近，先在波恩大學專研歷史與哲學，後進入哈雷大學和柏林大學深造，1873年獲得博士學位。普法戰爭時在軍隊服務。戰後，在柏林、英國、法國致力於研究，興趣轉向科學。1867年，艾賓浩斯在巴黎一個書攤上買了一本舊的費希納的《心理物理學綱要》，這一偶然的事情對他產生了深遠的影響，不久也影響了新心理科學。

費希納研究心理現象的數學方法使年輕的艾賓浩斯茅塞頓開，他決心像費希納研究心理物理學那樣，透過嚴格的系統測量來研究記憶。

在這之前，W・馮特曾宣佈過學習和記憶等高級心理過程不能用實驗研究，加上當時艾賓浩斯既沒有大學教師職位，沒有老師，也沒有進行研究的專門設備和實驗室。但是，即使如此，他還是花了5年時間，用自己做試驗，獨自進行實驗，完成了一系列有控制的研究。

艾賓浩斯的研究方法是客觀的、實驗的、透過細緻觀察和記錄可以量化的。他的程序是把資料基礎置於經過時間考驗的聯想和學習的研究之上。他推想出，對於學習資料的難度，可以用學習資料時所需要重複的次數來測量它，而計算出來的這個重複的次數也可以作為完全再現的標準。

為了使實驗有條不紊，他甚至調整了自己的個人習慣，盡量使個人習慣保

持常態，按照同樣嚴格的日常做法去工作，學習資料時總是恰好在每天的同一時間。艾賓浩斯為了記憶資料發明了無意義音節。

他發覺，用散文或詩詞作為記憶資料存在著一定的困難，因為每個人的教育背景和知識經驗不同，且理解語言的人容易把意義或聯想跟辭彙聯繫起來，這些已形成的聯想有助資料的學習，這樣便不能在意義方面加以控制。為此，艾賓浩斯尋找一些沒有形成聯想的、完全同類的、對被試者來說同樣不熟悉的資料，用這些資料做實驗就不可能有任何過去的聯想。這種資料便是無意義音節。無意義音節是由兩個輔音夾一個母音構成，如lef，bok或gat。他把輔音和母音所有可能的組合寫在不同的卡片上，使他得到了2300個音節，從中隨機地抽出用來學習的那些音節。

一般來說，我們所知道的記憶過程應該是這樣的：

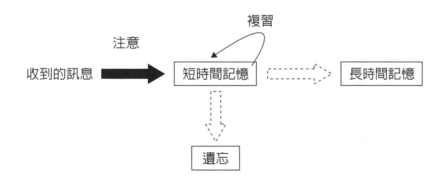

艾賓浩斯認為，我們經過學習後，便成為人的短期的記憶，但是如果不經過及時的複習，這些記住的東西就會遺忘，而經過了及時的複習，這些短期的記憶就會成為人的一種長期的記憶，進而在大腦中保持著很長的時間。

艾賓浩斯在做這個實驗的時候是拿自己作為測試對象的，他得出了一些關於記憶的結論。他選用了一些根本沒有意義的音節，也就是那些不能拼出單字來的眾多字母的組合，比如asww，cfhhj，ijikmb，rfyjbc等等。他經過對自己的

測試，得到了一些資料。

然後，他又根據這些點描繪出了一條曲線，這就是非常有名的揭示遺忘規律的曲線：艾賓浩斯遺忘曲線，圖中豎軸表示學習中記住的知識數量，橫軸表示時間（天數），曲線表示記憶量變化的規律。

時 間 間 隔	記 憶 容 量
剛剛記憶完畢	100%
20分鐘之後	58.2%
1小時之後	44.2%
8～9小時之後	35.8%
1天後	33.7%
2天後	27.8%
6天後	25.4%
1個月後	21.1%

這條曲線告訴人們在學習中的遺忘是有規律的，遺忘的過程不是均衡的，不是固定的一天遺忘幾個，隔天又遺忘幾個的，而是在記憶的最初階段遺忘的速度很快，後來就逐漸減慢了，到了相當長的時間後，幾乎就不再遺忘了，這就是遺忘的發展規律，即「先快後慢」的原則。

而且，艾賓浩斯還在關於記憶的實驗中發現，記住12個無意義音節，平均需要重複16.5次；為了記住36個無意義章節，需要重複54次；而記憶六首詩中的480個音節，平均只需要重複8次！這個實驗告訴我們，凡是理解了的知識，就能記得迅速、全面而牢固。

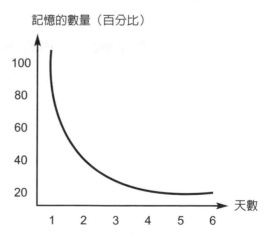

不然，死記硬背是費力不討好的。因此，比較容易記憶的是那些有意義的資料，而那些無意義的資料在記憶的時候比較費力，在以後回憶起來的時候也很不輕鬆。

　　因此，艾賓浩斯遺忘曲線是關於遺忘的一種曲線，而且是對無意義的音節而言，對於與其他資料的對比，艾賓浩斯又得出了不同性質資料的不同遺忘曲線，不過它們大體上都是一致的。

　　因此，艾賓浩斯的實驗充分證實了一個道理，學習要勤於複習，而且記憶的理解效果越好，遺忘的也越慢。

艾賓浩斯（1850年～1909年）
德國心理學家。1837年獲得波恩大學哲學博士學位。因受費希納《心理物理學綱要》一書啓發，決心將實驗法應用於研究高級的心理過程，並決定在記憶領域做嘗試。發明了無意義音節，並用無意義音節和詩作資料，用自己做測試，用完全記憶法和節省法對記憶做實驗研究。1885年發表了他的實驗報告後，記憶研究就成了心理學中被研究最多的領域之一，而艾賓浩斯正是發現記憶遺忘規律的第一人。

高層主管的煩惱

所謂恐懼症是對某種物體或某種環境的一種無理性的、不適當的恐懼感。一旦面對這種物體或環境時，恐懼症患者就會產生一種極端的恐怖感，以致會千方百計地躲避這種環境，因為他害怕自己無法逃脫。

奧布茹‧威廉姆斯大學畢業之後，就投身銷售業，第一份工作是在一家日用品公司做市場業務員。他每天要到轄區的超市、百貨店去查詢他們公司代理的日用品上櫃情況，最重要的是要不遺餘力地進行推銷，讓商家增訂他們公司的貨。用老闆的話說，就是要利用一切手段把同類公司乃至同事都給排擠出局，才是成功的銷售個案；而且業績是直接與個人薪資掛鉤的。

那時，他總要和客戶嘮叨其他同行的壞話，說他們產品品質差、售後服務糟糕；在公司裡，同事間經常千方百計互相向老闆打小報告，比如看見某某上班時間在逛街；甚至撈過界，到同事的地盤裡搶客戶等。反正，老闆關心的是業績，他只要能賺錢，就算底下人自相殘殺也無所謂。於是，同行相輕、同室操戈，公司弄得像戰場，同事見面跟敵人似的，感覺工作起來很沒意思。

他在這家公司工作了幾年之後，又來到美國佐治亞州的一家高科技公司擔任業務員，負責業務洽談。由於這家公司的制度相當不錯，使得他在很短的時間內，把業務做得十分出色而從中脫穎而出，成為高層主管。

這樣一來，他就需要經常出差，當個空中飛人。行李箱也因此而成了他隨身必備的裝備。不過，他並不在乎這些。在他看來，年輕人嘛，就應該有吃苦耐勞的精神，況且像他這樣，總希望自己能夠成就一番大事業呢！

自從來到這家公司之後，在事業上一直一帆風順，然而，最近卻發生了一些讓他無法坦然的事情。那就是因為上個月他搭飛機出差時，突然感到胸悶，心裡莫名的緊張，氣也快接不上來。

然而，情況還在繼續惡化，從那次之後，他每次搭飛機時都有一種莫名的恐懼，甚至竟然連飛機都不敢坐了。

他在看了幾家醫院之後，不得不來到心理治療中心。等他向心理醫生講完所有的情況之後，便問道：「醫生，這究竟是怎麼一回事？我本來就是做業務的，根本不可能不搭飛機啊？現在我已經申請休假。難道真的要我把工作辭掉嗎？如果不做這樣的工作，我就不會有問題了嗎？我到底該怎麼辦呢？」

從以上情況看來，奧布茹·威廉姆罹患了恐懼症。所謂恐懼症，就是明知沒有危險，還是難以克服對某些事物強烈的恐懼情緒。恐怖發作時往往伴有顯著的植物神經症狀：被一種強烈的情感所襲擊，突然腦袋一片空白，然後全身麻木，瞳孔放大，臉上肌肉不斷的痙攣，表現出極為驚恐的表情……

恐懼症表現形式多樣，通常情況下可分為場所恐怖症（如恐高症）、社交恐怖症（害怕人多的場合以及與人打交道）、物體恐怖症（恐蛇症），以及自然現象恐怖症（害怕雷電）等幾個方面。當然由此衍生出來很多症狀，例如：婚姻恐懼症、性交恐懼症、愛情恐懼症、兒童上學恐懼症、年齡恐懼症等。治療恐懼症除了多瞭解一些科學知識、轉移注意力、放鬆等方法之外，心理學家還採用系統脫敏暴露療法來進行治療。

坎貝爾（1918年～1996年）

美國實驗心理學家，進化哲學（Evolutionary philosophy）和社會科學方法論的重要思想家之一，進化認識論（Evolutionary epistenology）的奠基者。1970年獲得美國心理學會頒發的傑出科學貢獻獎，1973年當選為國家科學院院士，1975年當選為美國心理學會主席。

糾纏不清的憂鬱症

抑鬱症是一種以抑鬱情緒為突出症狀的一種心理疾病。抑鬱以憂鬱和厭世心理特點表現突出，病人有凄涼感，常唉聲嘆氣，對人、對事、對物失去興趣，此病症嚴重時，人會感到強烈厭世，甚至有自殺念頭。著名心理學家馬丁·塞利曼將抑鬱症稱為精神病學中的「感冒」。

二十五歲的珍妮，是位認真負責、自我要求很高的女孩，她在工作方面也表現得非常出色，因此，不斷獲得上司賞識而升遷。然而，珍妮並沒有因此而快樂，反而在最近一個月來漸漸覺得對任何事都提不起精神，有時候甚至莫名其妙地流起了眼淚。

每天晚上睡覺的時候，總是難以入睡。有時候即使是睡著了，也會在夜裡斷斷續續地醒來好多次。而且，每天都是睡到三、四點的時候，就再也無法入睡了。然而，更讓人擔憂的是，最近這段時間，她整個人都變了。不再像以前那樣活潑開朗，而且，總覺得頭昏腦脹、胸悶心慌、腿腳酸軟、疲乏無力、無法集中精神，導致許多原本她非常擅長的工作，卻錯誤連連。

珍妮不知道這究竟是怎麼一回事，她害怕極了，以前那些她非常喜歡的各種娛樂活動現在都沒有興趣參加，整天悶悶不樂、再好的事情也高興不起來，胃口不好、體重明顯下降，腦子也開始變得遲鈍了。於是，她感覺自己是個沒用的人，對家庭、對公司都是累贅，甚至感到生活沒意思，想一死了之，自殺的想法也常常在腦中盤旋。對此，家人和朋友都非常焦急，帶著她到處求醫，紐約的大醫院都跑遍了，雖然花了巨額檢查費用，但都毫無成效，

吃了許多藥物也不管用。

面對如此困境卻不知如何是好，而低落的情緒則悄悄地蔓延在她生活中的每一秒。最後，朋友懷疑她可能得了憂鬱症，就趕快拉著她到精神科的門診求助。經過心理醫師的診治後給予抗憂鬱劑治療，加上身邊親友不斷地支持和鼓勵，漸漸地珍妮又恢復以往的笑容，而且，工作效率也逐漸恢復到以往的水準了。

由珍妮的案例，我們可以看到這是一個典型的憂鬱症個案。

抑鬱症是一種以抑鬱情緒為突出症狀的一種心理疾病。抑鬱以憂鬱和厭世心理特點表現突出，病人有淒涼感，常唉聲嘆氣，對人、對事、對物失去興趣，常頭痛、心煩、多恐慌夢、乏力、腹瀉等，此病症嚴重時，人會感到強烈厭世，甚至有自殺念頭。

導致抑鬱症發生的病因，通常以明顯的精神創傷為誘因，如生活中的不幸遭遇、事業上的挫折、不受重用、人際關係不和等。抑鬱症也與人的性格有密切關聯，此病人的性格特徵通常為內向、孤僻、多愁善感和依賴性強等。抑鬱症對人的危害是很大的，它會徹底改變人對世界以及人際關係的認知，甚至會以自殺來結束自己的生命。有學者研究認為，自殺身亡的前蘇聯著名小說家法捷耶夫、日本著名小說家川端康成、美國著名小說家海明威和臺灣女作家三毛等人，身前都患有抑鬱症。

布朗（1925年～1997年）
美國心理學家，由於對兒童是如何學習語言的以及語詞是如何詮釋事物的等方面的研究而著名。另外，他撰寫的社會心理學和普通心理學課本影響十分廣泛。1972年當選為國家科學院院士。

瑪姬老師的苦惱

所謂「魔法思想」，依人類學家弗萊澤的說法是「人們將自己理想的次序誤認為是自然界的次序，而幻想經由思想作用即能對外在事物做有效的控制」。

在美國的夏威夷州，有一位32歲的瑪姬女士，在一所私立中學擔任了6年的物理教師。6年以來，一直都非常平靜。但最近這段時間不知為什麼，心裡總是縈繞著一個可怕的念頭，覺得自己如果觸摸到了別人，或別人拿了自己觸摸過的東西，對方就可能會因此而生病或遭遇不幸。

這給她的教學帶來很大的困擾，因為她必須教學生物理，她擔心學生動了她的教學器具和試驗設備，就有可能發生什麼問題。每次在她的物理課上，如果有學生缺席，她就覺得，學生之所以沒有來上課，是不是因為動了她的試驗設備而中毒了呢？

為此，她總是忐忑不安，精神恍惚。

有段時間，她的頭皮長了一塊紅疹，她覺得這是梅毒的初步症狀，一再擔心梅毒遲早會侵入她的腦中，進而使她變成一個可憐的白癡。

除了強迫性思想外，她也出現了一些強迫性行為，因為怕自己的手污染了東西，所以她一再地洗手，而且對那些自己明明已經做好的事，譬如關瓦斯或水龍頭等，她也一再地回頭去檢查，以確定是否真的將它們關好。

在接受治療期間，負責幫她治療的心理醫生，發現她是一個高度敏感、很有良心，但也頗以自我為中心的女性，以優秀的成績畢業於某專科學校。大約三年前，她和一個學歷比她低的男人結婚，結婚後不久，她就對丈夫感到非常失望。她覺得丈夫談吐粗俗、不懂餐桌禮儀、極度缺乏社交體面，這使她心生排斥，而逐漸以一種冷淡甚至殘酷的態度來對待丈夫。

在鬱悶與不滿中，她終於發生了感情走私事件，但因為她是一個很有道德意識的人，因此，嚴重違背其道德教養的外遇讓她心裡極度不安。

一段時間過後，她慢慢瞭解到丈夫其實是一個很好的人，而其他人也都給她丈夫很高的評價。更重要的是，她到現在才發現自己其實很愛丈夫，於是她一改過去的冷淡，而開始以柔情對待他。

她一方面對自己過去對丈夫的殘酷和不忠產生強烈的自責，認為那是不可原諒的，一方面則將丈夫越捧越高，認為自己的丈夫是「打著燈籠也找不到的」，反而是自己「配不上他」。最後，竟然語帶悲傷地對治療師說：「上帝知道他說的一句話等於我說的五十句話，如果我夠真誠的話，我會勸我丈夫離開我。」

強迫性精神官能症患者的強迫性思想和行為常具有原始的「魔法思想」特色，上面案例中的瑪姬老師覺得自己若「觸摸」到別人，別人就會生病，這跟不少原始民族認為來經的婦女若觸摸到他們，他們就會生病：或觸摸到他們的獵具，他們就會打不到獵物一樣，都是建立在心理聯想上的「魔法思想」，而想藉洗手來洗清自己罪惡的想法和做法，當然也是如出一轍：它們都屬於一種較原始的心理功能。

紮榮茨（1923年）
美國社會心理學家，因研究出生次序、家庭規模等因素對兒童智力發展的影響以及社會促進等問題而著名。1978年獲得美國心理學會頒發的傑出科學貢獻獎。

戴安娜王妃的暴食症

暴食症是一種飲食行為障礙的疾病。患者經常在深夜、獨處或無聊、沮喪和憤怒的情況下，忽然引發暴食行為，無法自制地直到腹脹難受才肯罷休。暴食後雖然暫時得到了滿足與安全感，但馬上又產生了罪惡感、自責感，使其利用不當的方式（如：催吐、節食或過度激烈運動）來清除已吃進的食物。

英國王儲查理斯和戴安娜王妃的童話式婚姻於1996年正式結束，戴妃婚後一直飽受查理斯和卡蜜拉的婚外情、暴食症和抑鬱症等困擾，多次企圖自殺。想必很多人都還記得，戴安娜王妃在接受採訪時的一幕：高貴的王妃微微頷首，一雙淡藍色的眼睛向上抬起，流露出無限的憂鬱，闡述著不愉快的婚姻和皇室生活壓力，使她在相當長的時間裡陷入了厭食和貪食，多次自殺、割腕、撞櫃子……就是這份哀怨，使英國人再也無法原諒他們未來的君王。

在婚禮的前夜，戴安娜的情緒好很多，因為他收到了查理斯王子送給她的禮物。禮物是一枚刻有查理斯名字的戒指，並附帶著一張情意綿綿的卡片，上面寫道：「當妳出現時，我會為妳感到驕傲，明天我在教堂等妳。在群眾面前別緊張，要勇於正視他們。」這張卡片的確有助於撫慰戴安娜的不安，然而，它卻不能完全平息幾個月來鬱積在她心中的苦惱。那天晚上，她吃了好多的食物，然後病倒了。這是由於緊張的生活氣氛和環境所致，但王儲與卡蜜拉互贈禮物一事也是她患神經性貪食症的一個因素。

然而衝突、焦慮、痛苦、憂鬱等，使得她患上了多種心理障礙。因此，她經常要吃很多食物，有時候，她甚至要溜進廚房尋找食物並快速地填入腹中，而這些東西，也成為了她個人生活中的一大特點。食物是我們每天都在接觸的東西。它可以是一份享受，它也可能成為問題的根源。以上故事中，戴安娜王妃罹患的是心因性暴食症，通常被簡稱為暴食症，它的特點就是暴食——在短短的時間內，吃下大量食物。然後再想辦法排除食物的熱量，清除這些食物。

暴食症大部分發生於女性。當我們聽到暴食症這個名詞，很容易聯想到一些胖得快要走不動的女人。其實不然！只是她們的體重波動會比較大，短短的一段時間內，體重可能會有四至七公斤的波動。暴食症患者往往很容易感受到焦慮，每當焦慮就習慣用食物來進行發洩。同時暴食症患者的自尊心較弱，對自己缺乏信心，她就會非常極端地用身材來評價自己。只要自己一胖起來，她就覺得自己醜得要命。

治療暴食症不像治療感冒一樣，吃點藥過一段時間就好了。它比較像戒煙和戒酒，需要持續的努力和警覺。其治療，首先要改變她吃東西的模式，然後解決她生活中的壓力，並最終改變她出現偏差的想法。

托爾文（1927年）
加拿大認知心理學家，在人類記憶方面的研究世界著名。他將長期記憶分為情景記憶和語義記憶，並認為記憶的存儲和提取是兩個彼此獨立的功能。1983年獲得美國心理學會頒發的傑出科學貢獻獎，1988年當選為國家科學院院士。

暴食症的基本特點：
1、暴食，而且能夠意識到自己吃東西的模式是不正常的。
2、反覆透過嚴格的節食、自我催吐，使用通便藥、瀉藥、灌腸劑、利尿劑或過度運動，達到減肥的目的。
3、暴食和清除食物的行為比較頻繁，平均每星期至少兩次。
4、在大吃後伴隨著自我貶低的想法。
5、在自我評價時過度關注體形和體重。

第二章

社會心理學

社會心理學就是研究與社會有關的心理學問題的科學。

由於社會心理學是跨越心理學和社會科學交錯領域的一個分支學科，因而社會心理學就有兩個研究途徑。即從社會科學出發面向心理學方面的研究，實際上是一種社會學研究，可稱為心理社會學；另從心理學出發面向社會科學方面的研究，主要是屬於心理學的研究，即名副其實的社會心理學。現在有人把它們當作一個學科，我們認為是不妥的，不利於不同學科的各自發展。社會心理學和心理社會學應該以各自獨立的學科展開研究，才會更有利於它們的發展。

社會心理學的研究內容，主要是研究人的一生全部心理的發展變化及其一般的表現；研究人與人所受社會環境影響的關係；探討人與人之間的關係等等。

本章的目的是幫助學生瞭解社會環境因素和人與人之間的關係。透過對人的心理作用，達到增強人體健康和防治疾病的目的。

他為什麼跳樓

如果一個人遇到危及人命與財產的威脅時，他往往會感到自己責無旁貸，在需要幫助的時候，他會毫不猶豫地付出代價，甚至是自己的生命。若多數人一起，往往會導致人們產生冷漠行為，做出荒唐、可怕的事來。

在日本福岡，有位精神分裂症患者從醫院逃回家裡之後，家人們都極力打算把他再次送入瘋人院。結果，患者惱羞成怒之下爬上九樓的屋頂準備自殺。他的行為立刻引來了近兩千多人的圍觀，這些人群全都圍在樓下，而那些消防、員警們也全都展開了營救行動。但是，由於患者的情緒非常激動，任何一丁點的疏失，就會導致非常嚴重的後果。就這樣，雙方逐漸形成了對峙狀態。

時間一分一秒地流逝，將近三個多小時過去了，員警仍無法採取有效措施。這時候，圍觀的人們有些不耐煩了，人群中不斷有人大聲起鬨和嘲笑，起鬨的人數也越來越多，其中，有些人在那裡大喊：「跳啊，跳啊！」、「跳完了我們還要回去工作呢！」、「孬種，不敢跳你還爬那麼高？」、「不敢跳的話就趕快滾下來，你不配做我們大日本國的子民」……

叫喊聲此起彼伏，但卻沒有一人對患者加以勸說和開導。反而都希望和催促他快點跳下來，這時候，患者從心理上已經開始絕望了，他氣憤地抓起一塊磚頭，使勁地向樓下起鬨的人們砸去。

然而，這一砸，不僅沒有砸醒那些對生命冷漠、麻木的人們的良知，反而變本加厲地叫罵起來。現場一些有良知的人們和員警都很氣憤，但又不能對起鬨者做出處置，只能嚴厲制止。

這時候，患者已經喪失了賴以維繫

其情緒和心理平衡的外在支持，覺得自己陷入了一個無法忍受的情境中，感到痛苦不堪，不能自持，於是放棄了希望，他徹底的絕望了，終於在一片起鬨和催促聲中，突然縱身跳下，隨著一聲巨響，當著眾人的面，重重地摔在冷冰冰的水泥地上，經搶救無效身亡。

這時候，人群中居然傳來了喝彩聲：「好！有我們武士道的精神，敢做敢當。」這件事給患者的父親造成了很大的刺激，雖然事隔多年，每每提及，他都會對眾人的冷漠憤慨萬分，嘴裡不停地念著：「是他們『殺』了我的兒子」。

而這樣的悲劇，就是從眾心理和冷漠行為造成的。

面對著眾多的圍觀者對於人命關天的事，卻懷著看熱鬧、取笑的心態，只是想看他是怎麼跳樓的？怎麼摔死的？因為很多人從來就沒有目睹過自殺這一驚心動魄的場面，也好給自己索然無味的生活中平添一些茶餘飯後的「見聞」和「話題」。

殺死年輕人的是起鬨者的三種心理：

第一是「從眾行為」。社會心理學認為，從眾行為是由於在群體一致性壓力下，個體放棄自己的道德原則，改變了原有的態度，採取與大多數人一致的行為。個體尋求一種試圖解除自身與群體之間衝突，增強安全感的一種手段。而「追隨潮流」、「人云亦云」總是安全的，不必承擔風險。所以在現實生活中不少人喜歡採取從眾行為，以求得心理平衡，減少內心衝突。

第二是「責任分散」。即當很多人共同面對一個任務或者一件事情的時候，人越多，個人需要承擔的責任就越小，個人隱藏在群體中，往往出現偷懶或者冷漠等消極的心理狀態。單獨的個體往往更具有道德責任感，並更有可能做出利他行為。如果一個人遇到他人需要幫助的情況，他往往會感到自己責無旁貸，而毫不猶豫地付出代價，有時甚至是自己的生命。而多數人在一起往往會導致人們產生冷漠行為，做出荒唐、可怕的事來。他們往往會認為，反正幫助

的責任不會單單落到自己一個人的身上，出了事也不會是我一個人負責，有大家呢！

　　第三是「冷漠行為」。在緊急、危險的情況下，明知他人受到生命和財產的威脅而需要自己幫助時，卻持坐視不管、袖手旁觀的態度。譬如像本故事中的年輕人在既想自殺解脫又欲求生的矛盾心理驅使下，面對著眾多的圍觀者對於人命關天的事卻抱著事不關己的態度，懷著看熱鬧、取笑的心態，他們只是想看他是怎麼跳樓的？怎麼摔死的？也許很多人從來就沒有目睹過自殺這一驚心動魄的場面，也好給自己索然無味的生活中平添一些茶餘飯後的「見聞」和「話題」吧！

　　班都拉（1925年）
　　美國心理學家，社會學習理論的創始人。他認為來自於直接經驗的一切學習現象實際上都可以依賴觀察學習而發生，其中替代性強化是影響學習的一個重要因素。1974年當選為美國心理學會主席，1980年獲得美國心理學會頒發的傑出科學貢獻獎。

黑猩猩的政治

研究動物心理的發生和發展屬於動物心理學或比較心理學的範圍，又與生物學相互交叉。動物心理發生和發展的歷史是人類心理發展的前史。動物心理學研究從低級動物到類人猿為止的心理是怎樣發生的，又是怎樣在適應自然的情況下逐步從低級形態（受刺激性）向高級形態（思維的萌芽）發展的。

在荷蘭的一個動物園中飼養著25隻黑猩猩，最初的頭號雄性叫做麥克，二

號叫馬力，三號是一隻年輕的雄性叫做傑利。麥克享有首領的一切權利和尊榮：牠可以優先進食，可以指揮其他的猩猩，所有的雌性黑猩猩都是牠的王妃，當牠豎著毛，邁著沉重而有節奏的步伐走向每一隻猩猩的時候，沒有誰敢坐著不動，全都要起來讓路給牠。

不久，二號馬力開始向麥克示威──跺腳拍地圍著牠轉，甚至敢在牠面前與雌性黑猩猩交配。馬力在一次狂妄的示威中，猛力地拍了麥克一下就跑掉了。

麥克似乎不能容忍了，全身的毛都豎了起來，但牠不去追馬力，而是擁抱在場的雌性黑猩猩，特別是緊緊擁抱一個地位最高，叫做媽媽的雌性黑猩猩。

此舉之後，這些雌性黑猩猩都聯合跟著麥克去追擊馬力，把牠趕到樹上。從此以後，馬力不再直接向麥克示威，而是更頻繁地接近雌性黑猩猩，常常追逐和攻擊與麥克親近的雌性黑猩猩。在此期間，傑利也常常突然冒出來幫助馬力，同時，傑利也不再向麥克做恭謹的問候，而對馬力更加恭順了。

這種變化持續了一段時間，直到麥克越來越孤立，終於在一天夜裡，3隻雄

性黑猩猩在睡覺的籠子中爆發了戰爭，第二天早上，負傷的麥克一副沮喪的樣子──牠失去了首領的位置。

以後的日子裡，麥克和傑利一起向馬力獻殷勤。但是不久，傑利對馬力越來越不恭順，常向牠豎毛示威。最終，麥克和傑利站在同一陣線，雌性黑猩猩們也和馬力逐漸疏遠。馬力遭遇了麥克曾經受到的那種孤立，不時表現出憂鬱和不安的神情。不久在夜裡又發生了血腥的戰鬥，當被發現的時候，馬力已經躺在血泊中奄奄一息。在手術臺上急救時，發現牠的陰囊破裂，睪丸已經不見了，也沒有被救活。

動物心理是比較心理學家們所關注的內容，他們透過比較人與動物的心理，來解釋心理起源和發展的原因。

以上故事是比較心理學弗朗斯‧德‧瓦爾在荷蘭阿納姆的一個動物園對黑猩猩進行的長期觀察記錄的一部分。他對靈長類進行潛心研究，其研究著作的題目是《黑猩猩的政治》。他斷言，政治是唯一描述黑猩猩複雜的群體關係的語詞，黑猩猩們在以我們人類具有的熱情追求著它們，「黑猩猩的社會組織太像人類了，簡直難以置信。」

每位靈長類學家都會告訴你黑猩猩難以想像的機敏，一個對另一個的巧妙控制，小的雄性向大的雄性求寵以及同盟的變換和秘密的接管。理論認為，在人類歷史的最初階段，正是這樣的社會交往──複雜的等級體制的形成，推動人腦飛躍似地向前發展。

靈長類學家描述黑猩猩行為時寫到，居主導地位的雄性具有人的特徵，是「克制的、狡猾的、合作的」，牠們「從來不打沒把握的仗」。黑猩猩還是高度的機會主義者，牠們從不像哈姆雷特那樣猶豫或拖延時間。如果牠們在競爭對手身上看到弱點，牠們會立刻加以利用。

猩猩是講戰略的。牠們表現出我們人類具有的虛偽和欺騙的本性。德‧瓦

爾認為，雄猩猩經常形成他所謂的「三人同盟」。德‧瓦爾就像描述一個政治風雲人物那樣，描述了一個德高望重的領頭雄猩猩如何被一個年輕的對手趕下權力的寶座，結果岌岌可危的首腦不得不與另一個強大的猩猩結成同盟，推翻覬覦權力的人。

黑猩猩用這樣的聯盟形成他所謂的「最小獲勝聯盟」。他指出，雄猩猩結盟是為了獲得統治地位，而雌猩猩更願意與牠們喜歡的雌性結盟，儘管這些雌性不一定能幫助牠們提高地位。雌猩猩形成一種身分序列然後維持這一序列。同時，牠們也需要食物，經常為了食物而交配。

像所有動物一樣，黑猩猩從自身基因考量，選擇最恰當的方式交配，欺騙被認為是這種自我利益的不可分割的一部分。一個雄猩猩在和領頭雄猩猩的一個妻妾偷偷交配之後，牠會過分熱情地拜倒在領頭雄猩猩面前，而後者根本就沒有注意到發生的一切。黑猩猩企圖推翻現有秩序，牠就會在領頭猩猩面前表現得很恭敬，同時秘密地與其他猩猩形成同盟。在權力鬥爭中尋求群體支持的雄猩猩開始疏離雌性，而且和牠們的小孩玩耍——這是一反常態的，頗像美國總統候選人求寵足球明星的媽媽，親吻他們的孩子。

哈洛（1905年～1981年）

英國比較心理學家，早期研究靈長類動物的問題解決和辨別反應學習，其後用學習定勢的訓練方法比較靈長類和其他動物的智力水準。曾榮獲國家科學獎，1951年當選為國家科學院院士，1958年當選為美國心理學會主席，1960年獲得美國心理學會頒發的傑出科學貢獻獎。

勒溫的「拓撲理論」

勒溫從格式塔心理學出發，提出動機的「拓撲理論」。其中心概念是「生活空間」，即在某一時間影響個體的所有人物、事件、觀念、需求等等。根據對一個人生活空間的知識，可以解釋和預測他的行為，勒溫把這個理論擴展到集體行為，稱為「集體動力學」。他試圖用這個理論來解決實際社會問題。

庫爾特·勒溫（1890年～1947年）德國心理學家，拓樸心理學的創始人，心理學的哲學博士、教授。庫爾特·勒溫以系統闡述心理學的一種場的理論而聞名。他的場的理論主張，一個人的行為是一種場的機能，這種場是由在行為發生時就存在著的各種條件和力量交織而成的。這一理論激起了大量的研究工作，並廣泛應用於人格學、社會心理學、兒童心理學以及工業心理學諸領域。

庫爾特·勒溫1890年9月9日出生於普魯士的波森省一個小村莊。兄弟姐妹四人，他排行第二。父親擁有並經營一家百貨店。

1905年，全家遷往柏林，他在柏林念完小學、中學，後來大學計畫想在弗賴堡學醫，但很快地他放棄了這種想法。在慕尼克大學上了一學期，於1910年回到柏林。在柏林攻讀心理學博士學位。

他的主要教授卡爾·施通普夫是一位深受尊重的實驗心理學家。勒溫在1914年完成博士生必修課，以步兵在德國軍隊服役四年，他從士兵一直晉升到中尉。戰爭結束後，他回柏林大學在心理研究所擔任教授和研究助教。他是一個善於激發學生興趣的教授，很多學生紛紛跑到他班上，並在他指導下做研究工作。

在柏林大學，他和完形心理學兩位奠基人馬克思·違特海默和法沃爾夫岡·克勒相識。他受到他們觀點的影響，但沒有成為完形心理學家。他也受到佛洛德精神分析的影響。1926年，他晉升為教授。在柏林大學期間，勒溫和他

的學生們出版了一系列精彩的論文。

希特勒掌權時，勒溫在斯坦福大學擔任訪問教授。他用很短時間回德國處理私事後又回到美國度過他後半生。他在康奈爾大學擔任兒童大學教授兩年。之後，他被任命為艾奧瓦州立大學兒童福利所心理學教授。1954年，勒溫接受麻塞諸塞理工學院團體動力學研學中心教授和主任的職位。同時，他還是美國猶太人會議的社會關係委員會主任，該會從事社會問題研究。1947年2月12日，他因心臟衰竭於麻塞諸塞州紐頓維爾突然逝世，享年56歲。

勒溫的心理學研究活動可分為三個時期：

（1）在柏林時期，他根據大量有關成人與兒童實驗，提出了他的動機理論。他著重研究和分析了學習和知覺的認知過程、個體動機和情緒的變動等問題。

（2）在艾奧瓦州立大學時期，勒溫的理論興趣和研究重點放在獎勵、懲罰、衝突和社會影響等人際過程。他進行了關於領導、社會氣氛、群體標準和價值觀念等群體現象的研究。在這時期的重要成就之一，是關於民主與專制領導條件下的兒童群體的研究。

（3）在麻塞諸塞州理工學院群體變動研究中心時期，他分析了技術、經濟、法律和政治對策群體的社會約束，研究了工業組織中的衝突與群體之間的偏見和敵對行為等方面的問題。

勒溫對現代心理學，特別是社會心理學，在理論與實踐上都有巨大的貢獻。這表現在他在意志動機方面進行了大量的研究，彌補了格式塔心理學在情緒與意志方面研究的不足。他對志願水準問題進行了深入的實驗研究，這些研究證明人們在活動中成功或失敗的體驗，取決於人的志願水準。

他很重視社會心理學的研究。他的實驗證明，在民主領導作風下工作效果

比在專制或放任的作風上還要好，他最後的一大成就，就是他為群體動態研究中心設計了「行動研究」計畫。他接觸了許多組織與個人，這些組織和個人都希望改進工業與社會團體中的群體關係，因此，他認為有必要進行很多的研究。

勒溫曾提出心理學的許多理論。他認為應該用「拓樸學」和「向量分析」的概念來闡明心理的現象。

拓樸學可以幫助瞭解在一特殊的生活空間之內可能發生的某些事件，不可能發生某些事件，而向量分析是進一步明確在一個特殊的個案之內，哪些事件有可能實現。

因此，勒溫的心理動力學體系包括拓樸學心理學與向量心理學，是一種數學主義的心理學。勒溫還提出「張力」學說，認為當一個具有一定的動機或者需要已得到滿足或實現，張力減弱；反之，需要得不到滿足，動機客觀受到阻止，則張力增加，勒溫還提出「行為的動力」的理論，認為推動行為的力量是需要和意志。進而提出「障礙學說」，認為對於心理移動具有抵抗作用的疆界，叫做障礙。障礙可按照抵抗的程度而有不同的強度。還提出一系列的「人格組織」等理論。

庫爾特‧勒溫（1890年～1947年）
德國心理學家，德籍猶太人。拓撲心理學的創始人，實驗社會心理學的奠基者，1914年在柏林大學獲得哲學博士學位。除了學習心理學外，還學習數學和物理學。是格式塔團體中一個多產而有創造性的成員。
主要著作有：《拓朴心理學原理》（1936年）；《心理的力的表述和測量》（1838年）；《解放社會衝突》（1948年）；以及1947年發表的文章：「群體決策和社會變革」與「群體動力學的新領域」等。

漂亮的優勢

「光環效應」是指由於對人的某種素質或特點有清晰的知覺，印象較深刻、突出，進而愛屋及烏，掩蓋了對這個人的其他素質或特點的認知。這種強烈知覺的素質或特點，就像月暈形式的光環一樣，向周圍彌漫、擴散，所以人們就形象地稱這一心理效應為「光環效應」。

在美國某位心理學家曾經做一個試驗：他請了四名演員來協助他們的研究，兩男兩女，其中一名男士英俊瀟灑，另一名則比較平凡，但並不難看。兩名女性中，也是一名如花似玉，另一名長相平平。

在面試之前，心理學家刻意把他們的學歷背景、工作經驗全都做得幾乎一樣，還對他們進行了訓練，使他們在面試時表現一致。在他們的安排下，每次都是長相平平的先面試，然後是長相出色的。

女士應徵的工作是公司的接待員。長相平平的女演員先面試的時候，面試者是位男士，他先問其打字速度，女士回答說每分鐘五十字，錯誤為零，面試者連聲說不錯不錯。

面試者告訴對方，公司的作息時間是朝九晚五，中午一小時午休時間，一點鐘準時回公司上班。該類工作的薪水一年是35,000美元左右。結束時面試者說，他對她的技能很佩服，下星期一會給她答覆。

第二天，長相出眾的女士去同一家公司面試，著裝、公事包與那位長相平平的完全一樣。她坐下來沒幾分鐘，面試者突然壓低了聲音，問她在別的地方還有沒有面試，她點頭說還有幾個，面試者就很嚴肅地問她能不能將其他的面

試取消，因為他已決定錄用她。同時他告訴她公司的午休時間為一小時，但又說，其實這個時間是可以彈性調整的。同時他又說，該工作的薪水每年是37,000美元左右，希望她能答應上班。

接連三個面試下來，情況都類似。於是，心理學家推測是不是因為面試者是男性，所以對女性的容貌特別敏感。於是他們為兩位女士找了主管是女性的工作。那位女主管也要招募一名接待員，在面試長相出眾的女演員時，她說：「我覺得妳做接待員有點大材小用，看外表，我覺得妳做我的私人秘書會更合適。」私人秘書比接待員階級更高，沒想到這位女主管更容易受容貌的影響！

而兩位男士那邊，他們去應徵的工作是股票經紀人。先是那個長相平平的男士前去面試，面試者問了幾個簡單的問題之後，就說我覺得你還不錯，下星期一等候通知。接著輪到長相英俊的男士面試。該男士在走廊上就碰到了面試者，面試者一看見他，就脫口而出：「你長得就像一個股票經紀人！」幾個簡單的問答下來，面試者就對他說：「下週一你就可以來上班了，現在去人事部門辦手續。」

心理學家在實驗結束後，邀請四位演員以及他們的面試者一起研究關於容貌對就職的影響，結果只有那位面試接待員的男士和那位面試股票經紀人的男士來了。心理學家先問那位接待員面試者，為什麼錄用了長相出眾的女演員？面試者矢口否認是看中了女演員的容貌而錄取了她。

為什麼容貌會產生如此的效應呢？心理學家分析，這是所謂的「光環效應」，也就是說，當我們看到一個長相出色、氣質不凡的人的時候，常常會情不自禁地將其他一些良好的素質加諸於他（她）身上，比如容貌好的人嗓音也格外甜美，回答問題的技巧也高於常人。

為什麼容貌會產生如此的效應呢？在日常生活中，我們會常常遇到一種現象，當一個人對另一個人的某些素質有了好的印象之後，就會認為這個人一切

都好；反之，若先發現了某個人的某些缺點，就可能認為他什麼都不好。

　　總之，這個人某一方面的優點就像給他戴上了一個閃亮的光環，使得他其他方面也變得更加完美了。這種現象在社會心理學中被稱為「暈輪效應」或「光環效應」。

　　我們平常所說的「愛屋及烏」、「以貌取人」、「一葉障目，不見森林」等，都是這種效應的典型例子。

　　社會心理學家戴恩（K. Dion）曾經做過一個試驗，分別向人們出示長相漂亮、普通和醜陋的人的照片，要求實驗對象就幾項與長相無關的特性對照片上的人進行評價，比如是否合群，是否能做一個稱職的丈夫或妻子，做父母的能力，以及社會和職業的幸福感等，結果是長相漂亮的人幾乎在所有項目上都被評價最高，而長相醜陋的人則被評價最低。外型甜美或者英俊小生回答問題的技巧也高於常人。中國人所謂的「相由心生」也是這種假設的一個例證。

斯坎特（1922年～1997年）
美國社會心理學家，主要的研究興趣是上癮和情緒。他認為人類的情緒體驗是人的生理狀態和對這一狀態的認知解釋共同作用的結果。1969年獲得美國心理學會頒發的傑出科學貢獻獎，1983年當選為國家科學院院士。

讓他變得更富有

「馬太效應」為任何個體、群體或地區，一旦在某一個方面（如金錢、名譽、地位等）獲得成功和進步，就會產生一種累積優勢，就會有更多的機會取得更大的成功和進步。

「讓有的變得更富有，沒有的更加一無所有。」這句話是用來形容馬太效應的，馬太效應出自《聖經·新約 馬太福音》。

其中講了一個故事：一個國王在遠行之前，交給三個僕人每人一百金幣，並且吩咐他們說：「你們拿著這些金幣去做生意吧！等我回來之後，你們再來見我。」

過了很長一段時間，國王回來了。於是這三個僕人就一起前來面見國王。第一個僕人首先跪倒在地，對國王說：「主人，您當初交給我的那一百金幣，我把它用來做生意了，現在我已經賺了一千金幣。」

看到這種情況，國王非常高興，立刻下令送給他十座城邑，以資獎勵。

接著，第二個僕人也向國王報告說：「主人，您當初給我的那一百金幣，我也把它用來做生意了，現在，我已經賺了五百金幣。」

國王微笑著點了點頭，說：「不錯，我現在也送給你五座城邑，以此來表示對你的獎勵吧！」

到第三個僕人給國王做報告的時候了，他也像前兩位一樣，跪在國王的面前，說：「主人，您當初送給我的一百金幣，我因為害怕遺失，因此，一直把它包在毛巾裡存放著，現在，我就把這些金幣還給您吧！」

本來這個僕人覺得，國王肯定會和前兩個僕人一樣，封賞給他幾個封邑。

可是，發現國王非常生氣，他嚇壞了。

就在他跪在那裡發抖的時候，國王已經命令士兵把他的那一百金幣搶了過來，然後把他賞給了第一個僕人，並且說：「凡是少的，就連他所有的也要奪過來。凡是多的，還要給他，讓他多多益善。」

另外，美國曾經流傳一個故事：

在美國的鄉村裡住著一個老人，他和兒子相依為命的生活著。有一天，他的老同學亨利路過此地，前來拜訪他。亨利看到他的兒子已經長大成人了，於是想幫助他，就對他說：「親愛的朋友，我想把你的兒子帶到城裡去找工作，你覺得怎麼樣？」

沒想到這位老人連連搖頭，說：「亨利，雖然我們是同學，可是這件事情絕對不行，絕對不行！」

亨利笑了笑說：「那如果我在城裡給你的兒子找個女朋友，這樣應該可以吧？」

老人還是搖頭：「不行！沒有經過我兒子的同意，我是從來不干涉他的事情的。」

亨利又接著說道：「可是這個女孩是歐洲最有名望的銀行家——羅斯切爾德伯爵的女兒啊！」

老人說：「嗯，如果是這樣的話……」

接著，亨利就找到羅斯切爾德伯爵，恭敬地對他說：「尊敬的伯爵先生，我為您的女兒精挑細選了一個好丈夫。」

羅斯切爾德伯爵忙婉拒道：「亨利，我知道你是好意，可是，我女兒年紀還太年輕了。」

亨利說道：「可是這位年輕人是世界銀行的副總裁啊！」

「嗯……如果是這樣的話……」

基本上，兩家現在是沒有任何問題了，可是老人的兒子連工作都沒有呢！更不用提什麼世界銀行副總裁了。不過，亨利有的是主意。

又過了幾天，亨利找到了世界銀行總裁的辦公室裡，對總裁說：「尊敬的總裁先生，您應該馬上任命一位副總裁！」

總裁立刻搖著頭說：「不可能，這裡這麼多副總裁，我為什麼還要任命一個副總裁呢？而且必須馬上任命？」

亨利微笑著說：「那麼，如果您任命的這個副總裁是洛克菲勒的女婿，這樣是不是就可以了呢？」

總裁先生當然同意：「嗯……如果是這樣的話，我絕對歡迎。」

亨利之所以能夠讓老人的窮兒子搖身一變，成了金融寡頭的乘龍快婿和世界銀行的副總裁，主要的原因就在於他充分利用人們的一種心理：寧可錦上添花，絕不雪中送炭。

《聖經》中「馬太福音」第二十五章有這麼幾句話：「凡有的，還要加給他讓他多餘；沒有的，連他所有的也要奪過來。」1973年，美國科學史研究者莫頓用這句話概括了一種社會心理現象：「對已有相當聲譽的科學家做出的科學貢獻給予的榮譽越來越多，而對那些未出名的科學家則不承認他們的成績。」莫頓將這種社會心理現象命名為「馬太

效應」。

社會心理學家認為，「馬太效應」是個既有消極作用又有積極作用的社會心理現象。其消極作用是：名人與未出名者做出同樣的成績，前者往往國家表揚，記者採訪，求教者和訪問者接踵而至，各種桂冠也一頂接一頂地飄來，結果往往使其中一些人因沒有清醒的自我認知和沒有理智態度而居功自傲，在人生的道路上跌跌撞撞；而後者則乏人問津，甚至還會遭受非難和妒忌。

其積極作用是：其一，可以防止社會過早地承認那些還不成熟的成果或過早地接受貌似正確的成果；其二，「馬太效應」所產生的「榮譽追加」和「榮譽終身」等現象，對無名者有巨大的吸引力，促使無名者去奮鬥，而這種奮鬥又必須有明顯超越名人過去的成果才能獲得嚮往的榮譽。從這個意義上講，社會的進步和科學上的突破還真的與「馬太效應」有點關係。

羅伯特‧莫頓（1944年）
美國科學史研究者、著名社會學家，1997年諾貝爾經濟學獎得主。他的理念是「貧者越貧，富者越富」。

孩子們受到的不公平待遇

每個人都力圖使自己和別人的行為看起來合理，因而總是為行為尋找原因，一旦找到足夠的原因，人們就很少再繼續找下去，而且，在尋找原因時，總是先找那些顯而易見的外在原因，因此，如果外部原因足以對行為做出解釋時，人們通常就不再去尋找內部的原因了。

在一個風景秀麗的小鄉村裡，有位老學者在那裡修養。剛開始的一段時間裡，這裡非常安靜，但不知道從哪一天開始，住在附近的幾個孩子總愛到這裡玩耍。整天在那裡互相追逐、打鬧，喧嘩的吵鬧聲經常讓老人無法好好休息。於是，老人不時地出來阻止，但是卻根本不管用。

有一天，老人想到一個辦法，於是，他把孩子們都叫來，然後拿出一些零錢。並告訴他們，誰叫的聲音越大，誰得到的報酬就越多。於是，十多個孩子就在那裡拼命地叫著。而老人也根據孩子們每次吵鬧的情況，給予他們不同的獎勵。

這種情況一直延續了3週左右，來這裡吵鬧的孩子們已經習慣了這種獲取獎勵的方式。

這時候，老人開始逐漸減少所給的獎勵，有的孩子立刻表示不同意，他們覺得不應該減少獎勵。但無論他們怎麼說，老人始終不妥協。孩子們沒有辦法，覺得獎勵雖然少了一點，但總比沒有獎勵要強得多。結果，又經過了一週左右，老人拒絕了向他們支付獎勵。最後無論孩子們怎麼吵鬧，老人一分錢也不願意再給了。

於是，孩子們全都認為這實在是太可惡了，自己受到的待遇越來越不公平，於是覺得「不給錢了誰還給你叫，那樣不是擺明了自己吃虧嗎？」從此以後，孩子們再也不到老人所住的房子附近大聲吵鬧了，即使有時候路過老人住

的地方，也全都靜悄悄地離開了，他們認為，就應該這樣抗議老人對自己的不公平。

其實，文中的老人所利用的，正是由於社會心理學上所說的「過度理由效應」。老人提供了一個雖然說服力並不是很強，但對孩子卻有足夠吸引力的理由，把這些孩子引進了一個心理學上的一個誤區，使他們如果只用外在理由（得到報酬）來解釋自己的行為（吵鬧），那麼，一旦外在理由不再存在（沒有報酬了），這種行為也將趨於終止。

這一效應是由心理學家德西發現的。1971年，德西和他的助手使用實驗方法，很好地證明了過度理由效應的存在。他以學生為實驗對象，請他們分別解決誘人的測量智力的問題。

實驗分三個階段：

第一階段，每個實驗對象自己解題，不給獎勵。

第二階段，實驗對象分為兩組，實驗組實驗對象每解決一個問題就得到1美元的報酬。

第三階段，自由休息時間，實驗對象可以自由活動。目的是觀察實驗對象是否維持對解題的興趣。

最終結果顯示，與獎勵組相較，無獎勵組休息時仍繼續解題，而獎勵組雖

然在有報酬時解題十分努力，而在不能獲得報酬的休息時間，明顯失去對解題的興趣。

實驗說明，過度理由將會在每個人的身上發生作用，人們為了使自己的行為看起來合理，總是喜歡為發生過的行為尋找原因。在尋找原因的過程中，還往往是先找那些顯而易見的。如果找到的理由足以對行為做出解釋，人們也就不再往更深處追尋了。

西蒙（1916年～2001年）
又名司馬賀，美國心理學家，認知心理學的奠基者。西蒙和紐厄爾等人共同創建了資訊加工心理學，開闢了從資訊加工觀點研究人類思維的方向，推動了認知科學和人工智慧的發展。曾榮獲國家科學獎，1953年當選為國家科學院院士，1969年獲得美國心理學會頒發的傑出科學貢獻獎，1978年獲得諾貝爾經濟學獎。

假病人眞醫生

刻板印象是指人們對於某一類人或事物產生的比較固定、概括而籠統的看法，是我們在認知他人時經常出現的一種相當普遍的現象。

一天，一位衣著整潔、文質彬彬的中年人來到美國東海岸一家著名的精神病院，要求到門診就醫。

他告訴看診的精神病醫生，說自己很多天以來一直有「幻聽」：這些聲音時隱時現，時大時小，但「就我所能分辨的是，它們好像在說『真的』、『假的』和『咚咚』」。這位醫生初步判斷他患了精神分裂症，於是，他被批准住院。

住院後，這位中年人再也沒有提及那些聲音，而且行為非常正常。但醫院的醫生仍然說他是精神病患者，護士們還在他的卡片上記錄了一個頻繁發生的反常行為：「病人有寫作行為。」

奇怪的是，和他同病房的幾個病人一開始就不這麼想，其中的一位甚至說：「你看起來根本不像一個瘋子，你可能是個記者，或者是個大學教授。你來醫院體驗生活的吧？」

這位中年人真的是一位大學教授，而且是一位心理學教授。這位病人說對了，而精神病醫生卻犯了致命的錯誤。

這是美國某大學心理研究所進行的一項心理學實驗，這項實驗的主要目的是研究精神病院醫患之間的相互影響。當時，參與實驗的人員除了一位心理學教授之外，還有7名年輕的心理學工作者。他們分別來自東海岸和西海岸的12家醫院，全部聲稱自己有幻聽，結果無一例外地被當作精神病人給關進了醫院。

住進醫院之後，無論是言談還是舉止，他們立即表現得像個正常人。就像那位心理學教授一樣，這些人在醫生的眼裡是個標準的「病人」，有的甚至被視

為最危險的「病人」，因為他不吵不鬧，還不停地寫作、做筆記；但在病人的眼裡，他們都是正常人，是有學問的人。

正是由於這種特殊的身分，他們得以公開地觀察醫院醫生對病人的態度和行為。他們觀察的情況令人震驚：

精神病院的醫生和護士一旦認為某個病人患有精神分裂症，對於該病人日常生活中的一切舉動，一律視為反常行為：寫作被視為寫作行為；與人交談被視為交談行為；按時作息被視為嗜睡行為；發脾氣被視為癲狂行為；要求出院被視為妄想行為……等等。結果，他們出院時費了很大的波折，從要求出院並一直做出正常表現，平均20天才得以離開醫院。

這種匪夷所思的情況其實是我們社會生活和人際交往中常見的一種心理效應，即刻板印象。所謂「刻板印象」指的是人們對某一類人或事物產生的比較固定、概括而籠統的看法。如，美國極端的種族主義者認為黑人都是懶惰和邪惡的，我們還常聽人說「義大利人比較浪漫」、「女人比較善變」等等，實際上都是在給這個人群「貼標籤」，也就是對這個群體形成了「刻板印象」。

刻板印象的形成，主要是由於我們在人際交往過程中，沒有時間和精力去和某個群體中的每一成員都進行深入的交往，而只能與其中的一部分成員交往，因此，我們只能「由部分推知全部」，由我們所接觸到的部分，去推知這個群體的「全體」。

「物以類聚，人以群分」，居住在同一個地區、從事同一種職業、

屬於同一個種族的人總會有一些共同的特徵，因此，刻板印象一般說來還是有一定道理的。

刻板印象畢竟只是一種概括而籠統的看法，並不能代替活生生的個體，因而「以偏概全」的錯誤總是在所難免。如果不明白這一點，在與人交往時，就會像「削足適履」的鄭人，寧可相信作為「尺寸」的刻板印象，也不相信自己的切身經驗，就會出現錯誤，導致人際交往的失敗。

喬姆斯基（1928年）
美國語言學家和語言哲學家，創立了轉換生成語法理論。這一理論不僅獲得語言學界很高的評價，而且在心理學、哲學、邏輯學等方面引起人們普遍的重視。1972年當選為國家科學院院士，1984年獲得美國心理學會頒發的傑出科學貢獻獎。

被遺棄的孩子們

1937年，勞倫斯在觀察小雞、小鵝的習性時，發現了一種被他稱為「印刻」的現象。這是一種快速的、先天的學習，只能在個體生命中一個短暫的「關鍵期」發生。印刻一旦形成就不能改變，因此產生一種對客體永久性的依戀。印刻的特徵在於個體在發展的某一特殊時期，即關鍵期，客觀刺激能使個體產生最為有效的印刻現象。

位於英國多塞特郡伯恩第斯的一個地方，有位名叫奧納西斯的女孩，把自己剛剛出生的私生子阿瓦羅藏在頂樓上的一個小房間裡，不許見到任何人。為什麼要這麼做呢？原來她是一名高二的學生，在和班上的男同學談戀愛之後，不小心懷孕了，最後不得不藏匿在鄉下把他生下來。

阿瓦羅在頂樓上只能得到最起碼的身體上的照顧，卻失去了與他人接觸的機會，人們發現他的時候，他已經七歲了，但是，他卻不會講話也不會走路，更不用說如何保持整潔和自己吃東西了。

他的感情麻木，表情也非常呆滯，對任何人都沒有一點興趣。阿瓦羅的情況顯示，如果只靠單純生物學上的能力，這種能力在使他成為一個完全的社會人的方面所發揮的作用是微乎其微的。

為了使阿瓦羅能夠早日適應社會，研究者付出的努力只取得了有限的成功。5年後，阿瓦羅去世了。不過，他在死前已經知道並學會了一些單字和短語，但從未講出一個完整的句子。他還學著擺積木、穿珠子、刷牙、洗手以及特別喜歡玩具等。他並學習走路，但走起路來卻很笨拙。當他12歲離開人世的時候，在智力上也僅僅達到兩三歲孩子的水準。

另外，再看看報紙上報導的中國 「豬孩」。據說，「豬孩」名字叫王顯鳳，1974年12月23日，王顯鳳出生在遼寧省台安縣高力房鎮鍋櫃子村一個特殊的家

庭中。她的母親因早年罹患大腦炎而導致癡呆，屬中度殘疾；她的父親是個聾啞人。王顯鳳出生後，父親忙於每天的生活，根本沒有時間照顧她，王顯鳳整天有一餐沒一餐的，經常餓得哇哇大哭。當王顯鳳會爬以後，為了能夠填飽肚子，便開始四處找東西吃。有一天她從炕上摔下來，分不清東南西北的王顯鳳不知不覺爬進一窩剛出生不久的小豬們身旁，她本能地與小豬們一起拱在母豬肚皮下吃起奶來。老母豬似乎並不討厭這個外來的「孩子」。王顯鳳吃飽喝足後，和小豬們一起依偎在母豬的懷抱中睡著了。晚上，勞累了一天的父親在母豬身邊發現了王顯鳳。他撥開小豬們，將王顯鳳抱回炕上。誰知，第二天王顯鳳又回到了母豬身邊……

就這樣，王顯鳳正式開始了她與豬為伴的生活。她終日與豬為伍，看到的是豬的形象，聽到的是豬的聲音，模仿自然的也是豬的行為。

當人們發現她的時候，她已經11歲了，在身體發育方面和正常兒童一樣，但是，她卻喜歡趴在豬身上玩耍，給豬抓癢，等豬吃飽之後，她就躺在豬的身邊，大口大口地吸豬奶。而且，在平常她會像豬一樣輪流用雙腿相互磨蹭，睡覺時也和豬一樣打呼。經過智力檢測後，發現她的智力水準只相當於3歲的兒童。

諾貝爾獎得主、奧地利習性學家洛倫茨觀察發現，剛出生幾天的小鵝會追隨牠們第一次見到的移動物體，無論這個物體是母鵝、母鴨還是洛倫茨，但是如果出生後1～2天還沒有遇到追隨對象，牠們就會喪失了這個能力。

洛倫茨據此提出了「關鍵期」的概念。在幼兒的發展過程中，也有一系列的關鍵發展期或敏感階段，又稱為學習關鍵期。在學習關鍵期內，幼兒能夠學得好，或者發展特殊的能力，如演

講。過了學習關鍵期,相關的學習就會變得非常困難,甚至不可能進行相關的學習,最好的例子就是語言能力的發展。我們知道幼兒學習第一語言非常容易,而成人則比較困難。上面的故事中,阿瓦羅和王顯鳳如果是在4歲之後才被父母遺棄,他們的命運或許會很不一樣。

發展心理學的研究發現,智力、語言等各種心理成分的發展都存在一個關鍵期,也叫做「最佳時期」,如果教育者能夠利用這個時期,給孩子創造一定的環境,孩子就能得到正常的發展,取得最佳的教育效果,而一旦錯過這個時期,則是無法彌補的。智慧能力的發展主要受到遺傳和環境交互作用的影響,而且在幼兒時期發展最快,0～4歲是兒童智力發展的關鍵期。

最新研究發現,智慧能力的起點並不是在出生以後,其實,胎兒早在母體內就已經有學習行為,然後再持續發展。從這點上來看,智慧能力在兒童期發展最快,以後逐漸緩慢,呈遞減形式。一般來說,人類智慧能力大約在4歲時達到成熟的一半,16至21歲時成熟,20至25歲時達到巔峰。

康拉德・洛倫茨(1903年～1989年)
奧地利比較心理學家,動物學家、習性學創始人之一,1973年獲得生物學諾貝爾獎。

飛機將延遲一小時著陸

在向別人提出自己真正要求之前，先向別人提出一個大要求，等別人拒絕之後，再提出自己真正比較小的要求，別人答應自己要求的可能性就會增加。這種心理效應被稱之為「留面子」。

在美國紐約至法國巴黎的一架航班上，坐滿了各國乘客。其中有各地的服裝商人，也有無數的美女模特兒以及一些珠光寶氣的貴婦人。他們都是為即將開幕的巴黎服裝節而去的。一路上，他們各自談論著自己感興趣的話題。

就這樣，在這次完美的旅途即將結束的時候，飛機已經到達了巴黎上空，預估馬上就要著陸了。乘客們都不禁興奮起來，有的乘客乾脆開始整理自己的衣服了。於是，整個機艙裡非常熱鬧，有的補妝，有的整理雜誌、報紙……每個人都希望自己能以乾淨俐落、漂亮嫵媚的形象進入巴黎，這樣，也許會讓自己的整個身心變得輕鬆、愉悅起來。

就在這時候，飛機上的服務人員向大家報告：由於機場擁擠騰不出地方，飛機暫時無法降落，著陸時間將延遲一小時。因此，給大家帶來了不便，請各位原諒。

乘客們忽然聽到這個消息之後，頓時，機艙裡馬上響起一片喧嚷抱怨之聲。儘管如此，乘客們也不得不做好在空中等待這令人難熬的一小時的心理準備。可是讓人意外的是，過沒幾分鐘，服務人員又向乘客宣佈：本班飛機的降落時間將縮短到半個小時。

聽到這個消息，所有的乘客全都如釋重負地鬆了一口氣。覺得等半個小時要比等一個小時好多了。又過了幾分鐘，乘客們還沒有從剛才的宣佈中回過神來的時候，再次聽到機上的廣播說：「最快再過三分鐘，飛機就可以安全著陸。」這下子，乘客們各個喜出望外，拍手稱慶。

雖然飛機仍然誤點了，但是，乘客們反而感到非常慶幸和滿意。

在這個故事中，是「留面子」的心理效應發揮了作用。「留面子」和剛才我們所說的「登門檻」效應相對應，指的是在向別人提出自己真正要求之前，先向別人提出一個大要求，等別人拒絕之後，再提出自己真正比較小的要求，別人答應自己要求的可能性就會增加。

心理學家認為，留面子效應的產生，主要是因為人們在拒絕別人的要求時，感到自己沒有能夠幫助別人，損害了自己富有同情心、樂於助人的形象，辜負了別人對自己的良好願望，會感到有點內疚。這時，為了恢復在別人心目中的良好形象，也達到自己心理的平衡，便欣然接受了第二個小一點的要求。

在銷售、募捐以及生活中的諸多方面，都可以使用「留面子效應」，但「留面子效應」不是屢試不爽的，它是否會發生作用，關鍵在於雙方關係的親密程度以及你的需求和合理程度。如果既無責任又無義務，雙方素昧平生，卻想別人答應一些有損對方利益的事情，這時候「先大後小」也是沒有用的。同時，記住：己所不欲，勿施於人。不要為了一己之私，輕易利用他人的心理。

鍾斯（1928年～1993年）
美國實驗社會心理學家，積極推動社會心理學採用認知心理學的研究方法。他的主要研究興趣是人際感知，並在此基礎上對歸因理論的發展做出了很大貢獻。1977年獲得美國心理學會頒發的傑出科學貢獻獎。

家庭主婦的預言

人有一種保持認知一致性的趨向。在現實社會中,不一致的、相互矛盾的事物處處可見,但外部的不一致並不一定導致內部的不一致,因為人可以把這些不一致的事物理性化,而達到心理或認知的一致。但是倘若人不能達到這一點,也就達不到認知的一致性,心理上就會產生痛苦的體驗。

1954年9月一個筆名叫瑪麗安‧基切的家庭主婦在美國一份報紙上宣稱,在過去一年多的時間裡,她一直在接收來自克拉利昂行星上的超級生物的資訊。她傳達超級生物的資訊說,12月21日,整個北半球將被突如其來的一場大洪水淹沒,除了極少數具有堅定信仰的人之外,生活在這裡的所有人都將被淹死。

看到這則消息,美國社會心理學家里昂‧弗斯丁格如獲至寶,認為這是一個研究認知失調的天賜良機。

當時,里昂‧弗斯丁格正在研究認知失調理論,並在1956年出版的《當預言落空時》的報告中提出了一個假說:「假設某人真心誠意地相信某事或某種現象,並受此信仰的約束,進而採取不可逆轉的行動;假設就在此時,確信無疑的證據證明他的信仰是錯誤的,將會發生什麼呢?我的結論是:這個人絕不會善罷甘休,而是更加確信自己的信仰,甚至比以前更確信。」

弗斯丁格認為,基切夫人的公開聲明和接下來的事實,肯定是一個活生生的寶貴例證,可以說明對互相矛盾下的證據的矛盾反應是如何產生的。

於是,他找來他的兩個學生,亨利‧W‧萊厄肯和沙切特,一起做了差不多兩個月的密探。他們打電話給基切夫人,自我介紹是三個好朋友,均對她的故事感到好奇,想參加他們舉辦的活動,他們的請求基切夫人很爽快地答應了。基切夫人早已組織了一個活動團體,他們定期聚會,已經在為將來計畫,並正在等待來自克利昂行星的最後指令。

　　弗斯丁格制定了一份研究計畫，為了擴大調查範圍，他又徵求了5位大學生志願者，作為不公開的參與觀察者參與基切夫人的活動。他們就像真正的信仰者一樣，整天忙個不停地參加活動，聽基切夫人做報告，訪問這個小團體中的成員等，並在7個禮拜內參加了60多次會議。

　　這些活動就像降神會一樣，枯燥乏味，無休無止，把人搞得身心疲憊。更讓實驗者難以承受的是，一方面他們必須在會議期間時刻提醒自己，對那些荒誕不經的事情做出「虔誠」的反應，另外他們還得高度緊張地記錄下由基切夫人和其他人在恍惚狀態中所傳達的行星守護者的神秘資訊。

　　弗斯丁格回憶說：「我們三個人當時輪流去廁所記筆記，進出的頻率要控制得恰到好處，否則將會引起別人的懷疑。廁所也是這個房子裡唯一談得上隱私的地方。我們其中的一個或兩個會不時地宣稱自己出去走動一下，呼吸一下新鮮空氣。然後，我們會飛快地跑到旅館房間，將聽到的事記錄下來……到研究結束時，我們幾乎已經累垮了。」

　　終於到了12月21日，信仰者的飛船沒有到來，同樣所謂的洪水也沒有爆發。這時，基切夫人宣稱又收到了資訊：由於信徒們的善良和忠誠感動了上帝，上帝已經決定不再降臨這次災難，讓世界重歸於安寧，信徒也重返家園。

　　聽到這則消息，信徒門出現了兩種截然不同的反應：那些本來就半信半疑的人，根本無法承受自己信仰的失敗，紛紛宣佈退出團體；另外，一些信仰堅定的信徒，正像弗斯丁格預料的，更加死心塌地地信仰由基切夫人傳達的真理，有的甚至辭掉工作，變賣家產，決心一輩子追隨基切夫人，早日到達信仰的彼岸。

　　「認知失調」理論由美國心理學家費斯丁格提出，他認為在一般情況下，個體傾向於使自身的態度與行為保持協調一致，假如二者出現了不一致就產生了認知失調。認知失調會產生一種心理緊張感，個體會試圖努力去解除這種緊張

感，途徑主要有兩個，其一是改變自身的態度，使其與行為趨於一致。如果個體內心深處的態度或者信念不易改變，個體則會傾向於改變外在行為，使其與態度保持一致，以重新恢復內心的平衡。

弗斯丁格的這個實驗，成為最為經典的認知失調案例之一。

所謂認知失調，指的是人傾向於保持態度和行為的一致性，如果二者出現了不一致就產生了認知失調。認知失調會導致心理的緊張感，個體會試圖努力去解除這種緊張感，主要有兩個途徑：如果個體內心深處的態度或者信念不易改變，個體則會傾向於改變外在行為，使行為符合自己的態度；如果自己無法改變自己的行為，那麼就只能改變自身的態度，使其與行為趨於一致。

總之，要保持行為與態度一致，以重新恢復內心的平衡。這個理論是美國心理學家弗斯丁格提出的，他也用巧妙設計的實驗驗證了自己的理論。在他的實驗中，實驗對象被分為兩組，他們都要完成一項又枯燥又無聊的任務，其中一組可以得到每小時20美元的報酬（在60年代的美國，這可是一筆相當可觀的數目），而另一組則能得到每小時1美元的報酬，出人意料的是，實驗結束後，前一組的實驗對象將這項任務評價為「毫無意義」的任務，而後一組實驗對象則認為這項活動「非常有意義」。弗斯丁格認為，這是因為只有改變態度，使態度和自己的行為符合，才能避免出現認知失調。

弗斯丁格（1919年～1989年）
美國社會心理學家。主要研究人的期望、抱負和決策，並用實驗方法研究偏見、社會影響等社會心理學問題。他提出的認知失調理論影響很大。1959年獲得美國心理學會頒發的傑出科學貢獻獎，1972年當選為國家科學院院士。

讓人震驚的兇殺案

當某一需要他人幫助的情景發生，如果只有一個人看到，他會把自己的責任看成是100%；如果還有其他人在場，那麼，他會覺得每個人都應該有一份責任，自己的責任就減輕了，心理學上叫「責任分散效應」。

1964年3月13日晚上，在美國紐約郊外克尤公園附近的某公寓前，發生了一起震驚全美的謀殺案。

一位叫朱諾比白的年輕酒吧女經理，在凌晨3點結束工作回家的路上，被一名不認識的男性殺人狂殺死。這名男子作案時間長達半個小時，而且，她當時也絕望地叫喊、呼救：「有人要殺人啦！救命啊！救命啊！」

她的呼救聲驚擾了附近大部分住戶。這時候，好多屋子全都亮起了燈，有的甚至還打開窗戶，向外窺探到底發生了什麼事情。

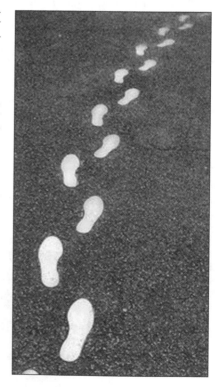

由於有很多人都往這裡看，於是，心虛的兇手被嚇跑了。住戶們看了半天，沒發現歹徒，於是，又關上窗戶、電燈，進入了夢鄉。

當這一切恢復平靜之後，兇手又返回作案。於是，她又開始大喊大叫。接著，附近的住戶又打開了電燈、窗戶，兇手又被嚇跑了。

也就在所有人，甚至連這名女子自己都認為，一切都已經過去了，自己也已經安全了的時候。她回到自己的住宅區裡，在她上樓的時候，兇手竟然又一次出現在她面前。儘管她

再一次的大聲呼救，她的鄰居中至少有40多位到窗前觀看，但沒有一人前來救她，甚至沒有一人打電話報警。於是，她就這樣被殺死在自家門前的樓梯上。

這件事引起紐約社會的轟動，也引起了社會心理學工作者的重視和思考。人們把這種現象稱為責任分散效應。

對於責任分散效應形成的原因，心理學家進行了大量的實驗和調查，結果發現：這種現象不能僅僅說是眾人的冷酷無情，或道德日益淪喪的表現。因為在不同的場合，人們的援助行為確實是不同的。

如果有許多人在場的話，幫助求助者的責任就會由大家來分擔，造成責任分散，每個人分擔的責任很少，旁觀者甚至可能連他自己的那一份責任也意識不到，進而產生一種「我不去救，別人會去救」的心理，造成「集體冷漠」的局面。

凱利（1921年）
美國社會心理學家，在心理學和社會學領域都有很大的影響，主要貢獻集中於群體社會心理學、歸因理論、人際關係等方面。1971年獲得美國心理學會頒發的傑出科學貢獻獎，1978年當選為國家科學院院士。

總統的無奈

名人效應就是巧妙運用名人一向是社會輿論的中心，是製造新聞的「優質原料」，一件極普通的物品，一旦被名人所青睞，便可身價百倍，這就是名人暈輪效應，名人在社會上具有很大的引導力和影響力。

有位出版商手裡積壓一批滯銷書，過了很久都無法出脫。就在他萬分著急的時候，忽然想出了非常妙的主意：「送總統一本書」。

於是，第二天他便把書送過去，然後三番五次去徵求總統的意見。可是整天忙於政務的總統根本沒有時間看他送來的書，所以，不願與他有頻繁的接觸，便隨口回了一句：「這本書不錯。」

出版商聽了之後，非常高興，回去之後便大做廣告，「現有總統喜愛的書出售。」於是這些書立刻被搶購一而空。

過沒多久，這位出版商又有書賣不出去了，於是，他又送了一本書給總統。總統上次上了一次當，想奚落他，就說：「這本書糟透了。」

出版商聽了之後，靈機一動，又立刻跑回去做了一則廣告，「現有總統討厭的書出售。」又有不少人出於好奇而爭相購買，結果，所有的滯銷書又被搶購一空。

第三次，出版商又將書送給總統，總統接受了前兩次教訓，便不做任何答覆。出版商卻又大做廣告，「現有令總統難以評價的書，欲購從速。」居然又被搶購一空。搞得總統哭笑不得，而商人卻賺得荷包滿滿。

美國心理學家曾做過一個有趣的實驗，在給大學心理系學生講課時，向學生介紹說聘請到舉世聞名的化學家。然後這位化學家說，他發現了一種新的化學物質，這種物質具有強烈的氣味，但對人體無害。在這裡只是想測試一下大

家的嗅覺。接著打開瓶蓋，過了一會兒，他要求聞到氣味的同學舉手，不少同學舉了手，其實這個瓶子裡面裝的只不過是蒸餾水，「化學家」是從外校請來的德語教師。

在美國金融中心華爾街，一位商學院的實習生利用人們對石油大王洛克菲勒的仰慕和敬畏心理，略施小技，便使自己在市場上佔有一席之地，且在短期內發了一筆財。他一開業，便在室內的牆面中央掛了一幅洛克菲勒的畫像，儘管他從未見過這位石油大王，但人們卻以此聯想到他與洛克菲勒關係非同一般，甚至有人將他視為經濟界消息靈通人士，主動與之交往並給予他慷慨的幫助，這位青年學生巧妙地利用人們的心理，贏得了不少商界大亨的支持與捧場，使生意越做越興隆。

好萊塢明星彼特和朱麗婭的孩子「布拉吉麗娜」儘管還未降生，但是，她已經成為吸引萬眾關注的名人。據娛樂業界人士預測，「布拉吉麗娜」的第一張照片將成為歷史上最昂貴的名人照片。美國洛杉磯斯普拉什新聞和圖片社老闆凱文·史密斯預測，「布拉吉麗娜」的第一張照片價值將在「100至150萬美元之間」。歷史上從來沒有一張名人照片價值如此之高。

雖然「布拉吉麗娜」與其他孩子不會有什麼不同，但她在全球媒體間引發的照片爭奪戰卻前所未有的狂熱。而這種狂熱的主要來源就是名人效應。

以上的這些案例，全都是受到了名人的暗示，進而產生的信服和盲從現象，被稱為名人效應。

名人效應的產生依賴於名人的權威和知名度，名人之所以成為名人，在他們的領域必然有其過人之處。名人知名度高，為世人所熟悉、喜愛，所以名人更能引起人們的好感、關注、議論和記憶。由於名人是人們心目中的偶像，人們都有羨慕名人、模仿名人的心理，所以效果會非常顯著。

名人的出現所達成的引人注意、強化事物、擴大影響的效應，或人們模仿

名人的心理現象統稱為名人效應。今天，名人效應已經滲透生活的各方面，例子不勝枚舉。比較有代表性的是名人效應在商業和教育中的應用。

人們對有名望的人通常都十分崇敬。在商品銷售中，經營者可利用消費者敬慕名人的心理來銷售商品。具體方法有：1.在書店裡請名作家與讀者見面，並對所購買書籍簽名留念，通常反應都非常好。2.在商場中請有名的藝人獻藝，可以吸引大量顧客，生意自然興旺。3.在商品及包裝上請名人寫字作畫。4.有關引導到商場瞭解、站櫃檯時，可吸引大批群眾進來店裡。5.在廣告中邀請名人解說或表演，廣告效果特別佳。如布娃娃在美國原售價每個20美元，而「椰萊娃娃」原設計者親手簽名的布娃娃每個售價曾高達300美元，這種「椰萊娃娃」在美國曾一度供不應求。

名人效應法的推銷原理是利用人們的慕名心理，在商品銷售過程，如在化妝品、香皂等宣傳廣告中，利用名人效應，選擇大明星、演員、歌手做廣告，效果就很好。

在教育領域中，由於青少年的認知特點及心理發展，他們所希望的名人大多被形式化、表面性的形象所吸引，他們喜歡的名人大多為歌星、影星一類，出現追星現象。這就要求學校老師要為學生選擇好「名人」，以促進學生的健康成長。

奧斯古德（1916年～1991年）
美國心理學家，致力於學習理論及其實驗研究，提出了具有重要影響的學習遷移模型。此外，他創立的語義分化法被廣泛應用於人格、臨床以及職業選擇中。1960年獲得美國心理學會頒發的傑出科學貢獻獎，1963年當選為美國心理學會主席，1972年當選為國家科學院院士。

偷車賊的心理

「破窗效應」，是指一種心理暗示造成的某種效應。人的行為和環境均具有強烈的暗示性和誘導性，若有人打破了窗戶玻璃，又沒及時修復，別人就會受到暗示，去打破更多的玻璃。

美國斯坦福大學心理學家詹巴門曾做過一項有趣的「偷車實驗」：他從別的地方弄來了兩輛無論是款式還是其他的配備，全都一模一樣的汽車，然後，他叫人把其中一輛汽車停在比較貧窮、雜亂的底層人群聚集的街道，而另外一輛則停在高級的社區裡。

然後，他又派人去底層人群聚集的街道，把停在那裡的汽車的車牌摘掉，頂棚打開。然後安排人手在那裡監視，但對任何事情都不加干涉。結果一天之內汽車就被人偷走了。

然而，停在高級社區的那輛汽車，過了一個星期仍安然無恙地停在那裡。但是，當詹巴門教授再次讓人用錘子在這輛汽車的玻璃窗上敲了一個大洞之後，僅僅過了幾個小時，汽車就被小偷偷走了。

後來，在此實驗基礎上，美國政治學家威爾遜和犯罪學家凱林提出了有名的「破窗理論」：就是說，一個房子如果窗戶破了，沒有人去修補，過不久，其他的窗戶也會莫名其妙的被人打破； 一面牆，如果出現一些塗鴉沒有清洗掉，很快的，牆上就佈滿了亂七八糟、不堪入目的東西。一個很乾淨的地方，人會不好意思丟垃圾，一旦地上有垃圾出現之後，人就會毫不猶疑的亂扔，絲毫不會有任何猶豫和羞愧。

其實，心理學家研究的就是這個問題，地上究竟要有多髒， 人們才會覺得反正這麼髒，再髒一點也無所謂，情況究竟要糟到什麼程度，人們才會自暴自棄，讓它爛到底。

如果對這些問題，不加以制止和解決，久而久之，這些情況就會給人造成一種沒有秩序的感覺。而且，一旦在這種公眾對破窗現象習以為常、視若無睹、麻木不仁的氛圍中，犯罪就會迅速滋生、蔓延。

就像紐約在80年代的時候，社會秩序非常的混亂，到處充滿了敲詐、勒索，公車、地鐵內……，所有的車廂內十分髒亂，到處塗滿了髒話，坐在地鐵裡，人人自危。

而其中的原因，也和我們現在講的破窗效應的理論一樣。先改善犯罪的環境，使人們不易犯罪，再慢慢緝凶捕盜，回歸秩序。

政治學家威爾遜和犯罪學家凱琳提出了有名的「破窗理論」。這個理論認為：如果有人打破了一個建築物的窗戶玻璃，而這扇窗戶又沒有及時的維修，別人就可能受到某些暗示性的縱容去打破更多的窗戶玻璃。久而久之，這些破窗戶給人造成一種無序的感覺。結果在這種公眾麻木不仁的氛圍中，犯罪就會滋生、繁榮。

角度不同，道理相似，「破窗理論」不僅僅在社會管理中有所應用，而且現在也被廣泛應用於現代企業管理和教育管理等諸多領域中。環境具有強烈的暗示性和誘導性；必須修好「第一扇被打破的窗戶玻璃」。

如果說「偷車試驗」和「破窗理論」更多的是從犯罪心理學角度去思考問題，那麼，推而廣之，從人與環境的關係這個角度去看，我們生活中所發生的許多事情，不正是環境「暗示」和作用的結果嗎？

比如，在窗明几淨、環境優雅的場所，可曾見過有誰大聲喧嘩，甚至「噗」地飛出一口痰來？相反地，如果環境髒亂不堪，倒是時常可見吐痰、便溺、打鬧、對罵之舉。

又比如，在公車站，如果大家都井然有序地排隊上車，又有多少人會不顧眾人的文明舉動和鄙夷眼光而貿然插隊？相反地，車輛尚未停穩，猴急的人們你推我擠，爭相上車，後來者如果想要排隊上車，恐怕也會沒有耐心了。

鮑威爾（1932年）
美國實驗心理學家，主要研究人類記憶及其提取策略、編碼策略和範疇學習等。1973年當選為國家科學院院士，1979年獲得美國心理學會頒發的傑出科學貢獻獎。

曾參真的殺了人

從眾效應是指個體受到群體的影響而懷疑、改變自己的觀點、判斷和行為等，以確保和他人保持一致。

春秋時期，在孔子的學生曾參的家鄉費邑，有一個與他同名同姓也叫曾參的人。有一天他在外鄉殺了人。頃刻間，一則「曾參殺了人」的消息便席捲了曾子的家鄉。

第一個向曾子的母親說明情況的是曾家的一個鄰居，那個人沒有親眼看見殺人兇手。他是在案發以後，從一個目擊者那裡得知兇手名叫曾參的。

當那個鄰居把「曾參殺了人」的消息告訴曾子的母親時，並沒有引起預期的反應。曾子的母親一向引以為傲的正是這個兒子。

他是儒家聖人孔子的好學生，怎麼會做出傷天害理的事呢？曾母聽了鄰居的話，不驚不憂。她一邊安之若素、有條不紊地織著布，一邊斬釘截鐵地對那個鄰居說：「不可能的，我的兒子是個乖孩子，他是不會殺人的。」

過沒多久，又有一個人跑到曾子的母親面前說：「伯母，曾參真的在外面殺了人。」曾母還是依舊說：「不可能的，我的兒子是個乖孩子，他是不會殺人的」。然後就不去理會他了，還是坐在那裡不慌不忙地穿梭引線，照常織著自己的布。

又過了一會兒，第三個報信的人跑來對曾母說：「現在外面議論紛紛，大家都說曾參的確殺了人，現在已經被官兵抓起來了。」

　　曾母聽到這裡，心裡驟然緊張起來。她開始相信這件事情是真的了，她害怕這種人命關天的事情會株連親眷。

　　她難過地哭了起來：「參兒呀！媽媽相信你是一個好孩子，可是大家都說你殺了人，這些人跟你無冤無仇的，他們為什麼要騙我呢？參兒啊！你真的殺了人嗎？你是不是真的被官兵抓起來了！」

　　這時候，大家全都勸曾母趕快逃跑，免得被官兵一起抓走，曾母擦乾眼淚說：「不行，如果我逃走了，那誰來照顧全家大小呢？」這時候，曾參卻回來家裡了，大家都嚇了一跳：「曾參，你不是殺了人，已經被官兵抓起來了嗎？」

　　曾參說：「那個曾參不是我，是一個和我同名同姓的人！」

　　這時候，曾母才放心地笑起來：「真是的，因為大家都說曾參殺了人，不禁讓我也懷疑自己的乖兒子殺了人。」

　　以曾子良好的品德和慈母對兒子的瞭解、信任而論，「曾參殺了人」的說法在曾子的母親面前是沒有意義的。然而，即使是一些不確實的說法，如果說的人很多，也會動搖一個慈母對自己賢德的兒子的信任。由此可以看出，缺乏事實根據的流言是可怕的。

　　這說明了人們都有一種從眾心理。生活中由於從眾心理而產生的效應，稱為「從眾效應」。

　　當個體受到群體的影響（引導或施加的壓力），會懷疑並改變自己的觀點、判斷和行為，朝著與大多數群體

一致的方向變化。也就是通常人們所說的「追隨潮流」。

　　在生活中，每個人都有不同程度的從眾傾向，總是傾向於跟隨大多數人的想法或態度，以證明自己並不孤立。研究發現，持某種意見的人數的多少是影響從眾的最重要的一個因素，「人多」本身就是說服力的一個明證，很少有人能夠在眾口一詞的情況下還堅持自己的不同意見。

阿希（1907年～1996年）
美國社會的心理學家，她的研究工作主要集中於特質的因素分析、測驗編製以及文化因素和團體差異對測驗分數的影響等方面。1967年獲得美國心理學會頒發的傑出科學貢獻獎。在20世紀50年代做了「從眾」的經典實驗。

驚人的談話效果

佛洛德在經過深刻的理性思考之後，得到了一個結論：人是感性的動物。人是永遠不可能用自己的理性去理解、指揮人類自己全部的情緒、情感以致於命運的。

霍桑實驗是心理學史上最出名的實驗之一。這一系列在美國芝加哥西部電器公司所屬的霍桑工廠進行的心理學研究，是由哈佛大學的心理學教授——梅奧主持。

美國芝加哥郊外的霍桑工廠，是一個製造電話交換機的工廠。這個工廠具有較完善的娛樂設施、醫療制度和養老金制度等，但員工們仍忿忿不平，生產狀況也很不理想。為了探求原因，1924年11月，美國國家研究委員會在該工廠進行了一個「談話試驗」，研究者在工廠中開始了訪談計畫。此計畫的最初想法是要工人就管理當局的規畫和政策、工頭的態度和工作條件等問題做出回答，但這種規定好的訪談計畫在進行過程中卻大出意料之外，得到意想不到的效果。工人想就工作提綱以外的事情進行交談，工人認為重要的事情並不是公司或調查者認為意義重大的那些事。訪談者瞭解到這一點，及時把訪談計畫改為事先不規定內容，每次訪談的平均時間從三十分鐘延長到1～1.5個小時，多聽少說，詳細記錄工人的不滿和意見。訪談計畫持續了兩年多，工人的產量大幅提高。

工人們長期以來對工廠的各項管理制度和方法存在許多不滿，無處發洩，訪談計畫的實行恰好為他們提供了發洩機會。發洩過後心情舒暢，士氣提高，使產量得到提高。

另外，他們還做了一個群體實驗：

梅奧等人在這個試驗中選擇14名男工人在單獨的房間裡從事繞線、焊接和

檢驗工作。對這個班組實行特殊的工人計件工資制度。實驗者原來設想，實行這套獎勵辦法會使工人更加努力工作，以便得到更多的報酬。

但觀察結果發現，產量只保持在中等水準上，每個工人的日產量平均都差不多，而且工人並不如實地報告產量。深入的調查發現，這個班組為了維護他們群體的利益，自發地形成了一些規範。

他們約定，誰也不能做得太多，突出自己；誰也不能做得太少，影響全組的產量，並且約法三章，不准向管理當局告密，如有人違反這些規定，輕則挖苦謾罵，重則拳打腳踢。進一步調查發現，工人們之所以維持中等水準的產量，是擔心產量提高，管理當局會改變現行獎勵制度或裁減人員，使部分工人失業，或者會使做得慢的夥伴受到懲罰。

從亞當‧斯密開始，經濟學把人看作「理性動物」。後來的管理學，無一不是以理性為前提的。從泰羅的科學管理到韋伯的官僚制，把理性精神發揮得淋漓盡致。這些固然都是正確的，而且人的行為在大多數情況下都反映出理性。

但是，如果徹底排除了非理性，人類的自身屬性就不復存在。在心理學研究的歷史上，霍桑實驗第一次把工業中的人際關係問題提到首要地位，並且提醒人們在處理管理問題時要注意人的因素，這對管理心理學的形成具有很大的促進作用。

梅奧根據霍桑實驗，提出了人際關係學說。霍桑實驗更清晰地說明，人的思想和行動主要是由感情而不是由邏輯引導的。梅奧的管理思想是要糾正古典管理學中過度理性化的偏失。完全理性，必然把人機器化，進而破壞人生的價值和意義。梅奧從改變管理行為、培養人際關係型經理人員著手，要求實現管理形態的根本性轉變。

這種轉變的本質，是要以人性化代替理性化。所謂人性，既要包容理性因素，又要包容非理性因素，把人的非理性和理性結合起來。如果說梅奧開創了

新的管理模式的話，那麼，這種管理模式就是人性化管理。

　　在談到組織內的人際關係問題的時候，有一個現象不可不談，就是小團體。不論是在公司、軍隊抑或學生群體中，非正式的小團體都廣泛存在著。這些小群體是在成員共同的感情、態度和傾向基礎上自發形成的群體，這些小團體有自己的特殊行為規範，對人的行為產生調節和控制作用。

　　一般來說小團體都會有1～2個核心人物，他們是小群體的領袖，他們有著很強的號召力，其意見不論是對小團體還是整個正式的組織都有較大的影響。要想控制小團體對正式組織的消極影響，並增強其積極影響，很重要的一點就是做好小團體「領導」的工作。

斯伯里（1913年～1994年）

美國神經心理學家，用測驗的方法研究了裂腦病人的心理特徵，證明大腦兩半球的功能具有顯著差異，提出兩個腦的概念。曾榮獲國家科學獎，1960年當選為國家科學院院士，1971年獲得美國心理學會頒發的傑出科學貢獻獎，1981年獲得諾貝爾生理學獎。

「監獄」裡的人們

現實生活中，人們以不同的社會角色參與社交，它就像「魔棒」一樣，把人緊緊地吸引在特定的行為規範和行為模式中，這種因角色不同而引起的心理或行為變化，就叫做角色效應。

美國斯坦福大學心理學家菲力浦・津巴多，為了研究人及環境因素對個體的影響程度，在1972年設計了一個模擬監獄的實驗，實驗地點就設在斯坦福大學心理系的地下室裡，而其中的參與者，全是心理系的學生們從外面找來的一些男性志願者。

等到一切就緒之後，津巴多教授就把他們隨機分為兩組。其中一組隨機指派為「看守」，而另一組則被指派為「犯人」。接著，津巴多教授又給實驗者發一些監獄常用的制服和哨子，並訓練他們推行一套「監獄」的規則。剩下的另一組扮演「犯人」角色，津巴多會讓他們穿上品質低劣的囚衣，並被關在牢房內充當犯人。

一切都很順利地進行著，所有的參與者，僅花了一天的時間就完全進入實驗狀態。看守們開始變得十分粗魯，充滿敵意，他們還想出多種對付犯人的酷刑和體罰方法。而那些犯人們也跨了下來，不是變得無動於衷，就是開始積極的反抗。

殺人、搶劫、虐待……這些充斥於報紙、電視的類似新聞總是不免引人深思，到底是人性固有的殘暴還是後天的環境造成了這些悲劇？心理學家試圖用科學的方法來揭示這個問題的答案。以上「故事」，就是津巴多教授的一個嘗試。津巴多的研究發現，實驗的結果可以用「角色效應」和「環境壓力」兩個因素進行解釋。

首先，社會生活中的每一個人都在不斷探詢和確認自己的社會角色，並按

照角色的標準來要求自己。在我們的社會中，「警察」、「企業家」、「貴婦」就是一些已經有明確定義的「角色」，無論是誰，處在「角色」的位置上，若不是完全融入這個角色，就會被人指責不像是這個「角色」。惡名昭彰的美國軍人虐俘事件中，那些循規蹈矩的美國人穿上軍裝，跨越半個地球抵達伊拉克，就退化成「窮兇極惡的虐待狂」，和他們對自己角色的認知有關係。

其次，社會環境會影響一個人的行為。天性善良的人們在承擔具有暴力性的工作，且處於混亂的、高壓力的環境中，人格形成會產生扭曲。

不過，角色效應的產生要經歷3個過程：

（1）社會和他人對角色的期待。就目前教育情況而言，普遍存在著對孩子社會角色期望的偏差，比如「好學生」在不少家長心目中就是「功課好」，「功課好」就是分數高。

（2）對自己扮演的社會角色的認知。在現實生活中，家長往往忽視了孩子角色概念的認知偏差，一些孩子常以「我爸爸是經理」、「我爺爺是官員」而自負，把自己與長輩的角色畫上等號，顛倒了角色概念的關係，致使這類孩子養成了狂妄自大、目中無人的畸表心態。

（3）在角色期望和角色認知的基礎上，透過具體的角色規範，實現角色期待，這就叫角色行為。

托爾曼（1836年～1959年）
美國心理學家，新行為主義代表人物之一。他的認知學習理論促進了認知心理學及資訊加工理論的產生和發展，被認為是認知心理學的起源之一。1937年當選為國家科學院院士，同年當選為美國心理學會主席，1957年獲得美國心理學會頒發的傑出科學貢獻獎。

競爭優勢效應

社會心理學家認為，人們與生俱來一種競爭的天性，每個人都希望自己比別人強，每個人都不能容忍自己的對手比自己強，因此，人們在面對利益衝突的時候，往往會選擇競爭，就算拼個兩敗俱傷也在所不惜；就算是在雙方有共同利益的時候，人們也往往會優先選擇競爭，而不是「合作」，這種現象被稱為「競爭優勢效應」。

曾經有一段時間，《紐約時報》在醒目處刊登了一則廣告，大意是說某海濱城市有一幢豪華別墅公開出售，靠海、向陽、有花園草地，只售一美元。後面還留有聯繫電話及別墅詳細地址等等。

廣告連續刊登了一個月，乏人問津。又刊登了一個月，還是乏人問津。有一天，一個年輕人坐在公園裡看報紙，他第五次看到了這則廣告。於是想：這個城市離自己家不遠，一美元的別墅到底是什麼樣子呢？反正閒著也是閒著，就算是去湊熱鬧吧！於是就動身去那座海濱的城市。

他按照地址找到了這幢別墅，簡直不敢相信自己的眼睛——這真是一幢豪華氣派的別墅。他按了一下門鈴，一個老太太開門讓他進去。他懷疑地看著自己眼前的一切，始終不敢問這幢別墅是不是廣告上的那幢。但在好奇心的驅使下，他支支吾吾地向老太太說明了自己來的目的。老太太說：「沒

錯，這幢別墅只售一美元！」

年輕人喜出望外，掏出一美元，準備購下這幢別墅。這時，老太太指了指桌邊一個正在寫著什麼文件的人說：「對不起，先生，他比你早到了一刻鐘，正在簽訂合約呢！」

這下子，年輕人從剛才強烈的好奇一下跌進了深深的懊悔之中，不斷地責怪自己為什麼不早一點來呢？

臨別時年輕人實在控制不住自己的好奇心，希望老太太能告訴自己，為什麼這麼漂亮的別墅只售一美元？

老太太告訴他：這幢別墅是她丈夫留下的遺產。在遺囑中丈夫交代，所有財產歸老太太擁有，但這幢別墅出售後所得歸自己的情人擁有。老太太聽完遺囑，十分傷心，因為她沒想到自己深愛著的丈夫竟然會有情人，一怒之下將這幢豪華別墅以一美元出售，然後按照法律規定將所得交給丈夫的情人。

社會心理學家認為，人們與生俱來一種競爭的天性，每個人都希望自己比別人強，每個人都不能容忍自己的對手比自己強，因此，人們在面對利益衝突的時候，往往會選擇競爭，就算拼個兩敗俱傷也在所不惜；就算是在雙方有共同利益的時候，人們也往往會如這位老太太一樣，優先選擇競爭，而不是選擇對雙方都有利的「合作」，這種現象被心理學家稱為「競爭優勢效應」。

心理學家還認為，溝通的缺乏也是人們選擇競爭的一個重要原因。如果雙方曾經就利益分配問題進行商量，達成共識，合作的可能性就會大大增加。如果在上面的實驗中允許參加實驗的兩個人互相商量，或者兩個人對對方的選擇有充分的把握，結果必然是截然不同。

心理學上有一個經典的實驗：讓參與實驗的學生兩人一組，但是不能商量，各自在紙上寫下自己想得到的金額。

　　如果兩個人的金額之和剛好等於100或者小於100， 那麼，兩個人就可以得到自己寫在紙上的金額；如果兩個人的金額之和大於100，比如說是120，那麼，他們兩個就要各給心理學家60元。

　　結果如何呢？幾乎沒有一組的學生寫下的金額之和小於100，當然他們就得付錢。

米爾格蘭姆（1933年～1984年）
美國心理學家，在社會心理學領域從事了大量研究，由於對從眾行為的研究而著名。米爾格蘭姆由於對心理學的創造性的貢獻而獲得了許多榮譽。

由遊戲引發的戰爭

在一個存在內部聯繫的體系中，一個很小的原始能量就可能導致一連串的連鎖反應。這就是所謂的「多米諾骨牌效應」。

談到「多米諾骨牌效應」，就不得不提到一個經典故事：

在中國古代的楚國，有個邊境城邑叫卑梁，那裡的女子和吳國邊境城邑的女子一起在邊境上採桑葉，她們每次在工作累了之後，就會在那裡玩遊戲。

有一次，她們正在玩遊戲的時候，一位吳國的女子不小心踩傷了卑梁的女子。於是，卑梁人就帶著受傷的女子來到吳國，責備吳國人。其中的一位吳國人由於出言不遜，使得卑梁人非常生氣，一氣之下殺死了那個吳國人，然後逃走了。卑梁人在吳國把吳國人給殺了，這對吳國來說是一件非常過分的事情。於是，被殺的那個吳國人的家屬，又召集了一些人前去卑梁報仇，結果，就殺了那個卑梁人的全家。

卑梁的守邑大夫大怒，說：「吳國人怎麼敢攻打我的城邑？」

於是也發兵反擊吳國人，用屠城的方式，毫不留情地將當地的男女老幼全都殺死了。

而吳王夷昧聽到這件事之後當然非常憤怒，於是就派人領兵入侵楚國的邊境城邑，直到徹底攻佔了卑梁以後才撤兵離去。

接著，兩國就因此而發生了大規模

的戰爭。吳國公子光又率領軍隊在雞父和楚國人交戰，大敗楚軍，俘獲了楚軍的主帥潘子臣、小帷子以及陳國的大夫夏齧之後，又接著攻打郢都，俘虜了楚平王的夫人回國。

從玩遊戲踩傷了腳，一直到兩個國家爆發大規模的戰爭，直到吳軍攻入郢都，中間一系列的演變過程，似乎有一種無形的力量，把事件一步步推入不可收拾的地步。這種現象被稱之為多米諾骨牌效應，而這件事也就成了它的經典案例。

據中國《正字通》記載，宋宣宗二年（西元1120年），民間出現了這種名叫「骨牌」的遊戲。骨牌遊戲在宋高宗時傳入宮中，隨後在全國盛行。由於當時的骨牌多由牙骨製成，所以骨牌又有「牙牌」之稱，民間則稱之為「牌九」。

1849年8月16日，義大利傳教士多米諾把這種骨牌帶回了米蘭，當作最珍貴的禮物送給了他的女兒小多米諾。不過，讓他出乎意料的是，正是這副骨牌，使他的名字——多米諾，成為一種世界性體育運動的代稱。

不久，小多米諾就喜歡上了這副骨牌，因為她發現了骨牌的新玩法，她按照點數的大小以相接的方式把骨牌連接起來。在玩骨牌遊戲的時候，小多米諾發現它可以有效地鍛鍊人的意志和耐力。

小多米諾的男友阿倫德是個性情浮躁的人，小多米諾就讓他把28張牌一張一張地豎起來。如果阿倫德不能在限定時間把28張牌牌完，或者牌完的骨牌倒下了，小多米諾就限制他一週不許參加舞會。經過很長一段時間的磨練，阿倫德的性格變得剛毅堅強，做事也變得穩健沉著。

多米諾為了讓更多的人玩高雅的骨牌遊戲，製作了大量的木製骨牌。不久，木製骨牌就迅速地在義大利及整個歐洲傳播，骨牌遊戲成了歐洲人的一項高雅運動。後來，人們為了感謝多米諾給他們帶來這麼好的一項運動，就把這種骨牌遊戲命名為「多米諾」。

從此以後，「多米諾」成為一種國際性術語。不論是在政治、軍事還是商業領域中，只要產生一倒百倒的連鎖反應，人們就把它們稱為「多米諾效應」或「多米諾現象」。

多米諾骨牌效應顯示：一個最小的力量能夠引起的或許只是察覺不到的漸變，但是它所引發的卻可能是翻天覆地的變化。

「多米諾骨牌效應」的物理原理是：骨牌豎立時，重心較高，倒下時重心下降，倒下過程中，將其重力勢能轉化為動能，每張骨牌倒下的時候，具有的動能都比前一張骨牌大，因此它們的速度一個比一個快，也就是說，它們依次推倒的能量一個比一個大。

在社會心理領域也存在多米諾效應，人們用這一效應來比喻一倒百倒，牽一髮而動全身的現象。或許一個力量很弱小，微不足道，它能夠引起的只是難以察覺的漸變，但是經過一系列的傳遞和擴大，它所引發的卻可能是翻天覆地的變化。

多米諾效應可以存在於個人之內，也可以存在於個體之間。前者最恰當的

例子莫過於馬加爵了，這位天之驕子，當自己遇到一些不順心的事情時，就覺得自己好像進入了一片密林，看不到出口在何方，最後葬送在自己情緒失控中。確實，人在精神極度受挫，情緒極度低落時，身體各部分的破壞能力達到了極點，這時，對於自身而言極其脆弱，如果對此人大叫一聲很有可能

把一個活生生的人給嚇死。

社會是由人組成的，人際間的多米諾效應也不容忽視。如某位名人娶了一位小他十幾歲的女子做妻子，他的行為儘管能夠得到社會的理解和寬容，但是因此引發的爭先效仿就是人們所不願看到的。

如果我們把前面「多米諾骨牌效應」中的那一張張骨牌賦予積極向上的心態，那麼就是另一番景象：你會感到心情十分舒暢，信心極其高漲，許多事情都可以事半功倍。甚至平時想都不敢想的事情，竟然會在瞬間順利完成。這正如騎車行走下坡路一樣，在看準前進目標的前提下，你會越來越快，直抵自己夢寐以求的目的地，實現自己長久以來的夢想。

詹森（1923年）

美國教育心理學家，曾師從H.J.艾森克，受艾森克人格研究中定量的和實驗的方法的影響很大。他主要研究個體學習的差異，尤其是文化、發展和遺傳對智力和學習的影響。

狼人的啓示

社會化從個人來說是將社會的文化規範內化並形成獨特的個性的過程；從社會來說，是將一個生物學意義上的自然人教化、培養為一個有文化的社會人的過程。

1920年的一天，在印度加爾格達西南的一個小城附近，一位牧師拯救了兩個由狼撫養長大的女孩。這兩個女孩，大的大約七、八歲，名為卡瑪娜，活到十七歲；小的不到兩歲，不到一年後就死在孤兒院裡。

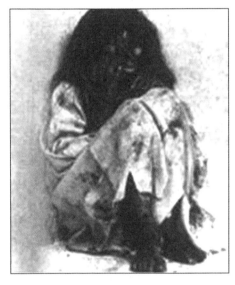

她們的生理結構、軀體生長發育、身體外形與人不同，特點是：四肢長的比一般人長，手長過膝，雙腳的拇指也稍大，兩腕肌肉發達；骨盆細而扁平，背骨發達而柔弱，但腰和膝關節萎縮而毫無柔韌性。但在心理活動方面卻相差甚遠。

她們不會說話，不懂人類的衣、食、住、行，不會計算，見人恐懼、緊張，手腳並用，著地爬行，其他和一般小孩沒有多大差異。

卡瑪娜不喜歡穿衣服，給她穿上衣服她就撕下來；用四肢爬行，喜歡白天縮在黑暗的角落裡睡覺，夜裡三時左右總要像狼一樣引頸嚎叫一陣，四處遊蕩，想逃回叢林。她有許多特徵都和狼一樣，嗅覺特別靈敏，用鼻子四處嗅聞尋找食物。她們怕光、怕火、怕水，喜歡吃生肉，而且吃的時候要把肉扔在地上才吃，不用手拿，也不吃素食。牙齒特別尖利，耳朵還能抖動。

大狼孩雖然已經7、8歲了，但智育發展的程度只相當於6個月大的嬰兒。後

來經過精心教育和訓練，四年才學會6個單字，6年學會了直立行走，七年學會了45個單字，17歲的時候，只相當於3～4歲的幼兒智力。

巴西有一個名叫魯查努的三歲小孩，出生後一直被關在一個竹籠子裡，每天和三隻狗做伴。這個孩子臉色蒼白、不能睜眼、不會站立、不會講話，只會爬，並發出汪汪的狗叫聲，還像狗一樣吐著舌頭。

看了這兩個案例，肯定有人會問怎麼會這個樣子。其實，這一實例有力地說明了社會生活對人的心理發展的決定性意義。

「狼孩」的事實，證明了人類的知識和才能並非天賦的、與生俱來的，而是人類社會實踐的產物。人不是孤立的，而是高度社會化了的，脫離了人類的社會環境，脫離了人類的集體生活就形成不了人所固有的特點。而人腦又是物質世界長期發展的產物，它本身不會自動產生意識，它的原物料來自客觀外界，來自人們的社會實踐。所以，這種社會環境倘若從小喪失了，人類特有的習性、智力和才能就無法發展，正如「狼孩」剛被發現時那樣：有嘴不會說話，有腦不會思維，人和野獸的區別也混淆了。

社會生活對人的發展來說具有重要的作用。儘管人的身體、神經系統和大腦可以遺傳，但是人類的思維和社會性是不會遺傳的，如果脫離了社會，尤其是在關鍵期內脫離了社會，那麼狼孩將永遠為狼孩，無法再走進人類的世界。以上的故事說明了社會生活對人的心理發展具有決定性的意義，社會是人類活動的舞臺。

在社會這個大環境中，自然人就像是一個圓點，孤獨的、個體的人是怎樣真正成為社會一分子的呢？這是透過了社會化的過程，從幼兒的社會化，到中年人和老年人的再社會化，社會化是一個終生的過程。

所謂社會化是指個人透過學習社會知識、技能、行為規範，逐漸適應社會生活，滿足社會需要，與社會和諧發展，取得社會成員資格的過程。任何一個

社會，都有它基本的道德規範、行為模式以及各種「遊戲」規則。自然人必須遵從這個道德規範、行為模式和遊戲規則才能為社會所接納。學習和教育是實現人的社會化相輔相成、二位一體的途徑。

　　人的社會化過程實際是兩個過程的結合：一是個人透過與社會的互動，獲得獨特的個性和人格，學會適應並參與社會生活的過程；二是社會成員、社會結構和社會文化一起行動，共同支援和維護社會生存與運行的過程。一個「生物人」必須內化社會價值標準、學習角色技能、適應社會生活的過程，才能完成由「生物人」（或稱「自然人」）向「社會人」轉變的過程。在這個過程中，家庭、學校、社會都分別分擔著目標一致卻又各具功能的作用。

克隆巴赫（1916年～2001年）
美國心理學家、教育學家。他創建了一套常用的衡量心理或教育測驗可靠性的方法——「克隆巴赫 α 係數」，並在此基礎上建立了一個用於確定測量誤差的統計模型。1957年當選為美國心理學會主席，1973年獲得美國心理學會頒發的傑出科學貢獻獎，1974年當選為國家科學院院士。

公關小姐的秘訣

「異性效應」是一種普遍存在的心理現象，這種效應尤以青少年為甚。其表現是有兩性共同參加的活動較之只有同性參加的活動，參加者通常會感到更愉快，工作得也更起勁、更出色。

隨著公共關係學的走俏，公關小姐便應運而生了。奧地利社會科學家卡爾·格萊默的研究報告稱，女人在結識新的男人時通常都會自動與他們調情。這是一種不自覺的動物行為，女人就像所有雌性動物一樣，用「調情」試探男人以判斷他是否「值得擁有」。

露西小姐雖然只是某公司公關部經理。但是，她的薪資卻是全公司最高的，究其原因，才發現她能拿到這麼高的薪資，還真有一般人所不能達到的過人之處。例如：人面頗廣，每次出師必勝，正因為如此，她為公司立下了赫赫戰功，成為公司最紅的人物。

有一次，公司的原料奇缺，材料部門的人員四處奔走一個多月，卻連連碰壁，沒有任何效果。然而，公司最後不得不派露西小姐外出協助，結果不到三天，所有的問題全都迎刃而解。

由於經營不善，公司有段時間資金周轉困難，急需貸款，可是因為公司的某些情況，根本達不到貸款的要求，因此，老闆急得像熱鍋上的螞蟻。結果，又是露西小姐出面，周旋於銀行之間，竟獲得上百萬美元的貸款。

露西小姐因此備受老闆器重，薪資、獎金一加再加。有人試圖探討露西小

姐成功的秘訣，發現她除了具有清醒的頭腦、敏捷的口才、豐富的知識和閱歷、待人接物靈活之外，她端莊的容貌、典雅的儀表也有很大的關係。

在我們身邊，我們經常可以看到男營業員接待女顧客通常要比接待男顧客熱情些，人們對女性求助者通常要比對男性求助者客氣些。

上述露西小姐成功的原因主要在於：現在的社會還是一個男性占很大優勢的社會，外出辦事多數要和男性打交道，由女性出面較為順利，這便是心理學上所謂的「異性效應」。這種現象是建立在異性相吸的基礎上。人們通常對異性比較感興趣，特別是對外表討人喜歡、言談舉止得體的異性。這點女性也不例外，只不過不如男性對女性那麼明顯。有時為了引起異性注意，男性還特別喜歡在女性面前表現自己，這也是「異性效應」在發揮作用。

「異性效應」尤以青少年為甚。其表現是有兩性共同參加的活動較之只有同性參加的活動，參加者通常會感到更愉快，工作得也更起勁、更出色。這是因為當有異性參加活動時，異性間心理接近的需要得到了滿足，因而會使人獲得不同程度的愉悅感，並激發出內在的積極性和創造力。

波爾比（1907年～1990年）
英國心理學家，傑出的兒童精神病學家。他將心理分析、認知心理學和進化生物學等學科統合在一起，糾正了佛洛德精神分析理論對童年經歷的過分強調和對真正創傷的忽視。1989年獲得美國心理學會頒發的傑出科學貢獻獎。

第三章

人格心理學

人格心理學是心理學的一個重要分支。在它經歷了近一個世紀的成長，又要面臨一個新世紀的挑戰時，我們期盼展望它的未來，而這必然離不開對它的過去和現在做出現實的評估。

人格心理學也稱個性心理學。人格心理學是從整體上探討人的心理活動的一門心理學基礎學科，其主要內容是人格研究的基本問題、精神分析人格理論、人格特質論、行爲主義和社會學習人格理論、人本主義人格理論、認知學派人格理論、人格的發展以及人格評估等幾個方面爲主要研究課題。

本章的目的是幫助讀者樹立科學的人格觀，培養理解人格、分析人格、評估人格的初步能力，並瞭解完善人格的途徑。

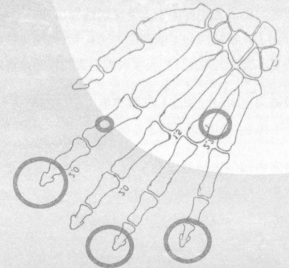

艾森克的性格理論

艾森克反對把人格定義抽象化，他在其《人格的維度》（1947年）一書中指出「人格是生命體實際表現出來的行為模式的總和」。艾森克認為這種行為模式的總和包括認知（智力）、意動（性格）、情感（氣質）和軀體（體質）四個主要方面。後來他又強調人格具有穩定持久性。

艾森克出生在德國，父母都是著名演員，曾想培養他成為藝人，8歲便讓他扮演小配角。後因父母離婚，他由祖母撫養，從此養成一種叛逆心理。

西元1934年因為他不願意參加德國納粹組織，未能進入柏林大學，後來經法國，移居英國，在英國倫敦大學畢業後，曾任精神醫學研究所心理學部主任。1945年，任職倫敦大學教授，同

時兼任賓夕法尼亞、加里弗尼西大學客座教授。

艾森克接受了古希臘、羅馬學者關於四種氣質的描述和馮特按照情緒維度來劃分氣質的思想，提出了人格結構的層次性質理論。在這個理論中，艾森克主要分出了人格結構的兩個維度：（1）人格的內傾與外傾；（2）人格的穩定與不穩定，有時也稱高神經質與低神經質的維度或情緒性維度。

根據人格的兩個維度，艾森克把人分成四種類型，即穩定內傾型、穩定外傾型、不穩定內傾型與不穩定外傾型。

穩定內傾型表現為溫和、鎮定、安寧、善於克制自己，相當於黏液質氣質；穩定外傾型表現為活潑、悠閒、開朗、富於反應，相當於多血質氣質；不

穩定內傾型表現為嚴峻、慈愛、文靜、易焦慮，相當於抑鬱質氣質；不穩定外傾型表現為好衝動、好鬥、易激動等，相當於膽汁質氣質。

有關人格結構的基本表現，上面只提到兩個維度。但實際上一個人的性格要比此複雜得多，後來，艾森克及同事經研究提出過四、五或更多的維度。艾森克人格問卷就是測定人格維度的自陳量表。該量表包括四個量表：E（內外傾量表），N（情緒穩定性量表），P（精神素質表），L（效度量表）。前三者為人格的三個維度，它們是彼此獨立的。

艾森克（1916年～1997年）
德裔英國人，人格心理學家，把因素分析應用到人格分析上。主要從事人格、智力、行為遺傳學和行為理論等方面的研究。他主張從自然科學的角度看待心理學，把人看作一個生物性和社會性的有機體。在人格問題研究中，艾森克用因素分析法提出了神經質、內傾性、外傾性以及精神質三維特徵的理論。

馬斯洛需求層次理論

馬斯洛的需求層次理論，反映了人類行為和心理活動的共同規律。馬斯洛從人的需要出發，探索人的激勵和研究人的行為，抓住了問題的關鍵；馬斯洛指出人的需要是由低級往高級不斷向上發展的，這一趨勢基本上是符合需要發展規律的。

　　亞伯拉罕·馬斯洛出生於紐約市布魯克林區。美國社會心理學家、人格理論家和比較心理學家，人本主義心理學的主要發起者和理論家，心理學第三勢力的領導人。

　　馬斯洛認為，人類價值體系存在兩類不同的需要，一類是沿生物譜系上升方向逐漸變弱的本能或衝動，稱為低級需要和生理需要。一類是隨生物進化而逐漸顯現的潛能或需要，稱為高級需要。

　　人都潛藏著這五種不同層次的需要，但在不同時期表現出來的各種需要的迫切程度是不同的。人最迫切的需要才是激勵人行動的主要原因和動力。人的需要是從外部得來的滿足逐漸向內在得到的滿足轉化。

　　低層次的需要得到滿足以後，它的激勵作用就會降低，其優勢地位將不再保持下去，高層次的需要會取代它成為推動行為的主要原因。有的需要一經滿足，便不能成為激發人們行為的起因，於是被其他需要取而代之。

　　高層次的需要比低層次的需要具有更大的價值。熱情是由高層次的需要激發。人的最高需要即自我實現就是以最有效和最完整的方式表現他自己的潛力，唯有如此才能使人得到高峰體驗。

　　人的五種基本需要在一般人身上往往是無意識的。對於個體來說，無意識的動機比有意識的動機更重要。對於有豐富經驗的人，透過適當的技巧，可以

把無意識的需要轉變為有意識的需要。

馬斯洛還認為：在人自我實現的創造性過程中，產生一種所謂的「高峰體驗」的情感，這個時候是人處於最激動人心的時刻，是人的存在的最高、最完美、最和諧的狀態，這時的人具有一種欣喜若狂、如醉如癡、銷魂的感覺。

試驗證明，當人待在漂亮的房間裡，就顯得比在簡陋的房間裡更富有生氣、更活潑、更健康；一個善良、真誠、美好的人比其他人更能體會到存在於外界中的真、善、美。當人們在外界發現了最高價值時，就可能同時在自己的內心中產生或加強這種價值。總之，較優秀的人和處於較好環境的人更容易產生高峰體驗。

（1）生理上的需要。這是人類維持自身生存的最基本要求，包括饑、渴、衣、住、性等方面的要求。如果這些需要得不到滿足，人類的生存就產生了問題。從這個意義上說，生理需要是推動人們行動最強大的動力。馬斯洛認為，只有這些最基本的需要滿足到維持生存所必須的程度後，其他的需要才能成為新的激勵因素，而到了此時，這些已相對滿足的需要也就不再成為激勵因素了。

（2）安全上的需要。這是人類要求保障自身安全、擺脫事業和喪失財產威脅、避免職業病的侵襲、接觸嚴酷的監督等方面的需要。馬斯洛認為，整個有機體是一個追求安全的機制，人的感受器官、效應器官、智慧和其他能量主要是尋求安全的工具，甚至可以把科學和人生觀都看成是滿足安全需要的一部分。當然，當這種需要一旦相對滿足後，也就不再成為激勵因素了。

（3）感情上的需要。這一層次的需要包括兩個方面。一是友愛的需要。二是歸屬的需要。感情上的需要比生理上的需要來得細緻，它和一個人的生理特性、經歷、教育、宗教信仰都有關係。

（4）尊重的需要。人人都希望自己有穩定的社會地位，要求個人的能力和成就得到社會的承認。馬斯洛認為，尊重需要得到滿足，能使人對自己充滿信心，對社會滿腔熱情，體驗到自己活著的用處和價值。

（5）自我實現的需要。也就是說，人必須從事稱職的工作，這樣才會使他們感到最大的快樂。馬斯洛提出，為滿足自我實現需要所採取的途徑是因人而異的。自我實現的需要是在努力實現自己的潛力，使自己越來越成為自己所期望的人物。

馬斯洛認為，這五種需要是從低到高的遞升，不過次序卻不是固定的。一般來說，某一層次的需要得以滿足了，就會向高一層次發展，追求更高一層次的需要就成為驅使行為的動力。

亞伯拉罕．馬斯洛（1908年～1970年）
出生於紐約市布魯克林區。美國社會心理學家、人格理論家和比較心理學家，人本主義心理學的主要發起者和理論家，心理學第三勢力的領導人。是美國最有影響力的一位心理學家，他的心理學已形成心理學史上的「第三思潮」，正猛烈地衝擊著當代西方心理學的理論體系。

奧爾波特的人格特質論

奧爾波特認為特質是人格的基礎，是心理組織的基本建構單位，是每個人以其生理為基礎而形成的一些穩定的性格特徵。

　　高爾頓·奧爾波特（1897年～1967年）是在他哥哥、著名社會心理學家弗勞德·奧爾波特的影響下考入哈佛大學專研心理學的。他曾在一個有著名心理學家在場的研討會上介紹自己的人格特質論（trait theory of personality），但他發言後，全場一片沉默，他沒有氣餒，於1937年出版《人格：一種心理學的解釋》一書。兩年後，他就當選為美國心理學會主席。

　　奧爾波特的興趣主要在於意識的部分，而非難以確定的深層潛意識。他經常談到與佛洛伊德唯一的一次見面，因為這次見面對他產生了重大的影響。

　　他在二十二歲參訪維也納時，寫了一封信給佛洛伊德，說他現在就在維也納，想與他會面，佛洛伊德大方的接待他，但卻一聲不響的坐著，奧爾波特試圖找話題，他提到來佛洛伊德辦公室的途中，聽到一個小孩告訴他母親說，他想避開一些很髒的東西，他顯露出對髒亂的恐懼，然而他母親穿戴整齊、衣衫平整、氣宇非凡，奧爾波特認為這與小孩畏懼髒論之間並沒有什麼關聯。

　　但是，如他所回憶的：佛洛伊德用他那雙仁慈的、治病救人的眼神看著我說：「那小孩是你本人嗎？」奧爾波特目瞪口呆，只好轉換了話題。他後來回憶道：「這次經驗告訴我，深層心理學研究儘管有種種好處，但它容易鑽牛角尖，而心理學家在深入潛意識的世界以前，能夠把動機等事情說明清楚，也是同樣可以獲得認可。」

　　奧爾波特將人格特質區分為共同特質和個人特質。共同特質是人所共有的一些特質，所有人都具有這些人格特質，人與人之間都可以在這些特質上分別加以比較，如外向性，任何人都具備這一特質，個體之間的差異只在於不同的

人具備此種特質的多寡或強弱不同而已。

個人特質是指個人所特有的，代表著個人獨特的行為傾向。奧爾波特將個人特質視為一種組織結構，每一種特質在這個人的人格結構中處於不同的地位，與其他的特質處於不同的關係之中。

他因而區分了三種不同的個人特質：（1）首要特質是指最能代表一個人的特點的人格特質，它在個人特質結構中處於主導性的地位，影響著這個人的行為的各個方面。（2）中心特質是指能代表一個人的性格的核心成分。（3）次要特質是指一個人的某種具體的偏好或反應傾向，如偏好某種顏色的衣服，閒暇時喜歡收拾房間……等等。

顯然，某種特質是一個人的首要特質，但在另一個人身上卻是中心特質，在第三個人身上可能只是次要特質。人們通常用中心特質來說明人的性格。

奧爾波特認為每個人的特質都是以一種層次結構集中在一起的：頂層是一個人的主要特徵或關鍵特質；其下是一些中心特質，也就是一個人在日常生活中的凝聚焦點。最後在這一切之下的，是一大堆次要特質，每種次要特質都是由少數特殊的刺激引起的。

因此，一個人的行為在特殊事件上可能不大一致，但大體上還是相同的，例如：如果你觀察一個人本來慢慢行走，後來又急急忙忙地拿著一本書回到圖書館，你可能會判斷他是前後不一致的人，因為在一種情境之下他輕鬆自在，但在另一種情境之下他健步如飛。然而，那只是次要的特質行為。奧爾波特始終認為特質乃是人格中最基本和最穩定的單位。

另外，它又分為高低兩級，其中生理上的需要、安全上的需要和感情上的

需要都屬於低一級的需要，這些需要透過外部條件就可以滿足；而尊重的需要和自我實現的需要是高級需要，他們是透過內部因素才能滿足的，而且一個人對尊重和自我實現的需要是無止境的。

同一時期，一個人可能有幾種需要，但每一時期總有一種需要占支配地位，對行為起決定作用。任何一種需要都不會因為更高層次需要的發展而消失。各層次的需要相互依賴和重疊，高層次的需要發展後，低層次的需要仍然存在，只是對行為影響的程度大大減小。

奧爾波特（1897年～1967年）
美國人格心理學家，實驗社會心理學之父，「社會促進」概念的提出者，美國人本主義心理學家的代表人物之一。1939年當選為美國心理學會主席，1964年獲得美國心理學會頒發的傑出科學貢獻獎。
著作主要有：《人格：心理學的解釋》（1937年）、《人格的本質》（1950年）、《人格心理學的基本研究》（1955年）、《人格的模式和成長》（1961年）。

願為人梯的貝爾效應

英國學者貝爾天賦極高，曾經不只一人預言，如果他畢業後進行晶體和生物化學的研究，一定會贏得多次諾貝爾獎。但他卻心甘情願地走了另一條道路，把一個個開拓性的課題提出來，指引別人登上了科學高峰。於是有人把他這種願為人梯的行動稱為貝爾效應。

宋朝的時候太尉王旦打算推薦寇準為宰相，因此，他多次向皇帝誇讚寇準的優點。希望皇帝能夠重用他。然而寇準卻完全和王旦相反，他在皇帝面前不僅不替王旦說好話，反而多次指責王旦的缺點。

有一天，王旦又向皇帝推薦寇準的時候，皇帝很奇怪地對王旦說：「你雖然經常誇讚寇準的優點，可是難道你不知道他卻經常說你的壞話嗎？你為什麼要這樣做？」

王旦說：「其實，我覺得事情應該這樣解釋。我的宰相位子坐了這麼久了，所以，在處理政事的時候，肯定會有很多失誤。而寇準卻能不顧我的官位比他大，對陛下不隱瞞我的缺點，這就越發顯示他的忠誠，而我自己，也就是因為這點，才這麼看重他的。」

有一次，王旦負責的中書省送交寇準負責的樞密院一份文件，違反了規定，結果，寇準馬上將此事向皇帝趙恆彙報，使王旦因此受到皇帝的責備，而且連承辦這項工作的人也受到處分。

　　可是事情過去還不到一個月的時間，樞密院有文件送交中書省；結果也違背了規矩，辦事人員很高興地把這份文件送交王旦。不過，讓人意外的是，王旦不但沒有告發寇準，還把文件退還給樞密院，請他們主動改正。

　　對於這件事，寇準感到十分慚愧，他再次見到王旦的時候，恭維王旦度量大，王旦沈默不語。後來，寇準升任武勝軍節度使和中書門下平章事，寇準感謝皇帝時說道：「如果不是陛下瞭解我的話，我又如何能得到如此重用呢？」然而，皇帝卻對他說：「這跟我沒多大關係，主要是王旦推薦你的啊！」寇準更加敬服王旦。

　　王旦當大臣18年，其中當宰相12年，經過推薦的大臣十幾個，其中未當上宰相的僅李及、凌策二人。在他的身上所反映的這種甘為伯樂的心理，就是心理學上所說的貝爾效應，也可以用心理學上所說的人梯理論來解釋。德國哲學家尼采在《查拉斯圖拉如是說》中提出的著名的人梯學說，認為：

　　一、人類艱辛工作的終極目的，是使最接近人類超越理想的完美個體誕生，因此，那些自願被超越並且支撐超越者的個體是階梯，而人類正是一個一個階梯地向上進化的。尼采的人梯說對這個基本生存論——本體論事實有著深刻的領悟，與我們所提倡的貝爾效應是一致。

　　二，身為階梯的個體的價值，也是應當被肯定的。雖然他們距離終極理想遠一些，但是他們身為人類個體，特別是作為階

梯使人類超越自己，其意義更應肯定；從終極的角度講，任何人類個體都註定要被超越，註定要成為超越者上升的階梯，因此，如果不正面肯定人梯的價值，任何個體都只有被否定的意義。

　　總而言之，這一效應要求領導者具有伯樂精神、人梯精神、綠地精神，在人才培養中，要以國家和民族的大業為重，以企業和集體為先，慧眼識才，放手用才，勇於提拔、任用能力比自己強的人，積極為有才幹的下屬創造脫穎而出的機會。

麥克蘭德（1917年～1998年）
美國心理學家，主要研究興趣是人格、職業勝任能力、企業家精神等方面。他對「成就動機」的研究十分著名。1987年獲得美國心理學會頒發的傑出科學貢獻獎。

著名作家為什麼偷錢

所謂超限效應，就是指刺激過多、過強或者作用的時間過長，而引起別人厭倦、反感和不耐煩心理現象。

美國人有個習慣，星期天去教堂聽牧師講道，鬆弛一下平日繃得太緊的神經，淨化自己的心靈，從煩惱中解脫出來，好讓新的一週有一個新的開始。

因此，每到星期天，鎮上的教堂鐘聲響起，人們便會陸陸續續地朝著教堂走去。牧師是這裡的主角，他負責講解那些諸如：為什麼事情募捐、不要大聲吵鬧、不要愛發牢騷、不要背後說別人壞話、不要歧視弱者、不要逃稅、要愛清潔、愛思考、愛謙讓、愛護公物等等主題。雖然牧師講述的都是上帝的旨意，但卻都是每個人能聽得懂的淺顯道理。當然，並不是所有的人都會去教堂聽牧師佈道，但是幾乎每家都有信教的人。一人影響多人，一代傳授一代。

當然，在眾多的牧師中，也會因為演講的水準而分為上、中、下三等。這主要在於牧師的演講技巧如何。就像美國著名的幽默作家馬克‧吐溫，有一次在教堂聽牧師演講，剛開始的時候，他看著牧師站在那裡手扶講臺滔滔不絕，不僅演講的內容十分豐富，而且牧師的肢體語言也表達得淋漓盡致。

於是，馬克‧吐溫覺得在募捐的時候，自己一定要比別人多捐兩倍，來表示自己對這位牧師的尊重和支持。

然而，牧師在那裡已經講了40多分鐘，卻依舊沒有要結束的跡象。這讓馬克‧吐溫有些不快。又過了近30分鐘，牧師的演講依舊沒有結束。馬克‧吐溫有些生氣了，覺得他這樣做只是在耽誤大家寶貴的時間。於是，他決定在募捐

的時候，只捐一些零錢。

又過了10分鐘，牧師還沒講完，於是馬克‧吐溫生氣地決定，自己1分錢也不會捐，真是太過分了。結果，又過了很長一段時間，牧師終於結束了冗長的演講，開始募捐了。當牧師端著募捐箱來到馬克‧吐溫面前的時候，由於氣憤，馬克‧吐溫不僅1分錢未捐，而且，他還從箱子裡偷了2美元。

這種刺激過多、過強和作用時間過久而引起心理極不耐煩或反抗的心理現象，稱之為「超限效應」。重複、冗長地講解一件事情，會使人從最初的接受到不耐煩最後產生反感、討厭的反抗心理和行為。這種刺激過多、過強和作用時間過久而引起心理極不耐煩或反抗的心理現象，稱為「超限效應」。作家偷東西是由於他的心理產生了「超限」效應的例子。生活中不乏超限效應的例子。上司一日多次的教訓，妻子沒完沒了的嘮叨都會使對方產生反感和叛逆的心理。

超限效應在家庭教育中時常發生。如：當孩子不用心而沒考好時，父母就會不厭其煩地重複對一件事做同樣的批評，甚至把不相關的事情也牽扯出來嘮叨，使孩子從內疚不安到不耐煩最後產生反感、討厭。被「逼急」了，就會出現「我偏要這樣」的反抗心理和行為。可見，家長對孩子的批評不能超過限度，應對孩子「犯一次錯，只批評一次」。如果非要再次批評，那也不應簡單地重複，要換個角度，換種說法。這樣，孩子才不會覺得同樣的錯誤被「抓住不放」，厭煩心理、叛逆心理也會隨之減低。同樣，頻繁、廉價的表揚也是會適得其反的。

蜜雪兒（1930年）
美國人格心理學家。他在人格的結構、過程和發展，自我控制以及人格差異等領域的研究十分著名。1982年獲得美國心理學會頒發的傑出科學貢獻獎。

羅密歐與茱麗葉效應

越是難以得到的東西，在人們心目中的地位越高，價值越大，對人們越有吸引力，輕易得到的東西或者已經得到的東西，其價值往往會被人所忽視。

家喻戶曉的莎士比亞名劇《羅密歐與茱麗葉》描寫了羅密歐與茱麗葉的愛情悲劇：羅密歐與茱麗葉深深相愛，但由於兩家是世仇，感情得不到家裡其他成員的認可，雙方的家長百般阻撓。然而，他們的感情並沒有因為家長的干涉而有絲毫的減弱，反而更加相愛，最終雙雙殉情而死。

後來有人提出，正是由於相愛的阻力太大，反而更加激發了他們在一起的決心。如果他們的婚姻得到了雙方家庭的祝福而一帆風順的話，誰又能保證他們一定能彼此恩愛，白頭偕老呢？

李楊和佳佳是國中三年級的學生。同窗三年，加上兩人性格比較談得來，後來他們決定在一起，開始了「戀愛」關係。國三是升學的關鍵時刻，這個時候談戀愛，老師和家長都急壞了。大家都苦口婆心地和這兩個孩子溝通、寫信，竭盡全力干涉他們的交往。然而，這種干涉反而為兩個孩子增加了共同語言——他們有了共同的「敵人」和「目標」。於是他們更加接近，儼然一對棒打不散的鴛鴦。

後來，校長改變了策略，他將孩子和老師都叫到校長辦公室，他沒有批評孩子們，反而說是老師誤會了他們，把純潔的感情玷污了，讓老師不要過於約束他們的交往。之後，這兩個孩子還是照樣來往，但是過沒多久，他們就因為缺乏共同點而漸漸疏遠，最終由於發現對方與自己理想中的王子和公主相差太遠而分道揚鑣。

在現實生活中，也常常見到這種現象，父母的干涉非但不能減弱戀人們之間的愛情，反而使感情得以加溫。父母干涉越多，反對越強烈，戀人們就越相

愛，這種現象被心理學家稱為「羅密歐與茱麗葉效應」。

　　為什麼會出現這種現象呢？這是因為人們都有一種自主的需要，都希望自己能夠獨立自主，而不願意自己是被人控制的傀儡，一旦別人越廚代庖，代替自己做出選擇，並將這種選擇強加於自己時，就會感到自己的主權受到了威脅，進而產生一種心理抗拒，排斥自己被迫選擇的事物，同時更加喜歡自己被迫失去的事物，正是這種心理機制導致了羅密歐與茱麗葉的愛情故事一代代地不斷上演。

　　心理學家的研究還發現，越是難以得到的東西，在人們心目中的地位越高，價值越大，對人們越有吸引力，輕易得到的東西或者已經得到的東西，其價值往往會被人所忽視。

科勒（1887年～1967年）

美籍德國心理學家，格式塔心理學的代表人物之一。他主要研究知覺規律，提出知覺的格式塔原則；還進行了猿猴行為的研究，提出動物學習的頓悟理論。1947年當選為國家科學院院士，1956年獲得美國心理學會頒發的傑出科學貢獻獎，1959年當選為美國心理學會主席。

你是否越過了門檻

當個體先接受了一個小的要求後，為保持形象的一致，他可能接受一項重大、更不合意的要求，這叫做登門檻效應，又稱得寸進尺效應。

1984年，在東京國際馬拉松邀請賽中，一位名不見經傳的日本選手山田本一出人意外地奪得了世界冠軍。當記者問他憑什麼取得如此驚人的成績時，他說了一句話：憑智慧戰勝對手。

當時許多人都認為這個偶然跑到前面的矮小子選手是在故弄玄虛。馬拉松賽是體力和耐力的運動，只要身體素質好又有耐性就有望奪冠，爆發力和速度還在其次，說用智慧取勝確實有點勉強。

兩年後，也就是1986年，義大利國際馬拉松邀請賽在義大利北部城市米蘭舉行，山田本一代表日本參加比賽。這一次，他又獲得了世界冠軍。記者又請他談談經驗。山田本一性情木訥，不善言談，回答的仍是上次那句話：憑智慧戰勝對手。

十年後，他在自傳中解開了這個謎：每次比賽之前，我都會乘車把比賽的路線仔細劃分成幾個目標，第一個目標是銀行；第二個目標是一棵大樹；第三個目標是一座紅房子……這樣一直畫到賽程的終點。比賽開始後，我就以百米的速度奮力向第一個目標衝去，等到達第一個目標後，我又以同樣的速度向第二個目標衝去。40多公里的賽程，就被我分解成幾個小目標輕鬆地跑完了。剛開始的時候，我並不懂這個道理，我把我的目標定在40多公里以外終點線上的那面旗幟上，結果我跑到十幾公里時就疲憊不堪了，我被前面那段遙遠的路程給嚇倒了。

在這裡，山田本一運用的策略可以稱為「目標分解法」。生活中也有這樣的現象，在你請求別人幫助時，如果一開始就提出較大的要求，很容易遭到拒

絕，如果你先提出較小的要求，別人同意後再增加要求的分量，則更容易達到目標，這主要是由於人們在不斷滿足小要求的過程中已經逐漸適應，意識不到逐漸提高的要求已經大大偏離了自己的初衷。這種現象被心理學家稱為「登門檻效應」。

有位心理學家舉例：多倫多居民願意為癌症學會捐款的比例為46%；而如果分兩步驟提出要求，前一天先請人們佩戴一個宣傳紀念章，第二天再請他們捐款，則願意捐款的人數的百分比幾乎增加一倍。

這是因為，人們都希望在別人面前保持一個比較一致的形象，不希望別人把自己看作「喜怒無常」的人，因而，在接受別人的要求，對別人提供幫助之後，再拒絕別人就變得更加困難了。如果這種要求給自己造成損失並不大的話，人們往往會有一種「反正都已經幫了，再幫一次又何妨」的心理，於是，登門檻效應就發生作用了。

韋克斯勒（1896年～1981年）
美國心理學家，韋氏智力測驗的編製者。經過早年的研究與測試，他認為斯坦福‧比奈測驗只適用於兒童，對成人則無法使用。於是他從1934年開始制定成人量表，並創造性地把比奈依據心理年齡計算智商的方法改換成運用統計方法計算的離差智商。

偷內衣的小男孩

戀物癖是指對性愛物件的一種象徵意義上的迷戀。患者通常透過撫弄、嗅、咬某物來獲取性快感。所戀物件可以是與性有關的，如頭髮、內衣等。也可能是與性較無關聯的物品。

一個男孩來到卡爾醫生的心理診所請求幫助。這個看到父母凌厲的目光就害怕、膽小、畏縮，除了跟家人接觸，很少跟同年齡朋友一起玩的男孩。

在卡爾醫生耐心的鼓勵下，他說出了藏在內心的秘密。

小男孩名叫斯克特，是高中的學生，國三的暑假，斯克特去舅舅家玩，表姐正在浴室裡洗澡，斯克特便隔著浴室門高聲跟她打招呼。當時，表姐換下的內衣、褲襪等物品都散亂地放在浴室外的一張椅子上。斯克特一看到這些女性物品，心裡就有一種說不出的異樣感覺，眼睛忍不住地一直盯著它看……

表姐洗完澡出來，斯克特立即假裝沒有注意到這些東西，徑直走回客廳看電視。表姐大他6歲，一向把他當成不懂事的小弟弟，他們之間也不拘小節，表姐跟過來，坐在斯克特的旁邊。

表姐本來就長得很漂亮，剛洗過澡的樣子就更加動人，濕答答的頭髮上散發出幽香的洗髮精味道，薄薄的睡衣下還隱隱約約地看到內衣的輪廓……斯克特忽然從心底湧出一股衝動，感覺既緊張又新奇。在浴室門口，斯克特看到表姐換下來的粉色內衣，就偷偷地藏在自己的衣服口袋裡。

回到家後，斯克特將表姐的內衣鎖在自己的抽屜裡，一有空就拿出來把玩，每次斯克特都能感到特別興奮和滿足。

從此，斯克特就不由自主地尋找女性內衣、內褲。每次看到就極度緊張，心跳加快，大腦中想法極為模糊，只想取走這些內褲、胸罩等。拿到後心滿意

足，如果拿不到就非常焦慮、緊張不安。有時他到商場去購買這類物品，有時則直接鑽進女更衣室、女浴室去竊取。他自知行為醜陋，也曾下決心痛改前非，寫過許多自我警告的誓言，但每當欲念發作時，又身不由己，不能自制。而事後又陷入悔恨、自責的深深痛苦之中。

其中有幾次被人發現，大人們紛紛把斯克特當成一個不正常的孩子挖苦和責罵，斯克特被逼著向父母保證堅決改正，絕不再犯。

一天傍晚，斯克特有事去女生宿舍找同學。不料，在樓下撿到一件從窗口掉下來的胸罩，斯克特又立刻想入非非，不能自持。有了這次意外收穫後，女生宿舍樓下就成了斯克特夜晚經常光顧的地方。

終於，他的怪異舉動被人察覺了。一天，斯克特在女生宿舍樓下，正偷偷摸摸地將一條女性內褲藏入懷中時，被宿舍管理員抓了個正著。接著，斯克特就像一隻過街老鼠，被一大群人圍住，羞辱聲此起彼伏……斯克特羞愧得蹲在地上，不敢抬頭，心裡覺得自己十幾年來的尊嚴、人格全都在這一刻喪失得一乾二淨了。

後來學校老師又告訴了斯克特的父母，父母從斯克特房間裡發現了斯克特幾年來收集的女性衣物，使得斯克特無地自容，不敢去學校，不敢見熟人，連父母都不敢見了……

斯克特的這種行為，在心理學上稱之為「戀物癖」。戀物癖通常起自青少年時期，幾乎完全是男性。導致戀物癖的主要心理因素是性格孤僻，缺乏自信和溝通等。有「戀物」傾向的人有和異性交往、親近的強烈願望。但自身性格的不健全又使他們害怕、擔心受到異性的拒絕、嘲笑，他們往往沒有勇氣和異性進行正常的交往，這使得他們的性欲求受到了不同程度的壓抑。

為了要滿足自己和異性交往、親近的強烈願望，失去了自信心的他們就只能「退而求其次」，以偷竊、「佔有」異性的貼身物品來「滿足」和異性親近的

願望。

　　戀物癖患者可以透過醫學和心理學的方法進行治療。醫學的方法即激素療法，是透過注射製劑以降低性欲，這種方式需要經醫師診斷後方可進行。心理學的方法包括認知領悟療法、暗示療法、厭惡療法、脫敏療法等。其中厭惡療法即讓戀物癖者自己設想偷竊被發現時羞愧難忍、無地自容的場面，進而產生對偷竊強烈的畏懼，以達到限制不良行為的發生。

　　對於戀物癖的防治要從幼稚園教育開始，在不同年齡階段要根據兒童與少年的心理特徵進行必要的性教育，引導他們正確認識兩性生理和心理的差異，消除對異性的過分神秘感，鼓勵他們努力學習，積極參與集體活動，培養良好的個性品德，尤其是自制力、果斷力和品德修養。這些措施都有助於預防戀物癖的發生。

斯蒂文斯（1906年～1973年）
美國心理物理學家，以研究聲音強度的感覺性而聞名。他提出了新的感覺等級評定方法，這種方法可以用來比較不同感官的感覺強度；還提出了心理物理的冪函數定律，彌補了傳統心理物理學的不足。1946年當選為國家科學院院士，1960年獲得美國心理學會頒發的傑出科學貢獻獎。

喜歡裝扮成女人的牛仔

表演型人格障礙是一種過分情感化和用誇張的言行吸引注意為主要特點的人格障礙。這類人感情多變、容易受別人的暗示影響，常希望別人表揚和敬佩自己，喜歡出風頭，積極參加各種人多的活動，常以外貌和言行的戲劇化來引人注意。他們常感情用事，用自己的好惡來判斷事物，喜歡幻想，言行與事實往往相差甚遠。

戴弗斯出生在美國的一個小鎮上，今年26歲，在這個牛仔之鄉，他卻因為喜愛表現自己以及感情用事而被診斷為心理障礙，被送進醫院，現在算起來，已將近10年了，但是卻沒有任何的好轉。

在10年前，戴弗斯不知道為什麼，逐漸表現愛模仿戲劇演員的動作，總是喜歡身穿戲裝或他姐姐的紅毛衣，頭插鮮花，塗口紅，說話娘娘腔，好打扮自己，行為舉止女性化。

他對女裝還特別感興趣，經常在家裡試穿妻子的衣服，而且還特別喜歡逛女裝店。

同時他也比較容易發脾氣，自己的願望如不能得到滿足，就會特別煩躁，甚至出手打人。變得非常自私，把家裡電視機和洗衣機全都搬到自己的房間裡，不許別人使用，並常緊鎖門窗，防止他人進入。

另外，他還特別愛聽讚美的話，在與別人談話的時候，總想讓別人談及自己的能力如何如何強，親戚如何有地位，自己外貌如何出眾等，如果別人談及別的話題，戴弗斯就會千方百計地將話題轉向自己，而對別人的講話內容則心

不在焉。

因此戴弗斯常與家庭地位、經濟情況、個人外貌等不如他的人交往，而對比他強的人常常無端詆毀。

另外，戴弗斯常常感情用事，以自己高興與否判斷事物的對錯和人的好壞，對別人善意的批評，即使很婉轉，也不能虛心接受，不但不領情，還仇視別人，迫使別人不得不遠離他。

因此許多人說他不知好歹。與別人爭論問題時，總要占上風，即使自己理虧，也要編造謊言，設法說服別人。戴弗斯常到火車站站口或公共汽車上說明驗票、售票程序。有時對人過分熱情，但若別人有違於他，就與別人吵架，進而導致關係破裂，幾乎無親密朋友。近幾年來，與人發生糾紛次數有增無減，給家庭帶來許多麻煩。

表演型人格障礙，又稱意症型人格障礙，或尋求注意型人格障礙，或心理幼稚型人格障礙。從這些同義術語的字面含義中即可看出，此型人格障礙以人格的過分感情化，以誇張言行吸引注意力及人格不成熟為主要特徵。關於意症型人格與意症的關係，過去認為二者是一脈相承的。

但臨床觀察發現，意症病人的病前人格為表演型的僅為20％，一些明顯的表演型人格病人可終生不發生意症，此情況顯示表演型人格雖與意症有關，但並非必然關聯。因此，現在普遍傾向於使用「表演型」而迴避「意症

型」，以達到將「意症人格」與「意症」分開之目的。

　　對表演型人格障礙者進行治療是很有必要的。對他們的治療主要以心理治療為主，如認知心理治療，透過心理治療的方法使他們偏離的人格得以糾正。

布羅德本特（1926年～1993年）
美國認知心理學家、實驗心理學家。主張用資訊加工理論研究注意、感覺和記憶等認知過程，提出了著名的「篩檢程式模型」，為認知心理學的興起做出了很大貢獻。1970年當選為國家科學院院士，1975年獲得美國心理學會頒發的傑出科學貢獻獎。

表演型人格格障的主要特徵為：
1、表情誇張，像演戲一樣，裝腔作勢，情感體驗膚淺。
2、暗示性高，很容易受他人的影響。
3、以自我為中心，強求別人符合他的需要或意志，不如意就給別人難堪或表示強烈不滿。
4、經常渴望讚美和同情，感情易受傷害。
5、尋求刺激，積極參與各種社交活動。
6、需要別人經常注意，為了引起注意，不惜譁眾取寵，危言聳聽，或者在外貌和行為方面表現得過分吸引異性。
7、情感反應強烈、易變，完全按照個人的情感判斷好壞。
8、說話誇大其詞，摻雜幻想情節，具體的真實細節，難以印證。

15歲女孩竟然當了10年小偷

偷竊癖與小偷不同，其主要特徵是反覆出現不可克制的偷竊衝動，事前無計畫，有逐漸加重的緊張興奮感。行竊的錢財不是因個人實際需要，也不考慮偷竊物的經濟價值，他們常將偷竊的物品丟棄、偷偷歸還或收藏起來。他們都是獨自進行偷竊，在體會到偷竊過程的刺激後緊張得到了緩解，精神上得到了滿足。

從5歲那年第一次偷走了爸爸的500美元開始，已經整整10年了，然而，莫尼卡的嗜偷成癮卻沒有任何改變。心力交瘁的父母想盡了所有的辦法，倔強而無奈的孩子卻依舊控制不了自己。

在父母的嘆氣中，講述了莫尼卡的經歷。莫尼卡5歲的時候，爸爸突然發現放在衣櫃裡的500美元不見了，直到很長一段時間之後，他們才發現盜竊者竟然是自己5歲的女兒，不過在當時，莫尼卡的父母並未過分指責孩子。

父母覺得，等她長大了，這個毛病自然就消失了。然而，他們怎麼也沒有料到，在莫尼卡上小學二年級時，她竟然把老師的教科書給偷了過來，在自己的書桌裡放了三天，最後覺得沒意思，又把書偷偷放回去了。

有一次，學校舉辦花卉展覽，莫尼卡偷偷將一盆鮮花挪到一個很不顯眼的角落裡，然後，她又裝著非常氣憤地向校長舉報：「有同學偷花！」……

直到她上小學六年級的時候，父母才恍然大悟：這個在家人面前不善言辭的乖女兒居然染上了如此惡習！面對父母一次次的勸導，莫尼卡每次都發誓要痛改前非，然而，「下不為例」的話卻在父母的斥責和淚水中，一次又一次地重複上演。

上國中後，莫尼卡持續偷竊家裡的錢。這些年來，她已學會了熟練地鬆開

抽屜的螺絲，粗暴地砸壞堅固的鐵鎖。其中，最嚴重的一次，就是她將家裡放在衣櫃裡的1000美元偷偷拿走，然後用扳手打碎試衣鏡，逼真地營造出「有賊入室」的假象。

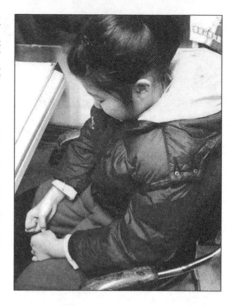

這讓家人信以為真。而當父母查明真相之後，他們徹底絕望了。而且，父母也很不理解莫尼卡非常離譜的「銷贓方式」——她從來都不買東西給同學，而是直接將錢送給同伴。每次「追贓」，父母都要一次次地厚著臉皮來到同學家，重複說著同樣的話：「我女兒給你的錢還在不在……」

最後，父母不得不請來心理醫生，面對醫生，她表情漠然地說：「我也不想偷，但我控制不了自己。不知道怎麼一回事，我看到東西就想拿。我也覺得這樣不好，我也想改，但我沒有辦法……」她甚至告訴醫生：「我想過乾脆進監獄，這樣就偷不成了，要不然我自己都管不了自己……」

事實上，莫尼卡罹患了一種叫做「偷竊癖」的心理疾病。偷竊癖與小偷不同，其主要特徵是反覆出現不可克制的偷竊衝動，事前無計畫，有逐漸加重的緊張興奮感。行竊的錢物不是因個人實際需要，也不考慮偷竊物的經濟價值，他們常將偷竊的物品丟棄、偷偷歸還或收藏起來。

他們都是獨自進行偷竊，在體會到偷竊過程的刺激後緊張得到了緩解，精神上得到了滿足。這種行為障礙女性多於男性，有些偷竊癖從兒童五、六歲就開始，最初往往被家人忽視，等上學後聽到老師反映，才感到問題的嚴重性。

像所有的心理疾病一樣，偷竊癖既是身病，又是心病，治療的時候也要將身心兩方面結合起來。首先，有關研究認為，某些偷竊癖患者，尤其是從童年

就開始的偷竊癖患者存在大腦發育不良和腦內單胺代謝異常；其次，患者偷竊的行為源自於內心的焦慮和強迫，大多數偷竊癖病人的道德觀念是很強的，他們知道偷竊不對，會受到懲罰，但是又控制不了自己。

對他們來說，做了壞事沒有受到懲罰跟做了好事沒有受到表揚一樣，心裡是很不舒服的。只有受到了應有的懲罰，心裡才會踏實。

偷竊行為的升級就是為了暴露自己，最後受到懲罰。偷竊是他們表達心聲的一種方法。如果別人沒有「聽見」，說明表達無效，必須繼續努力，直到別人「聽見」為止。只有東窗事發，他們的心聲才會被「聽見」。

所以，偷竊癖病人總是不遺餘力地暴露自己，不達目的，誓不罷休。問題是，周圍的人能不能「聽懂」他們的心聲？

謝巴德（1929年）
美國心理學家，由於對人腦加工過程的特性的研究而榮獲國家科學獎。他的研究從根本上改變了人們對精神的認知，而且對心理學、哲學、電腦科學、語言學和神經科學等領域都有著深遠的影響。1976年獲得美國心理學會頒發的傑出科學貢獻獎，1977年當選為國家科學院院士。

查帳的會計師

所謂的「記憶的自我參照效應」，就是指我們在接觸到與自己有關的資訊或者事情時，最不可能忽視或者出現遺忘。

美國的一家科技公司有段時間不知道為什麼，營業費用的支出非常大，公司經理為了降低費用支出，開了好多次會議，並制定了相對的制度，結果收效甚微。

最後，他想出一個辦法。他雇用一位面孔冷酷、資歷很深、有多年會計師工作經驗的人。然後，經理把這位會計師的辦公室安排在一個有著落地玻璃窗的辦公室裡，這樣一來，他就可以看到辦公室裡的所有員工。

另外，公司經理還告訴所有的員工說：「他是公司請來檢查所有的費用帳簿的。」

就這樣，每天早晨公司職員都會把一疊費用帳簿擺在他的辦公桌上。到了晚上，他們又把這些帳簿拿走交給會計部門。其實，這位被請來的會計師根本未曾翻閱那些帳簿，但是所有的員工卻不知道是怎麼一回事。

就這樣，奇蹟出現了，在會計師來公司「檢查」帳簿的一個月時間內，公司所有費用支出降低至原來的80％。但是實際上，這家公司請來的會計師每天並沒有檢查帳簿，但奇蹟為什麼會出現呢？

這主要是公司的人員出現了「自我參照效應」。公司請會計師這一客觀事實，引起公司人員的神經衝動，開始產生心理活動，感知到「檢查」，對「檢查」做出整體反映，就是要進行自律，不能胡亂開支。

安德魯‧傑克遜是美國歷史上最出色的政治家之一，他曾經於1837年出任美國總統。

然而，在他妻子死了之後，傑克遜對自己的健康狀況變得非常地擔憂，家中已經有好幾個人死於癱瘓性中風，傑克遜也因此認定他必定會死於同樣的症狀，所以他一直在這種陰影下極度恐慌地生活著。

有一天，他正在朋友家與一位年輕的女性下棋。突然傑克遜的手垂了下來，整個人看起來非常地虛弱，臉色發白，呼吸急促。他的症狀把旁邊的人嚇了一跳，他的朋友立刻跑到他身邊。

「你怎麼了？感覺什麼地方不舒服嗎？我們趕快去醫院！」說完，朋友就準備把他送往醫院。

「唉！不用了，其實這種情況我早就預料到了，只是不肯相信罷了，看來，它最後還是來了，」傑克遜乏力地說，「我中風了，我的整個右側癱瘓了。」

「啊？你是怎麼知道的呢？」朋友吃驚地問道。

「因為，」傑克遜答道，「剛才我在右腿上捏了幾次，但是一點感覺也沒有。這不就證明我右側的知覺沒有了嘛！」

正在這時候，和傑克遜一起下棋的那位女性卻疑惑地說道：「可是，先

生，你剛才捏的是我的腿啊！」

我們每個人都會受到「記憶的自我參照效應」的影響。

所謂的「記憶的自我參照效應」，就是指我們在接觸到與自己有關的資訊或者事情時，最不可能忽視或者出現遺忘。這種效應的不利影響是，每當別人介紹一種病症的時候，總免不了會先想到自己是否出現過類似的徵兆，如果恰巧有兩三點看似符合，就開始驚慌，懷疑自己是否已經病入膏肓，其實自己一點事也沒有。

波斯納（1936年）

美國心理學家，主要研究與選擇性注意有關的神經系統結構和機能的發展，以及人在獲取新技能的過程中大腦所發生的變化。1980年獲得美國心理學會頒發的傑出科學貢獻獎，1981年當選為國家科學院院士。

頑童當州長

皮格馬利翁是古希臘神話裡的賽普勒斯國王,他愛上了自己雕塑的一尊少女像,並且真誠地期望自己的愛能被接受。真摯的愛情和真切的期望感動了愛神阿芙羅狄忒,就賦予了雕像生命,皮格馬利翁的幻想也變成了事實。我們把由期望而產生實際效果的現象叫做皮格馬利翁效應。

「皮格馬利翁效應」是一種因高期望值而產生的積極性回饋的因果關係。而《頑童當州長》的故事,則是「皮格馬利翁效應」的一個典型例子。

羅傑·羅爾斯出生在紐約的一個叫做大沙頭的貧民窟,在這裡出生的孩子長大後,很少有人獲得比較體面的職業。羅爾斯小時候,正值美國嬉皮士流行的時代,他跟當地其他孩童一樣,頑皮、蹺課、打架、鬥毆,無所事事,令人頭痛。

幸運的是:羅爾斯當時所在的諾必塔小學來了一位叫皮爾·保羅的校長,有一次,當調皮的羅爾斯從窗臺上跳下,伸著小手走向講臺時,出乎意料地聽到校長對他說,我一看就知道,你將來是紐約州的州長。校長的話對他的影響特別大。

從此,羅爾斯記住了這句話,「紐約州州長」就像一面旗幟,帶給他信念,指引他成長。他衣服上不再沾滿泥土,說話時不再夾雜污言穢語,開始挺直腰桿走路,很快成了班上的優等生。

四十多年來,他沒有一天不按照州長的身分要求自己,終於在51歲那年,

他真的成了紐約州州長,而且是歷史上第一位紐約州的黑人州長。這個故事說明,師長對學生的讚揚與期待,將對學生的學業、行為乃至成長都會產生巨大的影響。

美國心理學家威廉・詹姆斯也發現,「人類本性中最深刻渴求的就是讚美。」其實每個人的內心世界都一樣,沒有一個人不想得到別人的讚美和期待。因此,想要使一個人發展得更好,就應該給他傳遞積極的期望。期望對於人的行為有巨大影響力。積極的期望促使人們往好的方向發展,消極的期望則使人往壞的方向發展。

上面的故事說明了「皮格馬利翁」效應,該效應說明了期望具有神秘的力量。不論你對一個人存在好的,或者不好的期望,這些期望都會透過你的眼神、說話的方式等等你自己都沒有意識到的途徑,不知不覺地投射到你期望的對象身上,並潛移默化地影響他,於是出現了這樣的情況:「說你行,你就行;說你不行,你就不行。」

積極的期望促使人們往好的方向發展,消極的期望則使人往壞的方向發展。因此,不論是對員工、伴侶還是孩子,如果你希望他能夠朝著你所期望的方向發展,你就要努力傳遞這種積極的期望。

與此相反,對少年犯罪兒童的研究顯示,許多孩子成為少年犯的原因之一,就在於不良期望的影響。他們因為在小時候偶爾犯過的錯誤而被貼上了「不良少年」的標籤,這種消極的期望引導著孩子們,使他們也越來越相信自己就是「不良少年」,最終走向犯罪的深淵。

在家庭教育中，有的家長發現孩子成績不好時，不去細心地找原因、想辦法，而是一味地埋怨孩子「笨」，這恰巧是孩子變「笨」的一個重要原因。因此，在家庭教育中，家長不要一味地埋怨孩子，不要在孩子面前說有損自尊心的話。

孩子的智力發展水準是不均衡的，家長要注意啟發，幫助孩子改進學習方法。要知道，「期望效應」才是一種高智培養方法。

紐康姆（1903年～1984年）
美國社會心理學家，在個體的社會化、大學對學生的影響、問題青年的矯正等方面做出很大貢獻。1956年當選為美國心理學會主席，1974年當選為國家科學院院士，1976年獲得美國心理學會頒發的傑出科學貢獻獎。

扼住命運的咽喉

自勵，是一種自覺，一種在困難面前不卑不亢和不屈不撓支持下的自覺；自勵不求人恩賜，不靠人同情，不怨天憂人。

貝多芬誕生在波恩市的一個音樂世家。素有音樂神童的美譽。在他19歲那年，法國大革命爆發，他滿懷熱情地譜寫了《誰是自由人》的合唱曲來表達自己對自由與民主的渴望。從此以後，他很快以自己的即興鋼琴迷住了維也納人，其音樂旋律時而如細水潺流，時而如驚濤駭浪，時而如鳥語雞鳴，時而如暴風驟雨。有人曾評論貝多芬的即興曲「充滿了生命和美妙」。

貝多芬30歲時，愛上一個伯爵小姐茱麗葉·琪查爾迪，但她父親嫌貝多芬出身低賤，硬是把女兒許配給一個伯爵。

這段經歷給了貝多芬極大的精神刺激，據說他的名曲《致愛麗絲》就是在這段時間內創作的。

雖然失戀帶給他很大的痛苦，然而，更令他傷心的是他的耳朵逐漸變聾。他在給朋友的一封信中寫到：「我過著一種悲慘的生活……如果做別的工作，也許還可以；但在我的行業裡，這是最可怕的遭遇！」貝多芬曾竭力治療，卻無濟於事，他搬到維也納鄉下療養了兩年。結果病情不但沒有好轉，反而更加惡化，就連對面教堂的鐘聲都聽不到了。

絕望中，貝多芬無數次想到了死。但他又很不甘心，最後，他堅信音樂才能拯救自己。他在給朋友的一封信中寫到：「我要扼住信命運的咽喉，不容它

毀掉我！」貝多芬立志要在餘生中從事音樂創作。從此，維也納的官廷樂會少了一位出色的鋼琴彈奏家，但世界樂壇卻誕生了一位不朽的作曲家。

從32歲起貝多芬開始音樂創作，在近兩年的徬徨與探索後，他終於創作出第一部具有自己鮮明特點的作品——《第三交響曲》（《英雄交響曲》），其最突出的特點是音調跌宕起伏，時而沉靜凝思，時而憤慨咆哮，令人情緒激憤。貝多芬創作《英雄交響曲》，本來是想獻給拿破崙的，但他聽到拿破崙在巴黎聖母院加冕稱帝的消息時，非常憤怒，立刻塗去原來寫好的獻詞，把它改成：《英雄交響曲》——為紀念一位偉大的人物而作。

法軍在佔領維也納後，趨炎附勢的奧地利貴族們爭相向佔領者們獻媚，其中也包括李希諾夫斯基公爵，他強迫貝多芬為法軍軍官彈奏鋼琴，這使得貝多芬忍無可忍，他拿起一張椅子向公爵扔去，並在當晚離開了伯爵家。行前留下一張紙條，上書：「公爵，您之所以成為一個公爵，只是由於偶然的出身所造成；而我之所以成為貝多芬，卻是因為我自己。公爵現在到處都是，將來也會到處都是；而貝多芬卻只有一個！」

另一次，當貝多芬與歌德一同散步時，迎面遇見了皇后、太子和一群貴族們。面對他們，歌德立刻讓路，而貝多芬則坦然地說：「讓路的應該是他們，而不是我們！」但是歌德還是摘下禮帽，躬身立在路旁，而貝多芬則背著雙手，闊步向前。結果太子認出是貝多芬，連忙脫下禮帽向他致意，其侍從們也畢恭畢敬地分列兩旁，目送貝多芬挺胸而過。那次，貝多芬真正感受了做人的尊嚴。

54歲的時候，貝多芬創造出《第九交響曲》（《歡樂頌》）。他前後用了六年時間來創作並修改這部曲子。1824年5月7日，《第九交響曲》首次在維也納卡德劇院演奏。貝多芬親自指揮演奏，他既不看眼前的樂譜，也聽不見絲毫的琴聲。他完全憑自己的記憶來指揮這場演奏。結果聽眾們欣喜若狂，不時爆出熱烈的喝采聲，鼓掌次數多達五次！

要知道，皇族成員出場也不過鼓掌三次而已。

從心理學上說，貝多芬之所以在極度困苦的狀況下，一再創作出輝煌無比的音樂篇章，這與他的自勵人格有極大的關係。自勵人格的突出特點是能很快將生活中的壓力轉化為自我勵志的動力，並在不斷的奮鬥中獲得精神上的滿足。自勵人格的人還很善於昇華個人的精神痛苦，他們會把每一次生活挫折都當成個人成長的契機，進而磨練個人的意志。

貝多芬的可貴在於他每每生活失意時，都會在音樂創作中尋求內心的平衡，以及他的傲視達官顯貴，不因自己出身卑賤而去刻意巴結他們。他在音樂創作也突出體現出他的傲骨，他譜寫的旋律可比驚濤駭浪，可如氣壯山河，充滿了個性特徵。

洛夫特斯（1944年）

美國認知心理學家，早期研究學習和問題解決，後來轉而研究人類的記憶活動，並致力於將自己的研究與社會生活實際結合起來。他在怎樣塑造人類記憶的研究方面十分著名。

被自信慣壞的孩子

自戀性病態人格是人格障礙之一，其特徵為：自我欣賞，又很在乎別人是否關注自己，並且期望得到別人的認同或讚美，但因為缺少與他人平等相處、溝通的能力，所以活得很累。

由於拿破崙從小就好鬥勇猛，他的父親在他10歲時將他送到軍官學校去就讀。初到軍校時，備受歧視，他沒有別的辦法對付他們，只有與他們打架。雖然身材矮小，勢單力薄，卻從不屈服，最後打出了同學們對他的敬畏。

法國大革命爆發後，拿破崙投入這場革命。1793年，面對王黨分子的瘋狂反擊，拿破崙被派往參與圍攻土倫的戰役。在這期間，他巧用炮兵，身先士卒，表現出非凡的軍事才能與勇氣。拿破崙因此不斷受到提拔，並一再創造軍事上的輝煌。他曾先後出征義大利和埃及，多次創造以少勝多的戰績。拿破崙在早年生活中，相信自己勝過相信上帝。在短短的五年內，他由一個默默無聞的炮兵上尉躍升為一個率領數十萬大軍的將領，靠的全是自己的戰功，而不是任何人的提攜。

1799年11月9日，拿破崙發動了霧月政變，解散了共和國的督政府，把權力交給自己為首的三位臨時執政。拿破崙對國內加強中央集權，修訂法律，控制輿論，擴充軍備，並嚴厲打擊王黨分子和雅各賓派；對外征戰不斷，擴張領土。拿破崙在法國的崛起，震撼了歐洲各國的王室。他們視法國大革命為洪水猛獸。1800年英、俄、奧等國組成反法同盟，但拿破崙親率兩萬兵馬，出其不意地翻越了法國與義大利交界的羊腸小徑，一舉擊潰奧地利在義大利的駐軍。

同時，拿破崙又向沙皇保羅一世獻殷勤，使他退出了反法同盟。奧地利的戰敗與沙俄的退出，使英國陷入孤立，最後不得不於1802年3月25日與法國簽訂《亞眠和約》，承認拿破崙在歐洲佔領的疆土。這一系列勝利使拿破崙在國內的聲望升到了極點，他被推舉為法蘭西共和國終生執政。

但拿破崙的夢想是成為法國的始皇，結果在巴黎聖母院舉行加冕盛典。但他根本就不滿足於登上法國皇帝的寶座，他還不大肆瓜分歐洲領土，把自己的兄弟與近臣分封到這些地方去做國王、大公。到1810年，拿破崙不僅是法國的皇帝，又是義大利的國王，萊茵邦聯的保護者，瑞士的仲裁人，西班牙、荷蘭、那不勒斯王國，華沙大公國及其他附庸國的太上皇。對於拿破崙的侵略行徑，歐洲列強也不善罷干休。從1806年到1810年，共有三次反法同盟組成，雖均告瓦解，但反抗總是不斷。

1812年拿破崙又率六十萬大軍征討俄羅斯。俄軍統帥庫圖佐夫元帥對拿破崙大軍採取了主動撤退，堅壁清野的策略，並在拿破崙逼進莫斯科時焚城三日。這使得拿破崙陷入了空前的困境，結果拿破崙的60萬大軍在天寒地凍及俄國正規軍與游擊隊不斷騷擾下徹底瓦解了，他只率2萬7千殘兵敗將退回巴黎。而這次的失敗，也為他敲響了命運的喪鐘。1813年春，俄、英、普、奧、瑞典等國組成第六次反法同盟。1814年4月6日，在眾叛親離、大勢已去的情況下，拿破崙終於簽署了退位詔書，被流放到地中海的厄爾巴島。

拿破崙一生的興衰告訴人們：過分自信會導致自戀。而自戀可使人分不清夢想與現實之間的鴻溝，夢想意志可以戰勝一切。拿破崙的自戀使他陷入盲目自信的泥沼，高估自我重要性及個人能力，貪焚得不知天高地厚。他以自我為中心，處事極端化。當受了批評、遇到挫折或失敗後，表現出震怒、自卑、羞慚，常有過激和抑鬱反應。

拿破崙是一個被自信慣壞了的孩子。他不明白成功可以使人變得自信，也可以使人變得自負，而眾望所歸隨時都可以變成眾矢之的。所以，對於自己的

屢屢得手，拿破崙沒有危機意識，有的只是衝擊意識。結果他戰勝別人的次數越多，輸給自我的機會就越大。

當然，每個人都應該愛自己，然而，若是愛過了頭則會十分危險的。自戀者之所以生活的很辛苦，就是因為太在意自己，太渴望得到別人的讚美或認同。

面對自戀，莎士比亞曾給人們提供了一個很好的藥方，那就是「慷慨」、「坦蕩」以及開朗的個性。他用這些來提醒我們，若是哪天我們對自己的關心不再處於優先的地位，那麼，生活的煩惱就會離我們而去，高山會變成平地，河川也會改變河道。

埃克曼（1934年）
美國心理學家，主要研究情緒的表達及其生理活動、人際欺騙等。1991年獲得美國心理學會頒發的傑出科學貢獻獎。

自戀首次由文學概念引申至臨床描述，功勞分別歸於精神病學家、性學家靄理士和納克，他們分別於1898年和1899年在各自的論文裡描述過自戀的病理現象，描述了個體像對待性對象一樣對待自己的一種態度。自戀者自我欣賞、自我撫摸、自我玩弄，直至獲得徹底的滿足。

手錶遺失之後

強迫型人格障礙是一種以要求嚴格和完美為主要特點的人格障礙。這類人過分認真，過分注意細節，為自己設立嚴格的標準，在思想上呆板、保守；在行動上拘謹、小心翼翼，遇事優柔寡斷，難以做出決定。經常自我懷疑，擔心達不到要求而使精神常處於焦慮和緊張之中，得不到鬆弛。

奧努瑪對心理醫生說：「我家離美國很遠，家裡很窮，父母均為農民。我在家裡排行老大，我有三個弟弟、兩個妹妹。因生活艱難，我從小就很懂事，也能體會父母的辛勞。

因此，我對自己的要求非常嚴格，無論是在學業上或協助農務上，我一向都不允許自己浪費一點時間。那時候，我的學業成績很好，每次考試都是全校第一名，沒有一次意外。

父親看我始終表現良好，於是省吃儉用，買了一支手錶給我，表示對我的肯定和獎勵。

我真的非常高興！就這樣，每天戴著它，過了三個多月，連睡覺的時候，我也從來沒有拿下來過。我總害怕把它弄丟了。然而，有次在上體育課時，我還是把手錶弄丟了。

當時，我愣住了。要知道，父母賺錢多不容易，如果他們知道手錶弄丟了，會有多傷心。所以，我非常內疚，常常刻意到操場上努力尋找，希望能夠找到，但始終沒找到，也不敢告訴父母，成績也開始退步。」

講到這裡，他有些頹喪。「後來，我家買了兩個新沙發，我們全家人都很喜歡，有空就和弟弟、妹妹們一起在沙發上玩耍或是看書。有一次，媽媽看到我們在沙發上打鬧，就叫我們別把沙發弄壞，以後再也不允許我們在沙發上看

書或打鬧。

從此以後，我再也不敢坐沙發了，後來竟然變成看到椅子也害怕起來。最後我畢業了，找不到工作，就一直待在家裡整天為看病四處奔波，也花光了家裡所有的積蓄。我心裡很不好受。

而且，讓我最苦惱的，就是小便失禁，總想上廁所，但又感覺應該可以控制一下，先不急著去。其結果是越想控制則想去廁所的念頭就越強烈。特別是吃飯之後想上廁所，拼命克制自己不去，結果吃了飯就吐，以胃病治了很久也未奏效。這樣的症狀持續了3年，什麼事也做不了，真是苦不堪言。

最後，我找到一份導遊的工作，來到了美國，並留了下來。原本以為事情全都過去了，可是最近這段時間，我總是想自己是否渴了或者餓了，該不該坐椅子，泡在臉盆裡的衣服是現在洗還是等一會兒再洗，見到電燈就會反覆檢查電燈開關，出門時要反覆看門是否鎖好了等等。

醫生，該怎麼辦？我的病還能治嗎？」最後，他顯得非常緊張地問道。

事實上，它是一種象徵性的解除焦慮的心理防衛機制。他表現出的是有別於精神因素引起的恐怖症，於是心理醫生決定從心理方面尋找原因，並診斷為強迫型人格障礙。

強迫型人格障礙的成因，心理學家發現其形成有一個比較長的時間性，通常形成於個體的幼年時期，並與家庭教育和生活經歷有著直接關聯。如父母管教過分嚴厲，要求子女嚴格遵守規範，造成孩子遇事過分拘謹，生怕做錯事遭

到父母懲罰，進而形成優柔寡斷的性格，並慢慢形成經常性緊張、焦慮的情緒反應。

又如一些家庭成員過於講究衛生的生活習慣，也可能對孩子產生影響，甚至使孩子形成「潔癖」，產生強迫性洗手等行為。另外，幼年時期受到較強的挫折和刺激，也可能產生強迫型人格。研究顯示，強迫型人格還與遺傳有關，家庭成員中有罹患強迫型人格障礙的，其親屬罹患強迫型人格障礙的機率比一般正常家庭要高。

斯騰伯格（1949年）
美國心理學家，最大的貢獻是提出人類智力的三元理論。此外，他還致力於人類的創造性、思維方式和學習方式等領域的研究，提出了大量富有創造性的理論與概念。

直覺，讓女人神機妙算

女人這種超常的直覺能力，常常使她們的丈夫驚嘆不已，而且有些恐慌。她們的這種直覺能力為什麼如此敏銳呢？

大家都知道，女性的的直覺非常敏銳，這似乎是早有定論。我們先看看下面的兩個案例：

杜拉斯在和情人約完會之後，就趕快把吃飯的收據、餐廳的火柴等等，所有可能成為物證的東西，統統扔掉。然後，才安心地坐進車子裡，心想：這下到家之後，老婆應該不會再察覺到什麼了吧？

回到家，在他剛剛進門的時候，他又做了一番表演：「唉！今天真是累壞了。我去接待公司的一個老客戶，真是受不了！」

「你撒謊，今天晚上到底做了什麼，對我說清楚！」老婆好像察覺出什麼似的，發瘋地吼道。

的確，這種能耐簡直能洞察一切。哪怕是千里之外不正當的男女幽會也能夠一眼看出。女人這種超常的直覺能力，常常使她們的丈夫驚嘆不已，而且有些恐慌。她們的這種直覺能力為什麼如此敏銳呢？

有人說，男性比較理智而女性比較感性，還有人說，男性比較寬容而女性比較敏感……總之，男性和女性之間確實存在著很大的心理和行為差異，關於

性別差異的問題有一些有趣的研究，還是很有意思的：

（1）約有25%的男性，在第一次約會時就愛上對方，但女性到了第四次約會，才有15%愛上對方。

（2）女性做決定的速度比男性快。

（3）入學前到中學時期的男孩子比女孩子更愛支配別人。成年後婚姻生活越長久，妻子就越成為被支配者。

（4）大多數婚姻危機的根源不是沒有愛，而是不能以對方所能接受的方式表達愛。所以，男士們應該學習女性心理學，弄清楚妻子到底需要什麼，她把什麼行為視為愛，她喜歡哪種表達愛的方式，然後用心去愛，一定能夠得到加倍的回報。

（5）大多數對成年人所做的調查都顯示，男性和女性愛搬弄是非、製造謠言的程度是一樣的。

（6）約有2/3或4/5的酗酒者是男性。十個丈夫中，只有一個會與酗酒的妻子生活；但十個妻子中，卻有九個會繼續與酗酒的丈夫生活。

（7）犯罪的單身男性比已婚男性多，而犯罪的單身女性則比已婚女性少。

（8）聲稱快樂、滿足的已婚男性幾乎是單身男性的兩倍，但已婚的女性卻比單身女性更常表示不快樂，不管有無孩子。

（9）關於作夢。男性經常夢見陌生環境裡的陌生男人，通常多與暴力有關，即使夢見女性，多半與性愛有關。女性在夢境中，總是夢見熟識環境裡的朋友和親人。女性的夢境通常在戶外，氣氛大多友善，除非是月經來臨前，這時女性作夢會覺得懊惱和緊張厭煩。

（10）一家德國報紙做了一次測驗，在慕尼克的一間商店裡裝了一面長鏡，然後觀察經過長鏡的男女，看他們有什麼反應。在八小時的觀察中，共有1620個女人經過這面長鏡，1/3停下來短暫地看了一下自己；而600個經過長鏡的男人幾乎都停下來好好看了一下自己，且大多數又會往後看，看是否被人注意。

萊士利（1890年～1958年）
美國神經心理學家、行為主義者。他以研究大鼠的形狀、視覺、知覺和有關學習和記憶的腦功能而聞名，提出了大腦機能定位問題上的兩個重要原理：均勢原理和整體活動原理。1929年當選為美國心理學會主席，1930年當選為國家科學院院士。

第四章

醫學心理學

醫學心理學是心理學的一個重要分支，它是把心理學的理論、方法與技術應用到醫療實踐中的產物。醫學心理學是心理學與醫學的交叉，是醫學與心理學結合的邊緣學科。它既具有自然科學性質，又具有社會科學性質。醫學心理學研究的對象主要是醫學領域中的心理學問題，即研究心理因素在疾病病因、診斷、治療和預防中的作用。

人的身體和心理的健康與疾病，不僅與自身的軀體因素有關，而且也與人的心理活動和社會因素有密切關聯。臨床實踐和心理學研究證明，有害的物質因素能夠引起人的軀體疾病與心理疾病，有害的心理因素也能引起人的身心疾病。與此相反，物質因素（例如藥物等）能夠治療人的身心疾病，而良好的心理因素與積極的心理狀態能夠促進人的身心健康或作為身心疾病的治療手段。

本章的目的是讓讀者不僅瞭解醫學心理學上的理論意義，而且更希望能對讀者產生更大的實踐意義。

使讀者在瞭解醫學心理學的同時，運用心理學的理論與方法探索心理因素對健康與疾病的作用方式、途徑與機制，更全面地瞭解人類軀體疾病與心理疾病的本質，更全面、有效地診治、護理與預防各種心理疾病，提高自身素質，促進身心健康。

佛洛伊德與埃米夫人

自由聯想法是佛洛伊德進行精神分析的主要方法之一。讓病人在一個比較安靜與光線適當的房間內，躺在沙發床上隨意進行聯想。最終發掘病人壓抑在潛意識內的致病情結或矛盾衝突，把他們帶到意識域，使病人對此有所領悟，並重新建立現實性的健康心理。

40歲的埃米夫人出生於富人家庭，她23歲結婚，丈夫是個實業家，比她大很多，婚後不久即死於中風。之後的14年中，埃米一直為各種病痛所苦，頻繁地在各地旅遊，接受過電療、水療等。她有兩個孩子，分別為14歲和16歲。

有段時間，埃米的病情加重，有抑鬱、失眠、疼痛，被推薦到佛洛伊德處就診。佛洛伊德建議她與孩子分開，住進療養院，以便可以「天天去看她」，埃米接受了。

佛洛伊德一開始用的是催眠暗示： 我只要面對著她，握住她的一個手指，命令她入睡，她就陷於迷茫和糊塗的樣子。我暗示她只要睡得著，她的所有症狀將會改善等等。她閉著眼睛但清醒地集中注意力聽著這些話，她的臉部逐漸放鬆，顯得平靜的樣子

在接下來的治療中，佛洛伊德不再滿足於單純地讓病人接受暗示，他開始在催眠狀態下與埃米談話，知道了她的童年經歷。

傍晚，在催眠狀態下⋯⋯我問她為何如此容易受驚嚇，她答道：「這和我很年幼時的記憶有關。」我問她什麼時候，她又說：「我5歲時，我弟弟和妹妹經常拿死的

動物來嚇我，那是我最早出現的暈倒和痙攣。但是我姑媽說這是不光彩的事，我不應該有那樣的反應，因此我不再出現那樣的反應；當7歲的時候，出乎意料地看到我妹妹躺在靈柩中；8歲時，我弟弟經常披著被單，扮成鬼來嚇唬我；9歲時，我看見姑媽在靈柩裡，她的下頜突然掉下來，我再一次地受到驚嚇。」

隨後，佛洛伊德在治療期間，採用了大致相似的方法，對埃米實施催眠，叫她講述她的每一個症狀的起源。

他詢問埃米，當事情發生的時候是什麼引起她的恐懼、令她嘔吐，或者讓她心煩意亂等等。埃米的回答先是喚起了一連串的記憶，通常還伴隨著強烈的情感。

之所以這樣，佛洛伊德說：「我的治療旨在掃除這些畫面，使其不能再展現在她眼前。」在傳統催眠中，掃除這些畫面主要靠治療師的暗示，病人只是被動地接受暗示；而佛洛伊德在這裡則是讓病人進入催眠狀態，與病人對話，讓她說出這些畫面，即所謂「宣洩」，以此來達到清除的目的。

不難看出，對埃米的治療是安娜的「談話療法」的延續。但佛洛伊德並不只是停留在對病人施行催眠上，他在探索這種方法的意義和可能達到的治療效果。宣洩顯然已經包含了壓抑的意義：當患者處於正常心理狀態時，這些經歷完全不在他們的記憶中，或只是以非常扼要的形式存在於記憶中。只有在催眠狀態下訊問患者時，這些記憶才像最近的事件那樣鮮明地呈現出來。

　　隨著治療的進行，埃米逐漸適應了與佛洛伊德的談話方式，而且在醒覺狀態下也能談出她以往的一些經歷。這可以說是自由聯想法的萌芽。

　　佛洛伊德一直使用催眠，只是他所用的誘導方式不同，他稱之為「自由聯想」。佛洛伊德的治療室設置，是奇特的、富於異國情調的擺設、壁紙的顏色和樣式、他的聲望、他本人在治療中的表現，這些實際上都是一種即刻的暗示。佛洛伊德很清楚，所有的催眠其實都是自我催眠（self-hypnosis），他只是推進了患者的這種自我暗示過程，並且沒有使用喋喋不休的言語去影響患者，而那些缺乏經驗的治療師在治療中總是說個不停。

佛洛伊德‧西格蒙德（1856年～1939年）
奧地利精神科、神經科醫生，精神分析學派的創始人，1856年5月6日出生於摩拉維亞，1939年12月23日因口腔癌在倫敦逝世。1897年創立了自我分析法。他一生中對心理學的最重大貢獻是對人類無意識過程的揭示，提出了人格結構理論，人類的性本能理論以及心理防禦機制理論。
他的主要著作有：《歇斯底里研究》（1895年）、《夢的解釋》（1900年）、《性欲三論》（1905年）、《論無意識》（1915年）、《自我與本我》（1923年）、《焦慮問題》（1926年）、《自我和防禦機制》（1936年）。

江湖騙子梅斯梅爾

梅斯梅爾無意中發明一種方法，可以使他「操控」人的磁場，並使人們進入一種「臨界狀態」，在這種「臨界狀態」之中，病人會出現各式各樣的不同反應，等這種興奮過了之後，疾病就會霍然而癒。梅斯梅爾稱這種方法為「動物磁氣療法」。

1778年，在凡多姆宮的一個大廳裡，燈光昏暗、明鏡高懸，滿屋子巴羅克怪誕氣息。十幾位衣飾簇新、著裝優雅的女士和先生們圍坐在一個橡木大桶旁邊，每個人都手握一根從木桶裡伸出來的鐵棒，木桶裡面裝滿磁鐵屑和一些化學品。隔壁房間裡傳來玻璃敲打樂器陣陣低婉的嗚嗚聲，不一會兒，樂聲緩緩消失，房門開大了一些，走出來一位令人敬畏的人物，他的步履沉重而莊嚴，一身紫袍隨風輕飄，手握一根權杖般的鐵棒。

這位神秘人物一臉嚴峻，陰森恐怖，一張卜頜寬大的臉，很長的大嘴巴，還有高挑突出的眉毛。他一出現，病人們立刻呆若木雞，渾身震顫。神秘人物緊盯住其中一位男士，然後一聲令下：「入睡！」這位男士的眼睛就閉上了，他的頭也無力地垂在胸前，其他的病人都直端嘆氣。

接著，神秘人物又緊盯住一位婦女，用鐵棒緩緩地指著她，她渾身發抖，大叫起來，因為一股麻刺感通遍了她的全身。隨著神秘人物沿著圓圈繼續往前進行下去，病人的反應也越來越激烈。

最後，他們其中的一些人會尖叫起來，雙臂撲騰，然後暈厥。

從此以後，許多到場的病人，他們所患的病症五花八門，從憂鬱到癱瘓不等，都感覺到病症全消，甚至當場醫好。

而這位神秘人物，就是弗蘭茨·安東·梅斯梅爾醫生。而他的這些行為也被稱作「梅斯梅爾療法」，它成了各種患者最後的醫療希望。

他在18世紀70年代，當德國先天論者和英國聯想主義者們還在依靠沉思默想瞭解心理學的時候，身為醫生的梅斯梅爾卻已經在使用磁石治病，其理論依據為，如果人體的磁場得到校正，心靈和身體上的疾病就可以被醫好。因此，梅斯梅爾的收費儘管非常昂貴，求醫者依然趨之若鶩，車馬喧闐。

雖然這種理論是單純的胡言亂語，但是在當時，依靠這種理論形成的治療辦法卻產生了戲劇性的療效，有一陣子，梅斯梅爾醫生在巴黎和維也納也相當出名。

「梅斯梅爾療法」的形成是這樣的，1773年，一位少婦來拜訪他，因為她罹患了一種病，其他的醫生都治不好。梅斯梅爾也治不好她的病，不過，他突然想起以前與一位名叫黑爾的耶穌會士的談話，這位牧師對他說，用磁石有可能會影響到人體。

於是，梅斯梅爾就買了一套磁石，這位婦人第二次來的時候，他小心翼翼地排放起磁石來，一塊接一塊地往她身上不同的部位貼。她開始發抖，不一會兒就渾身痙攣起來。梅斯梅爾認為這就是「危象」，等她醒過來時，她說症狀減輕了許多。然後又進一步進行了一系列的治療後，她的病症全部消失了。（其實她罹患了歇斯底里神經症，康復原因是暗示的結果。）

後來，國王的一個特別委員會，調查他的療法後，正確地指出，梅斯梅爾的磁波根本不存在，但他們也錯誤地報告說，磁力治療的效果僅止於「想像」

而已。此後，梅斯梅爾療法的名聲江河日下，不得不離開了名望盡失的傷心地，他生命的最後30年是在瑞士度過的，處於隱居之中。

其實，梅斯梅爾的方法並非完全錯誤，在其治療效果中，包含著催眠作用。後來學者們採納了這一點，加以發展，產生目前的催眠術的基礎。催眠是由催眠師的誘導和暗示出現的一種類似睡眠又非睡眠的意識恍惚狀態，在進入催眠狀態後，人的意識活動並未停止，只是變得恍惚不能自主，其心理活動通常有以下幾個主要特徵：

1.感覺麻痹：有些實驗對象在催眠狀態下，甚至可以接受手術而不感到疼痛，以致有些醫生曾用它代替麻醉藥物。

2.感覺扭曲和幻覺：催眠狀態下的人可能出現幻聽和幻視現象，即在沒有刺激的情況下聽到聲音或看到形象，或將臭味聞成香味。

3.解除抑制：通常情況下，那些依據社會準則不能做的事情是受到抑制的，人們不可能讓實驗對象去做，但是在催眠狀態下，抑制被解除，他就可能根據催眠者的指示去做，如當眾脫衣，對別人施暴等。

4.對催眠經驗的記憶消失：催眠者的暗示不僅指導著實驗對象當時的心理活動，還可以影響到事後的行為，最常見的是告訴實驗對象他將不記得當時發生的一切，進而造成清醒後對催眠狀態的記憶完全遺忘。

大量研究結果指出，人們對催眠的受暗示性存在很大的個體差異。

　　有十分之一的人對催眠誘導根本沒有反應，而另一極端最容易接受催眠的人也只有十分之一。至於受暗示性的實質，人們發現對催眠的受暗示性與一個人的態度和期望密切相關，凡對催眠持積極態度，相信催眠的可能性，同時又對該催眠者表示信賴時，他就容易有效地配合接受暗示並取得成功。這也與中國在宗教信仰上常用的一句諺語「心誠則靈」相符合。

弗蘭茨·安東·梅斯梅爾醫生（1734年～1815年）
在18世紀70年代，當德國先天論者和英國聯想主義者們還在依靠沉思默想瞭解心理學的時候，身為醫生的梅斯梅爾卻已經在使用磁石治病，其理論依據為，如果人體的磁場得到校正，心靈和身體上的疾病就可以完全被醫治好。

佛洛伊德聽來的案例

佛洛伊德說，人類總是把過去生活中對某些人的感知和體驗置於新近相識的人身上，這就是移情。

早在1882年，佛洛伊德就從布洛伊爾那裡聽到了安娜的病例，布洛伊爾說，安娜一直很健康，成長期並無神經症跡象。她非常聰明，對事物有十分敏銳的直覺，智力極高，有很強的詩歌稟賦和想像力，但受到嚴厲的和帶有批判性的抑制。

她意志力堅強，有時顯得固執，情緒上總是傾向於輕微的誇張，像是很高興而又有些憂鬱，因而有時易受心境支配，在性方面發育很差。布洛伊爾將她描繪成一位「洋溢著充沛智力」的女子。

安娜在21歲的時候，她父親罹患了胸膜周圍膿腫。安娜竭盡全力照顧父親，不到一個月，她自己也出現了諸多症狀，如虛弱、貧血、厭食、睡眠紊亂、內斜視等。

依照布洛伊爾的說法，「這段時間安娜和她的母親共同分擔著照顧父親的責任。」症狀迅速加重，發展為肢體的痙攣和麻木，並伴有交替出現的興奮、抑制和失神狀態。

12月11日，安娜臥床不起，直到次年的4月1日才第一次起床。4月5日，她父親去世，「她爆發出異乎尋常的興奮，在此之後，持續兩天的深度昏迷」。接著她似乎平靜了些，但仍有幻覺和「失神」、睡眠障礙和飲食障礙，出現過語言方

面的錯亂和強烈的自殺衝動。

隨著不斷的治療，安娜的一些症狀消失了，但這並不完全是由於催眠的作用，因為布洛伊爾當初就強調，安娜「完全不受暗示的影響，她從不受一丁點斷言的影響，而只是受爭論的影響。」所以對安娜來說，症狀的緩解不如說是自我暗示和宣洩的作用。

其中給佛洛伊德留下了深刻的印象是：安娜在治療中說出她的某些「幻覺」——其實應當包含引發症狀的誘因後，她的症狀就會消失。

這類典型例子就是安娜曾看見一隻狗從杯子裡喝水。她可以長達六個星期的時間在乾渴得無法忍受時，也不喝水。在催眠狀態中，她訴述自己童年時，

如何走進她不喜歡的女家庭教師的房間，看見她的狗從玻璃杯內喝水，引起了她的厭惡，但由於受尊敬師長的傳統影響，只好沈默不語。她在催眠中，恢復了對這個往事的回憶，盡量發洩了她的憤怒情緒，從此之後她無法喝水的怪病才消失。

從安娜的病例可以看出，「某種症狀可以用交談法治療，這個交談療法要在催眠狀態下實施；並且，要使之有效，需採用大聲說出症狀的原始起因的方式」，也就是說，安娜在治療中重新體驗了以往的創傷性事件和相對的情感過程，症狀因此而得以緩解。安娜自己稱這種方法為「談話療法」或「掃煙囪」。顯然，這就是佛洛伊德四年後開始對他的病人實施催眠時所用的「催眠宣洩」法。

其次，安娜的病案中最有意思的就是布洛伊爾和佛洛伊德對其症狀和治療過程有不同的看法，表面上看來，這只是學術上的分岐，但實際上它所涉及的是精神分析中的一個基本問題：移情和反移情。布洛伊爾在闡述安娜的病史時說她在性方面的發育極不成熟。

而佛洛伊德則認為：任何一個人，若依照過去二十多年來得到的知識來閱讀布洛伊爾的病例史，將會立刻覺察到它的象徵作用——蛇、堅硬的、臂膀癱瘓，以及在考慮到那位年輕女士在患病的父親床邊所發生的情境時，將很容易猜測對她的症狀的真正解釋；因此，布洛伊爾關於性欲在她的心理生活中所起作用的意見將因此而和她的醫生的意見大相徑庭。

按照精神分析的看法，布洛伊爾之所以在病史中對安娜的性發育如此強調，似乎與他要迴避治療中的某種尷尬、急於證明自己的清白有關。布洛伊爾後來是反對精神分析的很多說法的。這就是反移情。

其實，反移情就是精神分析學說中的一個術語，它有兩種不同的用法：

1、指在治療過程中，治療者無意識地被激發的情感，指向了求助者，將求助者當成治療著過去生活中的一個重要人物的代表。在這個意義上說，「反移情」只是說明了一種方向，問題仍然是移情，因為「移情」一詞通常是指求助者流向治療者的感情。此處的「反」意味著相反方向的感情流動。例如一個老年求助者使治療師想起了自己的父親，結果抑制了治療者對面前的求助者進行指導。

2、是指治療者對求助者移情的反應。在此形式中，「反」表示治療者對求助者向他身上移情時的刺激給予反應。例如，當求助者將他的仇恨感情移向治療者時，治療者沒有查出這種感情的移情性起源，而感到自己成了求助者發怒的真正對象，進而自己也以憤怒回報。

因此，反移情提出了一個問題，在心理治療中，治療者能夠具有現實主義

的感知是十分重要的。因為這些情感問題幾乎不可避免，並不像有些人認為是技術或者態度上的失敗，而是要求治療者繼續加以注意。

治療者應該允許求助的認同心理，同時透過內省、自我分析和現實檢驗來正確解決。

斯賓塞（1907年～1967年）
美國新行為主義心理學家，由於對條件作用和學習的理論和實驗研究而著名。1955年當選為國家科學院院士，1956年獲得美國心理學會頒發的傑出科學貢獻獎。

希特勒的變態心理

佛洛伊德認為，「本我」包含的「力比多」即性欲內驅力，成為人的一切精神活動的能量來源。「本我」總是遵循快樂原則，迫使人們滿足它追求快感的種種要求。從整個社會的觀點看來，這些要求往往是違背道德習俗的。「超我」總是根據道德原則，將社會習俗所不能容忍的「本我」壓抑在無意識領域。簡言之，我們可以將「本我」解釋為放縱的情欲，「自我」是理智和審慎，「超我」則是道德感、榮譽和良心。

第二次世界大戰期間，當歐洲戰場上的形勢轉為對同盟國有利後，美、英、蘇三國便商定將在歐洲登陸作戰，開闢第二戰場。

對於登陸時間，羅斯福總統下令情報機構在最短的時間內擬出一份有關希特勒性格分析的有說服力的報告。一個月後，一份《希特勒性格特徵及其分析報告》放在總統的辦公桌上。

報告指出，希特勒當權後，曾做了多次「鼻子美容」手術。他的「理論」是，對日爾曼人而言，有一個高挺的鼻子會給人一種男子漢的氣概。

然而，他對這種手術卻非常保密，絕對不讓他的臣民們知道，他們「至高無上的元首」居然會像一名愛漂亮的少女一樣鍾情於「美容」。當時在歐洲人普遍認為，整容是一種「破壞上帝賦予自己容貌」的愛虛榮的行為。

　　於是，他就讓醫生一點一點地加高鼻子，以便讓他的百姓們感覺不到他們「敬愛的元首」竟然會做「整鼻手術」。即使是德軍在蘇德戰場上節節敗退的時候，他的鼻子加高手術仍未停止。

　　希特勒50歲之後已經開始戴老花眼鏡了。可是，他卻禁止任何人拍攝他戴眼鏡的照片。

　　嗜血魔頭居然患有「暈血症」，有一次，他的情婦愛娃不小心刺傷了手，結果希特勒看到之後，竟然嚇得哇哇大叫。

　　而且，他對動物充滿了愛心。有一隻孔雀死了他竟然傷心得掉淚。然而他在愛憐動物的同時，卻能心安理得地下令把幾十萬猶太人活活毒死。

　　希特勒一生沒有駕駛過汽車。可是，他的愛好卻是在每天深夜，坐上車，要司機以時速超過100公里的速度飛馳。在當時，這是一個不可思議的「瘋狂速度」，相當危險。後來，他的司機因為過度緊張而精神失常。但在公開場合，他卻嚴格規定他的車速不准超過每小時37公里。

　　他對長桌有特別的興趣。他召開會議時總是用很長的會議桌，因此德國一些優秀的木匠常常被召去製造長桌。他擁有的一張最長的桌子將近15.25公尺。

　　美國的心理分析專家依據這些資料得出希特勒有嚴重心理問題的結論。

1、喜愛長桌

　　長桌上居於主席位置的人能給人一種威嚴感，同時又可和其他與會者離得遠一些。對長桌的酷愛，顯示他對這種形式上的「威望」的渴求；同時又顯示他對下屬心存疑慮，甚至對任何人都抱持著一種恐懼感。這實際上是一種心理非常脆弱的表現。

2、高度壓抑

　　對任何人來說，「午夜飛車」很可能只是為了求得心理壓抑的解脫。但是，希特勒竟然到了不顧生命危險「瘋奔狂馳」的地步。這不僅有力地證明他在一天之中都處於心理壓抑狀態，而且這種壓抑的程度已經相當嚴重了。

　　此外，以上種種嚴重的心理缺陷、矛盾、壓抑和扭曲也都可以造成或歸結為嚴重的心理障礙。

　　希特勒的這種怪誕行為的目的，就是為了調節佛洛伊德學說中，本我和超我之間的衝突，進而減輕心靈的痛苦。佛洛伊德說，無論一個人在現實生活環境中的人格形成是如何的矯揉造作，但其無時無刻受到本我的衝擊，兩者差距越大，其人格的扭曲也越厲害。為了緩解和消除這種扭曲造成的痛苦，他必然會用某些特殊的行為來減輕這種痛苦。

　　盟軍掌握了這些秘密，於是不間斷地炮擊希特勒經過的道路，使其心理的壓抑無處排解，這樣就加速了其精神崩潰和人格分裂，導致他一系列決策的失誤，進而為盟軍取得戰爭的主動權創造了有利條件。

多奇（1920年）
美國社會心理學家，對個體的正義感的研究有較大影響。他在團際關係、合作和競爭、社會遵從以及團體動力學方面的研究也卓有成效。1987年獲得美國心理學會頒發的傑出科學貢獻獎。

約翰的可怕念頭

強迫症是指以強迫症狀為主要臨床表現的神經症。強迫症狀的特點是有意識的自我強迫與自我反強迫同時存在，兩者的尖銳衝突使患者產生極度的焦慮，患者知道強迫症狀是異常的，但無法控制、無法擺脫。

在心理諮詢室裡，約翰在醫生面前坐好之後，非常苦惱地對諮詢師說道：「我叫約翰，今年23歲，近來我發現自己的頭腦中總是產生一種奇怪的想法。每次走到樓上就想從上面跳下去。

剛開始，我並不在意，可是後來呢？這種想法一直惡化，竟然發展到開車出去，走在橋上以及其他高出地面的建築物上都有跳下去的衝動。

我有時候站在地上往上看的時候，一想到如果自己真的從上面跳下來，生命真的就這樣結束了，那時候我真的好怕。

我還很年輕，當然不甘心就此結束生命。正因為如此，我才不得不時時強迫自己放棄這種念頭，可是，隨著時間的推移，這種欲望卻越來越強烈，越來越難以控制。

有一次，我乘公共汽車經過一條繁華大街時，實在控制不住自己，就從車窗跳下去了，那一剎那自己在想什麼、什麼感覺等等竟然全都不記得了。

那件事情發生沒幾天，有個週末，我去郊遊，我覺得這樣也許會好一點。不過，我刻意挑選了人比較多的地方，以防發生什麼不測。

然而，就在那天中午，我經過一個小湖的時候，腦海中又閃過跳下去的念頭，在我還沒來得及控制心神的時候，人已經不聽大腦指揮，糊裡糊塗地跳了下去。湖中的水並不深，但我依舊慌亂地在水裡翻騰，內心充滿了對死亡的恐懼。在我的呼救中，很多人都跑了過來，並報了警。他們把我拖上了岸。為了掩飾自己的尷尬，我假裝自己喝醉了酒，沒想到居然騙成功了。最後，他們打電話給我的工廠，讓工廠派車來把我接回去。

第二天，全工廠的人都知道工廠出了一個瘋子，老闆則認為我可能是失戀了，想不開才跳湖自殺。其實，只有我自己心裡明白，我的腦子裡有根神經搭錯了線，所以才做出這麼丟人的事。

去年年底，我搭乘汽車回家休假，車子進站時，我剛好又看到一座橋，就跑了過去，想直接跳下去，但又發現下面的水流很湍急，心裡害怕跳下去會淹死，正在猶豫的時候，售票員喊要開車了，我就急忙跑了回來，避免了又一場鬧劇的發生。但是我坐在疾駛的車子裡，腦子裡卻一直有著跳下去的念頭，不過，那天我坐的是有冷氣的車，車窗全都是密封的，要不然我也許真的會控制不住自己而跳下去的。

我的這些異常，使得女友跟我分手了，由於注意力無法集中，前不久我也被公司解僱了。

我小時候也從高處摔下來過，一天和幾個小夥伴一起玩捉迷藏，不知道為什麼我就從陽臺上摔了下去。幸好住二樓，一樓的曬衣繩又絆住了我，所以摔得並不嚴重，只是右手臂骨折，頭也摔破了。母親見我這副樣子，嚇得抱住我大哭，父親也是一副心疼的樣子。

他們帶我去醫院，又給我買了許多好吃的東西，母親天天陪著我，儘管沒

什麼疼愛的話，但在我幾次的懇求下，母親還給我講故事。那段時光是多好呀！我感到被母親寵愛的幸福。

傷好之後，母親又開始工作了，又很難看到她那慈愛的眼神，很難再享受她那無微不至的照顧。後來漸漸長大了，更不敢奢望能像小時候那樣讓父母寵愛自己了，心裡總是空蕩蕩的，好像失去了什麼。摔傷的事深深留在了記憶中，有時苦悶極了，就想到若能再摔傷一次，再讓父母疼愛一回該有多好啊！」

約翰罹患的是強迫性神經症，簡稱「強迫症」，這種心理疾病在臨床上有很多種類，根據其表現，大體可將強迫症劃分為強迫觀念及強迫行為兩類。

強迫觀念表現為反覆而持久的觀念、思想、印象或衝動念頭，力圖擺脫，但又為擺脫不了而緊張煩惱、心煩意亂、焦慮不安和出現一些軀體症狀。如：強迫性地懷疑是否關好瓦斯，準備投寄的信是否已寫好地址，門窗是否已關好等等；強迫性地回憶已講過的話用詞、語氣是否恰當等；出現強迫意向，如過馬路時，想要衝向正在駛過的汽車等等。

強迫動作又稱強迫行為。常見的症狀有強迫洗手、洗衣；出門時反覆檢查門窗是否關好，寄信時反覆檢查信中的內容，看是否寫錯了字等等；見到電線杆、臺階、汽車、牌照等物品時，不可克制地計數，如不計數，患者就會感到焦慮不安。

強迫症的形成機制比較複雜，通常認為有以下幾方面的原因：

（1）遺傳因素：家族調查發現，患者的父母中有約5%～7%的人患有強迫症，遠遠較一般人群高。

（2）心理社會因素：學業和工作緊張、家庭不和睦及夫妻生活不盡人意等可使患者長期緊張不安，最後誘發強迫症的出現；意外事故、家人死亡及受到重大打擊等也可使患者焦慮不安、緊張、恐懼，誘發強迫症

的產生。

（3）生化：強迫症患者的5-HT能神經系統活動減弱，進而導致強迫症產生，用增多5-HT生化遞質的藥物可治療強迫症。

正常人是否也會出現強迫現象呢？大多數正常人也曾出現過強迫觀念，例如不自主地反覆思考某一問題，或念某幾句話，或唱一兩句歌，反覆如此，但不影響正常心理活動和行為，所以不能看作強迫症，可以採用心理學的方法加以糾正。

羅特（1916年）

美國心理學家，對心理學中的兩大傳統：強化理論和場理論做了整合，發展了社會學習理論。1950年他完成了語句填補測驗，把投射技術予以數量化，用於診斷個體適應不良的程度。1988年獲得美國心理學會頒發的傑出科學貢獻獎。

瘋狂的賭徒們

患病理性賭博障礙的患者，總會感到有一股力量推動自己去賭博，不賭博就會感到身心不舒服。

據報導：一股罕見的賭博風正在美國各軍事基地裡蔓延，很多士兵沈溺賭博，變成了窮光蛋。

案例1：

去年年底，當克利·貝絲·沃爾什和兩個剛剛蹣跚學步的孩子所乘坐的飛機在韓國首爾機場降落的時候，她並沒有看到調到這裡的丈夫的身影。最終他還是搭計程車來到機場迎接他們母子，但已身無分文，對家人的到來毫無準備，他甚至沒有錢租車將妻兒送到他的基地，他也沒錢租房子，錢包裡更沒有信用卡。

這一切令沃爾什太太大感意外：「他每年收入超過6萬美元。但我們總是沒錢花。」最後，沃爾什太太終於知道整件事情的來龍去脈。她的丈夫亞倫·沃爾什一級準尉，因經常在駐韓美軍基地的老虎機上賭博，結果2萬美元都化為烏有。就這樣，到了9月份的時候，亞倫·沃爾什的婚姻和事業全都亮起了紅燈。為了避免因沈溺賭博受到軍事法庭的指控，33歲的亞倫·沃爾什被迫主動提出退役。

最後，他和妻子在網上看到加利福尼亞州的彭德萊頓兵營，可以治療賭

癮，於是把他送到那裡接受治療。他還表示：「在韓國的士兵沒有人聽說過那裡可以治療賭癮。」

和90%有賭癮的人一樣，亞倫‧沃爾什接受首次治療後復發，他駕車從醫院去了拉斯維加斯，逾假不歸，在被拘捕並送回韓國前又賭輸了18000美元。當時，他的妻子已經回到她在緬因州的家，準備離婚。

於是，亞倫‧沃爾什又趕快飛回老家，可是，沒過多久時間，他又背著妻子偷偷去了拉斯維加斯。他在用對方付費電話接受採訪時表示，他現在又輸了10700美元，這是他最後的積蓄。他說：「過去的9天，我都睡在大街上，我不知道將來怎麼辦？」

案例2：

瑞典《快報》曾經報導，瑞典的世界乒乓球壇常青樹瓦爾德內爾，在接受記者採訪時承認，自己是一個間歇性賭徒，他不僅把自己靠打乒乓球賺來的錢幾乎都輸光了，而且還借債賭錢。

現已將近四十歲的「老瓦」說，自己在10多年前就已經發現自己沈溺賭博，但總是無法克制，而且還越陷越深，賭癮越來越大。他戒賭過一段時間，但後來忍不住，又開始賭了起來。半年前，他不得不開始接受瑞典的一名很有經驗的治療專家的治療。

瓦爾德內爾主要賭的是瑞典開設的各種體育彩票。此外，他九〇年代在德國乒乓球俱樂部打球時還經常到賭場去賭。據他自己估算，他至少已賭輸了500萬瑞典克朗（1克朗約合1元人民幣）。最嚴重時，他一天要輸掉兩三萬克朗。

現代的醫學研究顯示，賭癮的形成，不僅和心理有很大關係，而且，也帶有大腦生理上的改變。因此，賭癮是僅次於毒癮的心理疾病。

沉溺賭博不能自拔，已經成為一種病態行為，用心理學家的話來說，這是一種「病理性賭博」或「強迫性賭博」。其本人總感到有一股力量推動自己去賭博，不賭博就會感到身心不舒服。正因為如此，心理學家也把賭癮列入「心癮病人」的行列，顯示它需要接受專業心理治療。

德國的克利斯蒂安·布徹爾醫生認為，那些對賭博呈病態愛好的人，大腦中使人感到愉快的化學物質不能保持在正常水準，他們一生都需要不斷地尋求賭博的刺激，來達到自身的滿足感。這與吸食毒品成癮是相同的。

機率學已經揭示賭博之人，無論曾經的戰績如何輝煌，最後多半會輸。許多賭徒都抱著「撈回老本」的希望，然後輸得一敗塗地，弄得家破人亡。儘管有這麼多前車之鑑，還是有很多的人陷入賭博的泥沼中，欲罷不能。病態心理學家和精神病學家經過長期研究，找到了吸引大部分賭徒屢賭屢輸、屢輸屢賭、越賭越大的原因。

好賭的根源在大腦。賭博能夠刺激人的大腦產生一種名為多巴胺的神經介質。多巴胺會帶給人欣慰的感受，很多人都會重複那種與欣慰感覺相關聯的行為。賭博恰巧碰觸到了大腦中釋放多巴胺的那根「筋」。為了尋找賭博和神經介質釋放之間關係的直接證據，瑞士科學家用猴子實驗來模擬人類賭博行為。

實驗前，科學家給猴子大腦裝上電極。這些電極可以隨時記錄猴子大腦內

特定神經細胞放電的情況。那些神經細胞放電就說明這些細胞正在釋放神經介質。在這項實驗中，如果釋放多巴胺的神經細胞放電猛增，就說明猴子已經找到了感覺。實驗時，猴子面前設置的電腦螢幕上可以顯示五種不同的圖案。每當某種特定圖案出現時，猴子就有機會得到獎勵——一口果汁。

記錄發現，如果一種圖案讓猴子根本猜不出下一步的圖案是什麼，以及能否得到果汁獎勵時，牠們分泌多巴胺的神經細胞放電活動最頻繁，猴子也因此目不轉睛地盯著電腦螢幕。相反，如果某一特定圖案表示下面肯定有獎或肯定無獎時，牠們的神經細胞就不會產生太強的興奮。說明期待和猜測渴望得到的結果最能激發神經細胞興奮，使多巴胺釋放。

這項研究提示人們，賭徒之所以不斷回頭，主要緣於對下注之後、結果未卜的刺激追求。賭博具有難以自制的成癮性，使人為了一時的快樂喪失理智，甚至不惜以傾家蕩產為代價，從這一點上，賭博和吸毒非常相似。

洛倫茲（1903年～1989年）
奧地利動物學家、習性學創始人之一，開始了在自然條件下觀察動物行為的方法，對鳥類行為的研究做出了獨特貢獻，並提出動物本能行為的固定行為模式和動物學習的「印記」等概念。1966年當選為國家科學院院士，1973年與K.弗里希、N.廷伯根共同獲得諾貝爾生理學獎。

病理性賭博的三個特點：
1、參賭心切，輸了想撈回老本，贏了想再撈一把。否則就六神無主、如坐針氈，整天考慮賭或是盤算如何撈錢來賭博。
2、高頻率、長時間參賭。只要增加賭博時間、頻率，就會感到滿足。
3、常常不顧實際情況和後果來增加賭注，賭資越大，感覺越好。

綿羊的心理陰影

脫敏療法是透過誘導求治者緩慢地暴露於導致焦慮的情境中，以放鬆的心理狀態來對抗這種焦慮情緒，最終達到消除這種過敏的情緒反應為止。

康奈爾大學的心理學家霍德華·利德爾本來是一位看起來心慈面善的老先生，但是，他卻做了一件在一般人看來非常瘋狂的試驗。

他在一隻綿羊和一隻豪豬身上不斷進行點擊，直到牠們表現出一系列的精神病或某些與人類精神病類似的症狀。

在郊外的一座農場，利德爾利用農場主人的羊圈做試驗，他和助手將一隻綿羊關在羊圈裡，將一根電線綁在羊腿上，而後打開羊圈的電燈，緊接著即送一股電流，使羊遭到電擊。

一開始，只有電擊時牠才會跳躍幾下，並沒有把電擊和燈光聯想起來。直到十幾次電擊之後，牠才明白電燈開關的意義，只要一開電燈，牠就會開始亂竄亂跳，試圖躲避電擊，但總是徒勞無功。

就這樣，大約經過1000次電擊之後，這隻羊只要一見到羊圈，就會拼命後退和掙扎，不願走進羊圈。電燈一打開，牠便兩眼發直，渾身顫抖，口吐白沫，呼吸急促。這時候，即使是再把牠帶回草地上的羊群裡，牠也會行為異常，不願合群，因為牠已經像人一樣罹患了憂鬱性精神病。

接下來，利德爾進行的試驗是打算將這一過程給扭轉過來。他將這隻精神創傷十分嚴重的綿羊仍舊腿上綁著電線關進羊圈，接著打開電燈，但不給牠電擊。剛開始，即使是沒有電擊，牠仍然出現前面所說的精神狀況，直到經過無數次沒有電擊的燈光照射後，牠終於忘記了燈光信號的恐怖意義。

最後，牠徹底地去除了條件反射。

　　這時候，約翰尼斯堡一位名叫約瑟夫‧沃爾普的人也在進行著一項試驗，只不過，他試驗的對象是貓。他把一些貓關在實驗室的籠子裡，給牠們餵食時電擊牠們，使牠們產生恐懼型精神病。經過一段時間的電擊，這些貓即使餓得兩眼昏花，也不願意在籠子裡進食。

　　後來，為了消除貓的條件反射，沃爾普讓牠們換一個房間進食。新的環境減輕了貓的焦慮感，牠們很快學會在這間房子的籠子裡進食。接著，沃爾普再將貓放進與實驗室極為相似的房間，讓牠們在那裡的籠子裡進食。之後，貓也逐漸擺脫了這種心理陰影。

　　沃爾普稱這個方法為「反向抑制」、「脫敏」。很快地沃爾普就嘗試將這種方法應用於精神病人的治療。由於進食在人類身上不會形成足夠強烈的反應，且不可能在實驗室裡進行時機運用，於是，他開始尋找一種比較高、能夠用於病人的特殊方法。

　　20世紀50年代早期，他將自己的成功研究公佈於世，並開始介紹自己的診療技巧。受沃爾普的啟發，其他治療師也開始進行脫敏和其他形式的行為治療。到70年代，它已經成為主導性的治療方法。

> 沃爾普（1915年～1997年）
> 美國行為治療心理學家。他的實驗研究顯示，動物神經性症狀的產生和治療都是習得的。因此，他認為治療人類神經症的方法也可以因此發展出來，於是提出了交互抑制理論以減少神經症行為，並從該範例出發，發展了系統脫敏技術。

小女孩的戀父情結

佛洛德認為在性心理的發展過程中，孩子的性要求要在親近的異性父母那裡得到滿足，女兒對父親發生愛戀叫做「戀父情結」。

蘇珊娜坐在心理諮詢室裡，喃喃地對醫生說道：「幾個月前，我喜歡上了我的老師，儘管他比我大20歲……他是單身，課講得很好，人也長得帥，我經常向他請教。那段時間我感到很快樂，這是我從來沒有過的感覺。可是當我向他表白時，他委婉地拒絕了我，我真的很難過。」

「然後妳做了些什麼？」醫生問。

「我知道我們不合適，不會再找他了。」

然後，醫生又挑了一些蘇珊娜感興趣的話題，與她聊了起來。他發現蘇珊娜是一個聰明、好學、上進的女孩，於是，醫生直接表達了自己的感受，小女孩再次沉默了。

醫生坐在那裡，也不打擾她的思緒，最後，蘇珊娜終於輕聲地問：「是我聽錯了嗎？」女孩小聲答：「我有四年沒有聽到別人這樣說我了。」

「那時我15歲吧？」女孩用更小的聲音回答：「我爸爸去世了。」她哽咽的聲音由小變大，眼淚撲簌簌地掉了下來。

看來這個女孩把對父親的思念壓抑太久，應該鼓勵她宣洩出來。女孩察覺到自己的失態，極力控制情緒小聲地說：「不好意思。」醫生說：「誰遇到這樣的事都會很難過的，哭出來吧！會好受些。」

她說：「不哭了，媽媽看到又要擔心。父親去世前，我是個人見人愛的女孩，父母以我為傲。父親去世，我和媽媽受了沉重的打擊，從此我不能專心聽講，成績直線下降，沒考上大學。一年前，我努力調整自己。我知道，只要我高興了，媽媽才能快樂。這一年，我和媽媽都改變了許多。我們的生活逐漸步入正軌。」

「妳真是個懂事的好孩子！我為妳媽媽有妳這樣的女兒高興，更為妳的自我調整能力自豪！我想妳爸爸看到妳現在的樣子也會感到欣慰的。」醫生說道。

「謝謝，可是爸爸對我的影響太大了，我忘不了他，我是個沒有爸爸的孩子，我無法交男朋友了。」

維亞茲醫生的心為之一震，這可能是女孩的癥結所在。

女孩緩緩地說：「我發現我喜歡的老師有許多地方像我爸爸，我所憧憬的白馬王子也有像我爸爸的地方，這怎麼辦？您說，我是不是有戀父情結？我該怎麼辦啊？」

心理學家佛洛德發現，兒童的心理發展過程中普遍存在戀父情結和戀母情結。3歲左右，孩子開始從與母親的一體關係中分裂開來，把較大的一部分情感指向父親。有所不同的是，男孩更愛母親，而排斥和嫉恨父親，女孩除了愛母親之外，還把愛轉向父親，甚至要和母親競爭父親的情感，因此，對母親的愛又加入了恨的成分。戀父情結又叫「埃勒克特拉情結」，來自古希臘悲劇，劇中主角埃勒克特拉誘使其弟弟殺死了母親以為父親報仇，戀母情結又成為「俄狄浦斯情結」，也源自於古希臘神話，神話中主角俄狄浦斯殺父娶母。

父親在兒童早期心理發展中有著獨特的作用，他既是拆散母嬰結合體的建設性分裂者，又鼓勵和支持和兒童的獨立和自由，有利於個性的發展。他是兒子學習男子漢氣質的榜樣，也是女兒形成女性氣質的引導者、支持者和認可者，對兒童性別角色的分化具有很大作用。

但是，如果未能有效地解決孩子的戀父和戀母情結，安然度過這一個階段的話，將會給往後的生活帶來很多的麻煩，成為某些心理疾病的癥結。

如何避免「戀父情結」的出現：

1、性的教育：其中有兩個方面：一是性的社會角色教育，讓孩子明白「男女有別」，教育孩子從依戀父親中解脫出來；二是幫助孩子走向同齡、同性夥伴，結交同性朋友，為將來青春期結交異性朋友做好準備。

2、行為配合：孩子的「戀父情結」，既源自於其嬰幼兒期父愛的過溢與母愛的不足，因此，矯枉時必須過正：一方面，身為父親，應堅定而巧妙地暫時疏遠女兒；另一方面，身為母親，則應急起直追，行為上親近。再親近女兒，滿足女兒的愛欲依附。

朱智賢（1908年～1991年）

字伯愚，贛榆縣贛馬人。教育、心理學家。1951年起任北京師範大學心理學教授，並擔任中國教育學會副會長、中國心理學會常務理事等職務。他專長發展心理學，堅持用辨證唯物主義觀點研究兒童心理發展問題，探討兒童心理發展中先天與後天的關係、內因與外因的關係、教育與發展的關係、年齡特徵與個別差異的關係等問題。主張兒童心理學研究中國化，負責承擔國家重點科學專案《中國兒童心理發展特點與教育》的課題。

朱智賢主編的《心理學大詞典》曾這麼釋義：「女兒親父反母的復合情緒。佛洛德把小女孩對父親的深情專注，想把母親置於一旁，取代她位置的願望，即『愛父嫌母』的潛在願望，稱為戀父情結。」

願受皮肉之苦的女子

性施虐癖是指在性交前或同時，向性對象施加肉體上或精神上的痛苦，以獲得性快感和引起性衝動；性受虐癖則是指在性交前或同時要求性對象對自己施加肉體上或精神上的痛苦，以獲得性快感和引起性衝動。

美國的一個小鎮上，已出嫁的貝蒂身上傷痕累累，無意中被母親林達發現，媽媽為此心痛不已。起初她還以為是小倆口打架的「後遺症」，還準備向女婿興師問罪呢！誰知道經過再三追問，事情的真相把她嚇得目瞪口呆，原來那些暴力行為是她女兒在過夫妻生活時所樂於接受的，並認為只有這樣做才「夠刺激」、「夠味道」。

於是，母親便懷疑女兒有性心理方面有障礙，因此陪著她去找心理醫生。經過耐心的交談，醫生從她身上意外地發現其原因在他的丈夫馬克身上。

馬克是位電腦工程師，原在紐約工作，儘管他個性內向、孤僻，但技術在當地卻堪稱一流，三年前來到這個小鎮，開了一家自己的電腦公司。

馬克憑著自己的工作條件和技術優勢，閒暇時更是在網上縱情遨遊，尤其熱衷於「拳頭加枕頭、熱血伴溫柔」的場面，以致越看越上癮，最終變成一條不折不扣的「網蟲」！

在業務蒸蒸日上的同時，馬克的感情生活卻是相當坎坷，女朋友談一個「散」一個，繼同居的女友與其分手後，結婚不到半年的妻子也堅決與他離婚了。外人對此一直大惑不解，直到今天貝蒂才道出事情的始末：原來馬克在性生活時有對性對象施以五花大綁、恣意抽打的怪癖，而且越激烈越過癮，使得很多女孩根本就無法忍受。

直到他認識了貝蒂之後，「互補」的需要才使婚姻穩定下來。

像馬克與貝蒂這兩種情況，在醫學心理學上分別稱為性施虐癖與性受虐癖，兩者合稱為「性虐待症」。

心理學家認為，性受虐癖的女患者是企圖透過這種象徵「懲罰」的行為方式，以克服或抵消本人在性方面的罪惡感情。

儘管性施虐癖的病因還不大清楚，但在馬克身上，我們仍可以看到兩點助長性施虐傾向的不良因素。其一是他的性格。專家認為：「典型的性施虐癖患者常常是害羞的、被動的，是對婦女有極端偏見的人和痛恨婦女的人。」

據貝蒂反映，馬克經常上「色情網站」。專家們早已指出，暴露於淫穢物品下的觀眾，除了產生原發性損害外，還可產生繼發性的損害。有關研究也顯示，應用淫穢物品時間越長，性變態持續時間也越長，淫穢物品應用還促進重複性犯罪。

由此可見，及時糾正不良性格傾向，自覺抵制「黃色」媒體的不良影響，對於促進心理健康發展是有著深遠意義的。

安德武德（1915年～1994年）
美國心理學家，在語言的獲得和保持、人類學習和記憶方面的實驗和理論研究十分著名。1970年當選為國家科學院院士，1973年獲得美國心理學會頒發的傑出科學貢獻獎。

希貝拉女士的苦惱

心理疏導療法是在診療過程中產生良性影響，對患者阻塞的病理心理進行疏通引導，使之暢通無阻，進而達到治療和預防疾病，促進身心健康的目的。

31歲的希貝拉大學畢業之後，來到紐約某外商公司擔任行政主管。

希貝拉出生在紐約，1歲時，因父母工作忙碌無法照料而將其送到鄉下農場由外祖母代為扶養，3歲時弟弟出生，7歲上小學時回到父母身邊，感到與父母的關係總是有些隔閡，無法親近，父母總是偏向弟弟，無論自己怎樣表現都不滿意。在中學時期聰穎好學，成績優異。十九歲上大二時，她曾因人際關係的困擾感到焦慮、抑鬱而休學一年。

大學畢業來到一家條件很好的外商公司工作，24歲結婚，2年後離婚。

希貝拉聰穎好學，業務純熟，工作一絲不苟，兢兢業業，吃苦耐勞；同時要求他人也很嚴格。總想把事情辦得更好，把人際關係處理好，而且，她還非常在意別人對自己的評價，可是事與願違，總是得不到滿意的回報，似乎整個世界都對自己不公平。

特別是離婚之後，有一次指責下屬，聽到了下屬的背後議論：連自己的老公都處不好，這樣的變態女人誰受得了呀！為此她陷入了極度的沮喪之中，從內心裡不願意見到任何人，不願意做任何事，經常埋怨自己無能。不知道為什麼，一遇到開會報告、接待來客，指導、批評下屬時就緊張、焦慮，還會出現尿急馬上往廁所跑的毛病。

最後，希貝拉實在無法忍受這種折磨，就來到心理諮詢中心求助。

她對心理醫生說，她時常為自己和他人的關係處不好，對完成工作任務缺乏自信心而感到焦慮、沮喪。其實，自己對諮詢也抱著一種矛盾的心態，一方

面，她擔心諮詢師會像她的同事、朋友一樣認為她心理變態；另外，自己又希望諮詢師能夠幫助她，解決她的困難，從困境中把她拯救出來，但是又懷疑諮詢師能否將困擾她近20年的問題解決。

三個月後，希貝拉在心理醫生的疏導下，完全走出了心理陰影，恢復了往日的自信。

心理專家說，對於希貝拉女士這種積滯阻塞的負面心理狀態，如果採取心理疏導療法將會取得很好的效果，疏積通滯是引導的前提和基礎，引導是疏通的目標，也是疏通的發展與繼續。

透過疏導，有序地將多年的心理癥結、內心深處的隱情等充分表達出來，幫助其分析整合，自我認知。可以使求助者在逐步認知的過程中提高自信、自我領悟、自我轉變的能力。

所謂「疏通」，是指醫患之間能夠得到充分的思想交流，透過資訊收集與資訊回饋，有序地把病人心理阻塞癥結、心靈深處的隱情等充分表達出來。

「引導」即在系統獲取資訊的基礎上，抓住主軸，循循善誘，改造病人的認知結構，把各種不正確的認知及病理心理引向科學、健康的軌道，這也是病理心理到生理心理的轉化過程。

　　心理疏導系統的治療模式：不知→知→認知→實踐→效果→再認知→再實踐→效果鞏固。這種治療是一個不斷循環逐步深入的認知過程，所以它的效果不僅僅是求得症狀的消失，而是以遠期鞏固的效果為最終目標。

吉爾福特（1897年～1987年）

美國心理學家，主要從事心理測量方法、人格和智力等方面的研究。他因應用心理測量方法和因素分析法進行人格特質的研究，特別是對智力的分類而馳名世界。1950年當選為美國心理學會主席，1954年當選為國家科學院院士，1964年獲得美國心理學會頒發的傑出科學貢獻獎。

在病患的資訊轉換過程中，應注意以下幾個環節：

1、注意資訊的遺失和失真問題，避免給治療帶來阻礙。

2、要注意綜合性運用資訊傳輸，以求達到「事半功倍」的效果。

3、要注意疏導過程的調控。

調控原則：掌握心理治療平衡。

調控手段：主要靠資訊反映回路。

沉默中的男孩

精神分裂症是以基本個性改變，思維、情感、行為的分裂，精神活動與環境的不協調為主要特徵的一類最常見的精神病。

愛爾蘭是位帥氣的英國男孩，今年23歲，曾在軍隊服役。因生活逐漸疏懶，不遵守紀律被認為有心理疾病而住院。愛爾蘭自幼膽怯，沉默寡言，不合群。據說他以前學業成績一直名列前茅，高中畢業後在當地工廠工作，第一年表現非常好，因而受到上司的賞識，第二年則表現平平，不久即入伍了。

入伍當天即發現其注意力渙散，出操時心不在焉，同一個動作，別人一學就會，他要學幾遍才會。早晨很喜歡賴床，出操時常姍姍來遲，面對指責也若無其事。平時很少和同袍接觸，總是孤單一人，來回踱步，大家都說他是個「怪人」。

半年後，他更加懶惰，入夜即睡，對任何娛樂活動都不感興趣，家人每次寫信給他，他也懶得看，而且還從來不回信，理髮、沐浴、更衣等均需同袍一再催促，洗衣服也僅往水中一泡了事。站崗時席地而坐，閉目養神。一次，外出巡邏，經過商店，他擅自拿起零食，吃一口就放下，說了句「這麼難吃！」就走了。非常喜歡照鏡子，認為自己「鼻子變高，眼睛變大」。經常要求家人帶他去做整形手術。經常獨自發笑。

　　無獨有偶，有位傷心的母親去找心理醫生，哭著訴說她15歲的兒子邁克爾最近幾年來突然變得很奇怪，常常一個人在房間裡呆坐，不言不語，學業成績急劇退步，整天懶懶散散。近來還經常平白無故地毆打鄰居的孩子，砸爛家中的家具。不管如何打他、罵他，都無法改正他的行為，令家人傷透腦筋。這位傷心的母親想求助於心理醫生，幫助矯正兒子的異常行為。

　　經過心理醫生的瞭解和對他們日常的行為表現，並直接接觸、觀察了這兩個人之後，診斷出他們這麼做並不是出於故意，因為他患有單純型精神分裂症的精神疾病，因此導致這些異常行為。

　　單純型精神分裂症好發於少年時期，所以又稱為兒童精神分裂症。發病較緩慢、發病誘因不明顯，最初不易被人發現，一旦被懷疑有病時，病情往往已發展到比較嚴重的階段。就像案例中的邁克爾一樣，家人在他出現呆坐、不發一語、懶散、情緒波動大等變化時並未在意，直到出現打人、砸東西等激烈行為時才意識到問題的嚴重性。

　　病情的發展，使情感、言語、思維、行為等方面的障礙更加嚴重，對外界環境毫無興趣，既不悲傷也不高興，動作刻板、單調、重複，有時莫名的興奮、突然打人、砸物，有時又表現木僵呆坐，言語日漸減少、沉默，有時又爆發式地說一些不完整的、單調的語句，比手畫腳、動作離奇古怪。但這種類型的精神分裂症通常很少出現幻覺、妄想和緊張症狀，自知力沒有喪失。因此，屬於輕型的精神分裂症。

路特（1933年）

英國發展變態心理學家，主要從事對自然和教養在個體發展過程中的相互作用的研究，並運用自然實驗來檢驗基因和環境在心理發展中所產生的作用。1987年當選為英國皇家協會成員，1995年獲得美國心理學會頒發的傑出科學貢獻獎。

精神分裂症是一組病因未明的常見精神疾病，好發於青、壯年，常有感知、思維、情感、行為等方面的障礙和精神活動的不協調，病程遷延，常可發展為精神活動衰退等特徵。本病患病率高，中國統計可達6.55%，占精神障礙（不含神經病）終生患病率13.7%的半數左右，精神疾病中患病率最高的一種。本病嚴重損害患者的心身健康，給患者家庭、社會帶來沉重的負擔。

精神分裂症早期症狀：

1、懶散：不講究個人衛生，對工作不認真，不遵守紀律。學生遲到、早退，不完成作業，學業成績退步，受到指責也覺得無所謂，仍然我行我素。

2、淡漠：對人冷淡，迴避社交，沈默寡言，常獨自呆坐，或無目的漫遊，對他人的關心也無動於衷。

3、自語、自笑：經常聽到病人喃喃自語，不知所云，或者獨自發笑，令人不解。

4、猜疑：無端懷疑他人對自己有惡意，情緒善變，無故發脾氣或緊張、恐懼。

5、莫名其妙的不舒服：總強調自己失眠、頭痛、易疲勞，不積極地治療身體的不舒服。請注意，這是軀體疾病與精神疾病的重要區別之一。

6、頻繁照鏡子：長時間呆坐在鏡子前面，端詳自己的面容。這可能是由於一種叫做感知綜合障礙的症狀造成的病人看到自己的臉變形了，或者不真實了，所以才長時間照鏡子。

同性戀男孩的苦惱

同性戀是指以同性者作為滿足性欲對象的一種性行為，傳統的觀點認為是屬於性變態。在1980年以後，把同性戀列為性定向障礙，按其標準大多數同性戀並不屬於精神障礙的範疇。

約翰是一個大學生，也是一個同性戀者。父母經商，所以家中的經濟條件不錯，一直以來，約翰在物質上需要什麼東西，他們都會毫不猶豫地滿足他，大學期間父母每月給約翰的零用錢也有兩三千美元，這也為約翰的同性戀提供經濟基礎。

按照常理，約翰身為家中的唯一男孩，應該得到父母的百般寵愛，然而，父親從小對約翰管教極嚴，哪怕只是小男孩常有的調皮行為，輕則招來一頓臭罵，更多的是遭受父親的痛打。

而姐姐或妹妹闖了禍，頂多也是罵幾句就算了。母親對約翰的態度卻截然不同，她很疼愛約翰，從來不會打罵約翰，在她面前約翰感到被愛。父母對約翰態度的反差，一方面使約翰在內心很希望被重視、被關愛，但不願意主動去關愛別人，另一方面讓約翰感到在父親面前，只有姐姐或妹妹才有資格得到關愛。

上高中時，約翰明顯感覺只喜歡與同性夥伴交往，直到約翰大學畢業的前一年，約翰在網上結識了一位叫傑斯特的男性，也在讀書。在網上聊了兩個星期後，他決定搭飛機與約翰見面。兩人一見鍾情，相見恨晚，交往後不久就有性行為。但在與他交往的過程中，約翰隱約感到他對約翰有所隱瞞，有時他接電話時會刻意地避開約翰。

有一天，傑斯特搭車來看約翰，約翰和他在酒店見面。約翰無意中看到他手機上的留言，發現他另外有男朋友，留言上顯示出他們的關係也很親密。這

時，約翰家人也發現了他們之間的關係，極力反對，並施加壓力，如果約翰不斷絕與傑斯特的來往，他們將斷絕約翰的經濟來源。母親、姐姐、妹妹輪番勸約翰離開傑斯特，過正常人的生活。約翰要求傑斯特放棄他那個男朋友，和他回家跟約翰父母表明他們之間的關係，他們將生活在一起，沒想到他那個男朋友打電話來，約翰叫傑斯特不要接他的電話，最終，他還是走出去接聽電話。半小時後，他回來說要回去了。

約翰很傷心、很失望，咬牙切齒地說：「你這次走了以後，我們以後再也沒有任何關係。」他還是走了，同時也帶走了約翰的一切，約翰每天都在極其痛苦、期盼中煎熬，終於有一天約翰承受不了痛苦，服食大量安眠藥自殺，所幸被家人及時發現送醫急救。醒來時看到家人對他關愛的眼神，一個個為他而累得疲憊不堪，令他百感交集，內疚不已。

這是一個比較典型的同性戀例子。當事人的同性戀取向主要與他家庭有關：父親從小就給他留下了兇狠、粗暴、不講理的形象，使他憎恨父親，另外，父親對他姐姐和妹妹所採取的截然不同的態度，使他產生只有女孩子才會得到父親關愛的錯覺。而母親對他則是很溺愛，只要他想要的東西，母親從不過問有何用處就買給他，他要做什麼事情，母親一概支持，盡量滿足他。

在母親身上，他體會到被關愛、被寵愛、能隨心所欲的感覺。父母親在他心中形象的反差以及他從他們身上得到的體會，造成了他認為「父親在家中形象都是這樣畸形的，母親是善、愛的化身」，使得他對性別認同社會化過程發生障礙，產生性對象倒錯。

> 魯利亞（1902年～1977年）
> 前蘇聯心理學家，神經心理學的創始人。他的傑出貢獻是關於心理活動的腦機制的研究，提出了腦的動態機能定位理論。曾擔任國際心理科學聯盟副主席，1968年當選為國家科學院院士。

瑪利亞遇邪

歇斯底里是在心理方面受到強烈衝擊的時候，身體方面也產生異常現象，所以這是由心理的壓力轉換成生理方面的病症。

　　瑪利亞和傑克是同班同學，本來關係不錯，可是最近這段時間，兩人好像仇人似的。有一次，在體育課上，兩個人又為應該打籃球或是踢足球而爭執。傑克就用刻薄的語言諷刺瑪利亞。

　　開始時，瑪利亞也譏諷傑克，可是最後，兩人越吵越厲害時。油嘴滑舌的傑克語音壓倒了瑪利亞。一氣之下，瑪利亞突然說不出話來。瑪利亞害怕極了，她拉扯著領扣，用手揪著頸前的皮膚，然而，越著急就越說不出話來。她愣住了，急得又跳腳又騷抓頭髮，眼淚撲簌簌地流了出來。

　　傑克最初覺得自己壓倒了對方，出了一口怨氣。當他看到瑪利亞的樣子，再聽圍觀的同學議論著說，是他把瑪利亞氣成啞巴的。於是，他也開始害怕起來，要知道，這個責任若是落在自己身上，自己要面對的，就不僅僅是被學校退學那麼簡單了。

　　湯姆是他們的老師，他雖然已經四十多歲了，但這樣的情況他還是第一次見到。他見瑪利亞果真不能講話，也不知所措。不過，他的生活經驗畢竟比這些學生豐富很多，所以，他一邊勸慰瑪利亞不要害怕，一邊和學校聯繫，讓學校派車子把瑪利亞送到醫院。然而，到了醫院，醫生經過檢查之後，建議他們趕快送她去精神病院，於是，他們又轉到了精神病院。

　　老師和一些同學簇擁著瑪利亞來到診療室。醫生看了一眼瑪利亞的狀態，

就非常友善地給瑪利亞做了一些詳細的檢查。然後，他對湯姆和同學們說：「先請你們到外面等一等吧！瑪利亞的病我們會治好的。」

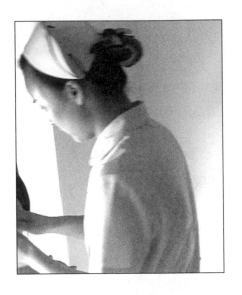

診療室內只留下醫生和一位護士。過了大約10分鐘的時間，瑪利亞竟然能夠講話了。當湯姆進診療室時，瑪利亞高喊一聲「老師……」便流下了眼淚。醫生也安慰瑪利亞：「妳別害怕，再吃一些藥就完全好了。」

意病是神經官能症中常見的一種，又叫歇斯底里。也就是在民間稱為遇邪的病，它其實就是意病。

它是在精神因素作用下發病的，特別是在疲勞、月經期、健康狀態不良等情況下易發此病。還有在自尊心受到傷害、人格受到污辱、家庭不和、婚姻失和等引起的強烈情感反應時，某些人也會發病，這都是明顯的精神因素的作用。

不過，這些都是首次發病的情況，而在第一次發病之後如果再次發作時，就不一定具有明顯的精神因素了，可能遇到與第一次發病因素內容相關的原因或是因此回憶起第一次發病時的體驗，都可能引起再次發作。

意病的發病除了精神因素

外，性格也是一個重要原因。心理學把這種性格稱為意病性格。意病性格的特點是情感的強烈和多變性，這種病人的情感活躍，但膚淺幼稚，易受環境影響，從一個極端轉向另一個極端。他們判斷是非的標準是從感情出發。這種人很容易受到周圍人言語、行為、態度的影響。

邁克比（1917年）
美國心理學家，早期的研究重點是學齡前兒童和兒童中期，近幾年主要從事對青少年的研究。1988年獲得美國心理學會頒發的傑出科學貢獻獎，1993年當選為國家科學院院士。

歇斯底里症以心理治療為主，採取分析療法、行為療法以及集體療法進行治療。由於歇斯底里好發於青少年，尤其是女性，所以提供一個較好的人際環境無疑有助於防治歇斯底里症的發生，同時，歇斯底里症容易與其他神經性、精神性疾病混淆，因此，必須把握歇斯底里症的人格特徵與具體表現，以免延誤治療：
1、高度的情緒強度與易變性。患者的情緒反應過於強烈，常常帶有誇張的色彩，並且情緒很不穩定，容易從一種情緒轉為另一種情緒。患者常常感情用事，判斷是非的標準常從感情出發。
2、高度的暗示性。患者暗示感受性很高，他的行為很容易受到他尊敬的人或有好感的人的言行的影響。這種病人的自我暗示感受性也很高，甚至可引起身體的各種不適症狀。高度的自我顯示感。患者喜歡自己，誇耀自己，願意成為人們注意的焦點。

卡那的怪病

神經官能症簡稱神經症，是一種很常見的輕度大腦功能障礙的總稱，多見於腦力勞動者。它包括神經衰弱、意病、強迫症及焦慮症。

卡那近來不知得了什麼怪病，每次發作，都是氣喘吁吁，總是感覺脖子兩邊冒出兩個大氣泡。而且，這兩個大氣泡還不斷地往外膨脹著。使得她喘不過氣來，幾乎到達窒息的地步。

然後，她會非常難受地高聲喊叫、手腳抽搐著，這種情況幾乎每天都要經歷二十多次，而每次都要持續3分鐘左右。因此，使得她的身體無法承受如此負荷，苦不堪言。

無奈之下，卡那只好到醫院求診，希望能夠早日擺脫病痛。然而，在近一個月的奔波中，她幾乎失去了信心。因為，她跑遍了麻塞諸塞州的所有醫院，無論是有名氣的或沒名氣的。看了數不清的醫生，檢查也一項不漏地做了，可是就是沒發現與症狀相關的器質病變。

在這段時間裡，卡那也吃了很多不同的藥，然而症狀卻沒有得到一丁點的改變。最後，在她即將絕望的時候，有人建議她去找心理醫生，也許會有所轉機。

到了這種地步，卡那只好豁出去了。她抱著試試看的心理來到一家非常有名的心理諮詢室。向心理醫生傾訴了自己的症狀，以及自己所受到的折磨，並聲稱，如果再治不好的話，她真的絕望了，要知道，這種生活她早就受夠了。

最後，在心理醫生的安慰下，她也撫平了自己的情緒。

針對她的特殊症狀，心理醫生們進行了一次又一次的會診，分析了導致卡那一系列症狀的原因，並採取相對的心理疏導，連帶著結合做生物反映治療，讓她感覺到儀器在操縱大腦神經與內臟各器官，皮膚韌帶配合感覺、運動系統功能的協調，同時進行精神放鬆療法，給予少量的藥物輔助。

經過兩個多月的精心調理，卡那竟然在不知不覺中感到原先的症狀逐漸消失了，精神感覺非常輕鬆，心情愉快地開始工作了。

上述病例其實就是常見的一種神經官能症，屬意病的範疇。此病症好發於青、壯年時期，女性多於男性，這類病人都是在精神因素作用下發病的。通常多由急性精神「創傷」性刺激引發的，如氣憤、委屈、恐懼、憂慮或其他種種內心痛苦，都可能導致發病。病人也可以在親人死亡或其他不幸意外遭遇引起的強烈情感反應下直接發病。

神經官能症簡稱神經症，是一種很常見的輕度大腦功能障礙的總稱，多見於腦力勞動者。它包括神經衰弱、意病、強迫症及焦慮症。神經官能症雖然難治，但也有克制的辦法，其中最有效的就是森田療法。

普洛閔（1948年）
英國倫敦行為遺傳學研究所教授，世界上最著名的行為遺傳學家之一。他把對基因、環境的研究和對行為、氣質的發展的研究結合起來，觀察遺傳和環境在一個人的發展過程中所產生的不同作用。

天才兒童的自閉症

兒童自閉症，是一種開始於嬰幼兒時期嚴重的全面發展障礙。主要行為特徵包括：社會交往障礙、言語障礙、刻板行為、感知覺常、發展不平衡等。

在美國，對自閉症的腦功能研究是一項熱門課題。曾經有一篇優秀的自閉症科普文章，摘錄在這裡和大家一起分享。

湯姆在8歲的時候，就成為一個人見人愛的小孩，他和家人一起住在美國加州。他從小就顯得聰明出眾，特別是在數學、自然科學等方面，經常受到老師和同學的稱讚。

與此同時，他還是個迷戀於變形玩具的高手，他的手指非常靈巧，如果自己身上沒帶玩具，而自己又想玩的時候，他就會把自己當成玩具。好比，他可以把自己的手指，一會兒變成火車，一會又變成了機器人。而且，還經常在大庭廣眾之下，為大家表演滑稽、好玩的默劇，這時候，總是會獲得人們無數的掌聲和稱讚。

即使這樣，湯姆的媽媽卻怎麼也高興不起來。因為前些日子，湯姆的老師和他們進行了一次深談。說發現湯姆很少直接看著別人的眼睛，即使是直視了，也會立刻躲開。

湯姆的媽媽開始擔憂起來了，為了驗證老師的話，媽媽讓湯姆在講話時直接看著別人的眼睛，然而，這個要求被湯姆斷然地拒絕了。

媽媽開始回憶起湯姆3歲時的情景，雖然，當時他說話口若懸河，但是卻抓不住語法要領，直到4歲才學會閱讀，卻仍然領會不了句子的大意。

直到現在，湯姆的父母才恍然大悟，他們看似聰明的兒子其實還有著非常嚴重的心理問題。

最後，他們不得不找心理學家諮詢，而心理學家告訴他們：湯姆患有輕微的兒童自閉症，也就是阿斯珀格綜合症。這個消息對這對夫婦來說，無疑是晴天霹靂。

因為就在兩年前，湯姆的哥哥就被診斷出患有深度自閉症，他們出生時看起來一切正常，隨後就陷入了自閉空間，他們會把新買的玩具弄壞，一向不敢和陌生人說話，不時地發出膽怯的嗚嗚聲。先是湯姆的哥哥，現在又是湯姆，巴厘特夫婦開始懷疑他們的孩子是否沾染了有毒物質。他們列出了一大串的名單，想查出自閉症的陰影從什麼時候開始籠罩他們的家族。

其實，為自閉症而痛苦的家庭，並不僅僅湯姆一家，在美國，每150個兒童中就有1個自閉症患者，若加上成人，自閉症患者就有上百萬人。

兒童自閉症又稱兒童孤獨症，是一種嚴重的嬰幼兒發育障礙。以社會相互作用、語言動作和行為交往三方面的異常為特徵。

主要表現為不與別人交往和建立正常的社會關係，患病兒童沉浸在自己的世界裡，無法用語言、表情、動作跟別人甚至自己的父母進行溝通、交流，且學習正常人的語言會很困難，與人交流及與外界溝通也很困難，並可能重複幾種動作（拍手、搖擺）。當日常生活中出現變化，他們會強烈抵制。

孤獨症對行為的影響，除了語言和社交困難外，還會有在父母、家人面前表現得極為亢奮或沮喪。這種疾病通常好發於3歲之前，通常在3歲以前就會表現出來，一直延續到終身，是一種嚴重情緒錯亂的疾病。孤獨症無種族、社

會、宗教之分，與家庭收入、生活方式、教育程度無關。

　　據歐美各國統計，約每1萬名兒童中有2～13例。已從遺傳因素、神經生物學因素、社會心理因素方面做了大量研究，然而迄今為止，仍未能闡明兒童孤獨症的病因和發病機制，但至少把它看成是多種生物學原因引起的廣泛性發育障礙所致的異常行為綜合症。

　　至今為止，心理學家尚不知道兒童孤獨症的病因和發病機制，但是可以確定的是，兒童孤獨症受到遺傳因素、神經生物學因素和社會心理因素三方面的影響。

霍爾（1844年～1924年）
美國心理學家，美國心理學會的創立者，美國發展心理學的創始人，教育心理學的先驅。愛達爾文進化論的影響，他認為兒童心理的發展反映著人類發展的歷史。1915年當選為國家科學院院士，1924年當選為美國心理學會主席。

恐嚇父母的男孩

反社會型人格障礙，此類人大都情緒不穩定，時常為一時衝動所支配，做出違法亂紀的事。他們總是以自我為中心，為了達到個人目的，而不顧他人的痛苦，又由於他們缺乏判斷是非和預見後果的能力，而不能從所犯錯誤中吸取教訓。因此，這種人往往是個屢教不改的人。

鮑勃是由父母陪伴來諮詢室諮詢的。在諮詢室裡，鮑勃的媽媽說道：「鮑勃本來是個很惹人喜愛的孩子，在家排行老二，哥哥比他大二歲。鮑勃平時性格雖較倔強，但成績一向不錯。因此，我們做父母的也挺放心的。

前些日子，他哥哥因生病住院，我和父親的心思大多放在哥哥身上。有一天，我們都去了醫院，他放學回家發現家裡沒有人，就大發脾氣，把碗都摔破了。我們回來後責罵他，他卻置之不理，還說我們不喜歡他，當初就不該把他生下來。唉！看著孩子這樣亂說話，心想自己的孩子怎麼會不喜歡呢？只是他哥哥病了，我真的非常忙碌，白天還要上班，自然心情煩躁。他卻對家人漠不關心，還故意給家裡添麻煩，我多次罵他不懂事，他卻說我是因為不喜歡他。

上週二的時候，他突然沒有回來，打電話說他要去同學家。當時我也沒在意，可是沒想到第二天他請一位同學給我帶來一封信。信的內容只有兩句話：『您們一直就不喜歡我。我是一個多餘的人，我已經服了毒藥。』真急死人。我只好動員所有熟人去找，豈知當找到他時，他卻在同學家悠閒自得地看電視，不願意和我們回家，還說我們找他是多管閒事。

剛開始，別人建議我帶他來看心理醫生，可是我覺得他只是性格倔強了一些，心理應該不會有問題。但是後來呢？他的所作所為越來越離譜了，而我又不知道該如何去疏導他，所以只好把他帶來了，醫生，他到底是怎麼一回事呢？」就這樣，在心理醫生的診斷下，得出結論。

醫生說道：「夫人，對於鮑勃的所作所為，也許大多數人都不會認為他在心理方面存在問題，這種情況在現實生活中確實偶爾有之，它既不同於其他方面的疾病有明顯的特徵，又未危及個人的生活和學習，只屬於人的心理素質問題，但從心理醫學角度來看，它至少表現出了一種不同於常態的自理和應對別人和環境的方式，是不被大多數人所接受的。因此我診斷鮑勃患有輕度反社會型人格障礙。」

「啊？那是一種什麼病呢？」鮑勃的媽媽顯得驚訝地問。

根據精神病學家和心理學家研究的成果來看，產生反社會型人格的主要原因有：早年喪父、喪母或雙親離異、養子、先天體質異常、惡劣的社會環境、家庭環境和不合理的社會制度的影響，以及中樞神經系統發育不成熟等。一般認為，家庭破裂、兒童被父母拋棄和受到忽視、從小缺乏父母親在生活上和情感上的照顧和愛護，是反社會型人格形成和發展的主要社會因素。

而根源，鮑勃也說出了原因，他覺得父母對他的關心不夠，而哥哥雖然體弱多病，可是卻得到那麼好的照顧……。心理醫生因此發現他是因為受到家庭的冷落，覺得自己沒公平的分享到父母的愛，長期積蓄在內心的叛逆心理導致了他採取「恐嚇父母」這一極端的做法。

心理醫生除了耐心講解這樣的危害以提升其自己外，還試圖透過深層的談話來進一步瞭解其性格形成的原因，而採用了認知領悟療法。

推孟（1877年～1956年）
美國心理學家，修訂了比奈－西蒙智力量表，使它符合美國的文化，修訂後的量表被稱為斯坦福－比奈量表。1923年當選為美國心理學會主席，1928年當選為國家科學院院士。

要求截肢的女孩

在自殘的孩子中，有感情問題、課業壓力；有因父母離異或家庭生活不幸；還有受到別人影響覺得好奇等等。其中，大約有30%的人會有自殺的念頭或者是設想過各種自殺的場景。

醫院裡，朱麗安的一個要求把值班醫生嚇了一跳：把她的兩條腿鋸掉。

醫生之所以覺得這個女孩子不可理喻，因為經過檢查發現這是兩條功能健全的腿。這就怪了：這個小女孩為什麼要做這種事？難道她的背後有惡勢力脅迫？她是在萬般無奈的情況下做出了截肢的決定？

即使如此，醫生也不能做這樣的手術，世界上哪有為健康人的截掉完好雙腿的醫生！可是，經過調查、查證，院方發現這名女孩並沒有受到其他人的脅迫，截肢完全是自願的。因此，院方一致認為，這個女孩心理有問題，於是制定了治療方案，對她進行了幾個月的精神治療。

在治療過程中，有一次，她掀起衣袖讓醫生看，醫生頓時嚇呆了，她的手臂上滿是傷痕，傷痕分明是割上去的，有舊傷，也有新傷，密密麻麻的。

她說：我父母都是商人，小時候他們都很疼愛我，什麼願望都能幫我實現。當時家境並不好，記得有一次，我看到有個小朋友買了一個很好玩的玩具，我便叫父母買給我，其實那個玩具是非常貴的，當時我們的家境並不好，不過，爸爸還是在無奈的表情中買給我了。我那時，真的非常高興，覺得家人都在圍著我轉。

在我上了國中，父母便對我有了很多限制，比如什麼時間應該要睡覺、起床……整天對我嘮嘮叨叨，於是我就和他們頂嘴，父母也因此而非常生氣。

有一次，父親竟然動手打了我，他可是從來沒有打過我的，我當時絕望

了，我把正拿在手中的一本書朝父親的臉上丟去，然後拔腿就跑出了家門。

我邊哭邊在大街上走著，街上的人都用異樣的眼光看著我，我想：為什麼現在的父母對我不好了呢？不知什麼時候，我發現自己的左手臂已經被自己的右手指摳出了一道血跡。但是當時卻沒有感覺到一絲的疼痛，卻產生了一種快感，似乎這樣很舒服。

從那次起，我只要不順心的時候，就會用刀割自己的手腕。看著血流出來之後，我竟然笑了，而且笑出了眼淚。我知道自己的心在流淚，在吶喊：「這個世界怎麼能這樣對我？」

後來父母找到了我，但是從此以後，我的性格開始變了，我不再喜歡和別人交往，每天都很憂鬱，心裡像是壓了一塊大石頭，但是究竟是怎麼一回事，我自己也不清楚，也許是希望能有人理解吧？就這樣，我變得越來越孤獨，同學們也越來越遠離我了。

至於來醫院截肢，是因為在網路上看到有些人說，截肢是一種自我實現的形式。只有截掉身體的某些部分，才會感到人生的「完美」，因為「做了自己想做的事」。我也就是在他們的影響下，才打算來這裡截肢的。

說完後，她長嘆了一口氣，似乎輕鬆了許多。然後看著醫生，說：「我也知道自己心理不正常，但又有什麼辦法呢？反正也沒有人會在乎我！」

她之所以有自殘行為，是因為父母小時候對她的溺愛，使她產生了較強的

以自我為中心傾向，而當她進入國中之後，她的這種心理沒有得到滿足，父母從關心她的生活轉向了關心她的學業。而且，她已逐漸進入了心理斷乳期，急需父母對她的心理需要給予極大的關注，可是父母的行為恰好背離了她的願望，使得她越來越感到不受重視。

加上學業成績不理想，自己也無法肯定自己，這種心理上的失衡無處發洩，但又急於發洩，就這樣，她唯一能找到的對象就是她自己，每次自殘都能使她得到暫時的緩解，但是過後又重新回到失衡狀態，甚至比先前更嚴重。

心理專家認為，人類最大的感受就是競爭越來越激烈，生存壓力逐漸增大。面對這些壓力，成年人通常能夠採取有效的方法排解或者轉移，但是青少年就很難具備這種能力。因此，便有人選擇自殘來緩解這些壓力。

吉布森（1910年）
美國發展心理學家，主要從事嬰兒的知覺發展、兒童閱讀技巧發展和動物行為的研究。她提出的「差別理論」(Differentiation theory)和發明的用來測量嬰兒深度知覺的工具「視崖」十分著名。曾榮獲國家科學獎，1968年獲得美國心理學會頒發的傑出科學貢獻獎，1971年當選為國家科學院院士。

她是在裝病嗎？

扮演病人，在心理學上叫做「軀體化」，就是在遇到生活困境難以面對的時候，潛意識裡會讓心理壓力轉換成某種軀體症狀，進而應付現實。

　　當代心理諮詢大師艾維是美國著名的大學教授，原就職於麻塞諸塞州大學的阿默斯特學院。他還是微培訓協會的主席。有一次，他的諮詢室裡來了一位少婦，看起來風姿綽約，身體健康。但是，當她在艾維教授面前坐定之後，講述了讓人意想不到的故事：

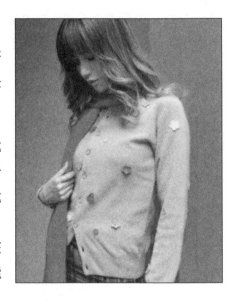

　　在我一個人的時候，什麼事也不敢做，因為我覺得自己根本做不好，是的，做不好任何事情。真的，我覺得我有病，而且還是一種非常奇怪的病。

　　好比我每次都不敢一個人出門一樣，我擔心自己出去後會暈倒。我三十多歲，孩子也快6歲了，而我卻得了這麼奇怪的病。我也想過一定要戰勝它，可是我越想控制時，就越控制不了，我非常著急，但卻不知道該怎麼辦才好。就這樣，我一直待在家裡不能出去工作。

　　也許你根本無法理解，如果讓一個人整天待在家裡，那種感覺有多麼難熬。所以，我要請你們幫幫我，讓我早日擺脫這些病魔。

　　當時，我得了這個病的時候才22歲，還沒有結婚呢！那時候，我頭痛得很厲害，整夜都睡不好，最後，也無法上班，於是每天在家裡養病。醫生說我是神經衰弱，因此，我都不能單獨出門。有一次，媽媽陪我出去散步，剛剛走沒

多遠，我就渾身發軟，臉色發白，怎麼都走不動了。

以後，我就更加不敢出去了。病情越來越嚴重，吃了不少藥，可是總不見成效，導致人也越來越走樣。

後來，我們全都放棄了，也不再去治療，可是慢慢地身體卻越來越好。到最後我還結了婚，現在，只要是自己一個人出去的時候還是會想：我行嗎？我不行。於是就害怕出門。您說這到底是怎麼一回事？

職業的敏感使艾維意識到，她的病一定出於生活難題而造成的心理壓力。要想徹底解決，就要弄清楚當年的癥結所在。於是，艾維讓她回憶一下當年發病的前後是否遇到了什麼生活的難題或困擾。

好像沒什麼困擾啊？少婦陷入回憶，那時別人正介紹對象給我，那個男孩長得不錯，父母說挺好，於是就同意結婚。我那時什麼都不懂，因此就聽父母的話。而我心裡的感覺告訴我，他並不適合我。不過，這件事好像也沒有給我多大的壓力。就是在那段日子前後，我出現了神經衰弱，慢慢就病倒了。我心想：自己都病成這樣了，拖累別人不好。於是，家裡就同意我退婚了。

當時，我們全都做了最壞的打算，不過，過沒多久，我的病竟然慢慢好了。之後，我就認識了現在的丈夫，當初見面我就非常滿意。

最後，艾維教授總結道：女孩第一次談戀愛，面對男友妳卻不能接受又不能拒絕。內心的壓力和衝突非常激烈，於是，就在潛意識中生病了。也就是潛意識扮演病人。

人們生活中的許多病症，都是這樣的心理壓力的軀體化。

這是人在進行心理防衛，以免除內心的痛苦和焦慮。人的心理防衛機制都是建立在潛意識中的，是不知不覺中使用的。扮演病人是無意的，是潛意識的活動，裝病是有意的，是思想意識裡的活動。所以這不是裝病，是扮演病人，

是軀體化現象。

　　軀體化障礙其實是一種心理障礙，會反覆出現，呈五花八門並時常變化的軀體症狀，症狀可涉及全身的任何系統和部位，病程常呈慢性波動，常見於女性用軀體的症狀來處理應激或衝突，表現出過分擔心自己的身體狀況，反覆就診及要求做醫學檢查，雖檢查結果陰性，經醫生的合理解釋仍不能打消其疑慮，常伴有明顯的焦慮和抑鬱情緒。

　　儘管這種症狀的發生、持續與不愉快的生活事件密切相關，但病人常常否認心理因素的存在。當病人對軀體症狀的描述與臨床、實驗室檢查結果不吻合，即病人存在症狀，但找不出相對的實驗室陽性指標，或雖然病人存在某種軀體疾病，但常常誇大其症狀，我們應考慮可能是軀體化障礙。

彌爾（1920年）

美國心理學家，主要研究興趣是精神失調、人格類型的分類和遺傳學分析。另外，他對科學史的研究也很著名。1958年獲得美國心理學會頒發的傑出科學貢獻獎，1962年當選為美國心理學會主席，1987年當選為國家科學院院士。

據世界衛生組織的統計資料，全球約有10%的人存在心理問題，其中軀體化障礙的終生患病率為0.2%～2%，經研究發現，綜合性醫院大約有9%的病人符合其診斷標準，軀體化障礙的病人中大約有99%首先到綜合性醫院就診。

母親的擔心

認知療法於本世紀60～70年代在美國產生，是根據人的認知過程，影響其情緒和行為的理論假設，透過認知和行為技術來改變求治者的不良認知，進而矯正並適應不良行為的心理治療方法。認知療法是最近發展出來的一種心理治療方法，它的主要重點放在患者非功能性的認知問題上，意圖透過改變患者對己、對人或對事的看法與態度來改變並改善所呈現的心理問題。

有一次，美國的心理學家貝克的諮詢室裡來了一位太太。她非常壓抑地對貝克說：「我苦惱極了，你要想辦法幫幫我。真的，他們全都不喜歡我，的確，沒有人會喜歡我的，他們說我一點用都沒有。那些年齡小的孩子也都不再喜歡跟我在一起了。」下面，我們來看看他們的談話：

病人：我兒子不喜歡跟我一起去戲院看電影了。他開始不喜歡我了。

貝克：哦？那妳是怎麼知道他不想跟妳一起去的呢？

病人：現在這些十幾歲的小孩，其實都不喜歡與父母一起去看電影的。

貝克：是嗎？那請問妳曾經非常真誠地邀請他與妳一起去看電影嗎？

病人：哦，這倒沒有。實際上，這種事情，他倒是問過我幾次，問我需不需要他陪我去……但是，我覺得他雖然這樣問，但是卻不是真的想陪我去。

貝克：是嗎？那妳能不能在今天或有空的時候，回到家裡之後，試一試讓他直接回答妳的問題呢？

病人：教授，我是不會猜錯的，他們是不會和我一起去的。

貝克：哦！太太，問題的重點在這裡，不是他陪不陪妳去，而是妳是否在替他做決定，而不是讓他自己直接告訴妳。

病人：我想你是對的，但是，他看起來的確不太體貼人。比如，他總是不按時回家吃飯。

貝克：哦！他總是不按時回家吃飯嗎？

病人：也不是，有個一兩次吧！不過，現在想想這也比不上他總是遲到。

貝克：他很晚回家吃飯是因為他不太體貼人嗎？

病人：嚴格說起來，他的確說過那兩天他工作得很晚。還有，他在其他方面還是很體貼的。

後來，這位病人發現，她兒子其實是很願意跟她一起去看電影的。

這就是貝克的認知療法，它涉及到的遠不只僅僅指出病人的認知扭曲而已。讓病人認識認知扭曲重要的一步是建立一種治療師與病人的關係。貝克極重視給病人溫暖、同情和誠心的意義。他運用了很多認知及行為療法技巧，其中有角色扮演、果斷訓練和行為預演。他還利用了「認知預演」。他會請一位不能完成一種他很熟悉、很過時、早就學會了的任務的壓抑病人來想像，並與他一起討論整個過程的每一步。這會排除病人的思想產生疑慮的傾向，並使他的能力不足感產生偏移。病人經常報告說，他們在完成了一個想像中的任務時會感覺好很多。

如本例所示，貝克風格的認知療法的關鍵是他的蘇格拉底式的啟發，透過提問讓病人說出一些與他的假設或者結論相反的情況，因此就糾正了這些認知錯誤。認知療法不同於傳統的行為療法，因為它不僅重視適應不良性行為的矯正，而且更重視改變病人的認知方式和認知、情感、行為三者的和諧。同時，認知療法也不同於傳統的內省療法或精神分析，因為它重視目前病人的認知對其身心的影響，即重視意識中的事件而不是無意識。

認知療法的基本觀點是：認知過程及其導致的錯誤觀念是行為和情感的仲

介，適應不良行為和情感與適應不良性認知有關。醫生的任務就是與病人共同找出這些適應不良性認知，並提供「學習」或是訓練方法來矯正這些認知，使病人的認知更接近現實和實際。隨著不良認知的矯正，病人的心理障礙亦逐步好轉。

埃斯塔（1919年）

美國心理學家和認知科學家，現代數學心理學（Mathematical psychology）的奠基者之一。他主要從事對人類和動物學習的研究以及對學習、記憶和決策的數學模型的發展。曾榮獲國家科學獎，1962年獲得美國心理學會頒發的傑出科學貢獻獎，1963年當選為國家科學院院士。

認知療法的四個治療過程 ：

1、建立求助的動機：於此過程中，要認識適應不良的認知→情感→行為類型。病人和治療醫師對其問題達成認知解釋上意見的統一；對不良表現給予解釋並且估計矯正所能達到的預期結果。比如，可讓病人自我監測思維、情感和行為，治療醫師給予指導、說明和認知示範等。

2、適應不良性認知的矯正：於此過程中，要使病人發展新的認知和行為來代替適應不良的認知和行為。比如，治療醫師指導病人廣泛應用新的認知和行為。

3、在處理日常生活問題的過程中培養觀念的競爭，用新的認知對抗原有的認知。於此過程中，要讓病人練習將新的認知模式用到社會情境之中，取代原有的認知模式。比如，可使病人先用想像方式來練習處理問題或模擬一定的情境或在一定條件下讓病人以實際經歷進行訓練。

4、改變有關自我的認知：於此過程中，作為新認知和訓練的結果，要求病人重新評價自我效能以及自我在處理認知和情境中的作用。比如，在練習過程中，讓病人自我監察行為和認知。

三面夏娃

多重人格就是一個人有很多的性格。通常表現為雙重人格，也有罕見的多重人格。而且，每個人格都具有不同的品味、性格、習慣、智商等等。而且一個人格會不記得另一個人格所做過的事。有的患者是天生的，也有些人格分裂是後天受了某種刺激造成的。

據英國《泰晤士報》報導，現年32歲的潘蜜拉·愛德華茲是英國聖海倫斯市人，她罹患一種罕見的多重人格分裂症，除了「真我」潘蜜拉外，她的身上還有著4個虛構的角色，分別是「安德魯」、「桑德拉」、「蘇珊」和「瑪格麗特」，4個角色會輪流控制潘蜜拉的行為，讓她做出令人無法理解的奇怪舉動。

有時候，她是「安德魯」，這是一個淘氣的小男孩角色，當「安德魯」的人格出現時，潘蜜拉總是神經質地梳理頭髮，或者頑皮地惡作劇，弄壞家裡的東西。有時候她忽然溫柔而克己，這是「桑德拉」的角色正在控制她——是一位母親。當「桑德拉」的人格出現時，潘蜜拉的表情會顯得更加直率和自信——「桑德拉」是一位成功的上班族。據悉，潘蜜拉的多重人格之間還會發生衝突，甚至互相爭吵。

據報導，潘蜜拉童年時曾是家庭暴力的受害者，直到5歲才被社會工作人員送進福利院扶養。英國心理專家相信，正是童年的虐待讓潘蜜拉發展出了罕見的多重人格。

提起「多重人格」、「人格分裂」等專有名詞，相信大家都不陌生，民眾對多重人格的好奇心在電影和文學作品中早已耳熟能詳。《三面夏娃》、《愛德華大夫》、《西碧爾》（譯名《一個人格裂變的姑娘》）、《催眠》、《夜色》、《鬼怪的形成》等作品使得人們對「多重人格」的好奇心方興未艾。

多重人格的導致因素主要在於童年時期被父母、親戚或密友進行身體虐待

或性虐待，以及其他的情感創傷。他們可能被他們的親人或所依賴的人鞭打或監禁，以致於他們無法反擊或逃跑，他們透過解離分裂狀態來作象徵性的逃跑，藉著創造堅強的內在角色，協助應付遭受創傷的情境，來保護脆弱的自我，他們會創造另外一個世界來取代真實的世界，做原本自我渴望做卻不敢做的事。

除此之外，多重人格還與催眠有著千絲萬縷的關係，在催眠狀態下，大多數被催眠者可以被誘導多重人格。原理在於透過催眠在大腦中樞可形成一個強興奮點，進而抑制周圍中樞系統的興奮。多重人格便是由多重強興奮點主宰的，人格間的轉換便是多重興奮點間的轉換。

可見，用催眠術來證明患者具有多重人格的做法是極其錯誤而且有害的，催眠不慎有可能誘發催眠後多重人格症，有時，患者還會出現新的人格類型，而且，消除這種治療副作用是極其困難的。

拉裴勒斯（1922年）
美國應激理論的現代代表人物之一，對情緒和適應做了大量的研究。關於應激反應的對付過程，他提出了認知評價的重要性，認為生活過程中的其他因素都是以認知評價為轉移的。1989年獲得美國心理學會頒發的傑出科學貢獻獎。

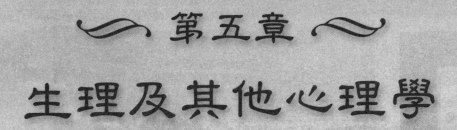

第五章
生理及其他心理學

生理心理學是研究心理現象和行為產生的生理過程的心理學分支學科。它試圖以腦內的生理事件來解釋心理現象，又稱為生物心理學、心理生物學或行為神經科學。

生理心理學是一門綜合性的學科，與生理學、神經解剖學、神經生理學、生物化學、心理藥物學、神經病學、神經心理學、內分泌學，以及行為遺傳學等都有密切的關聯。生理心理學綜合各相關學科的研究成果，來窺探心理現象賴以產生的腦的組織和工作的奧秘。

生理心理學，研究心理現象的生理機制。主要內容包括神經系統的結構和功能、內分泌系統的作用、本能、動機、情緒、睡眠、學習等心理和行為活動的生理機制。

而發展心理學則是研究心理的發生、發展過程和規律的心理學分支。它主要研究心理的種系發展和個體發展。

本章的目的在於使讀者深入瞭解生理狀況以及其他心理學上的一些知識。

神奇的夢境

一個典型的夢的闡述常常包含幻覺、妄想、認知異常、情緒強化及記憶缺失等特徵。夢是以生動的充分形成的視覺領域占絕對優勢的幻覺想像為特徵。在大多數夢中、聽覺、觸覺及運動感覺的闡述也較普遍，味覺及嗅覺幻覺想像較少，而痛覺的幻覺想像則十分罕見。夢的特徵是顯著的不確切性、不連續性、未必可能性和不協調性。

美國總統林肯，在他遇刺身亡的前十天，就曾經夢到白宮東廳有一大群人正在哀傷痛哭，還有很多士兵守衛。當他在夢中上前查問時，才知道因為總統被人槍殺。第二天他把自己的夢境內容一字不漏地叫他的親信瓦德·雷門記錄下來，結果於一九六五年四月十四日，林肯真的被人槍殺，其屍體也是安放於白宮的東廳。

德國的希特勒有一次在巴伐利亞軍團前線中，被一個怪夢救了一命：他夢見自己被一大堆泥土及熔鐵埋沒，驚醒後便急忙離開這個營地，當他跑到離此營地幾碼里之地時，忽然背後一聲巨響，當他跑回營地一看，剛才睡覺的地方已出現一個大坑洞，睡在旁邊的人已經全部被泥土活埋。

十七世紀法國著名演員香穆士勒，有一次夢見死去的母親向她招手，便想到自己將遭遇不幸。於是立即到教堂去做彌撒，結果，當她走出教堂後立即倒地斃命。

英國莫里斯·格里菲太太於1848年曾經夢到自己在南非的兒子病危並呼喚她，在兩個月之後，她的兒子也就真的病死了。

1883年8月某日晚上8點鐘，美

國波士頓某報的專欄作家愛德華・薩姆森夢到火山爆發，無意中把夢境的慘狀寫於紙上並留在桌上。第二天被編輯看到並誤認為是採訪事實而刊登出來，這件事使他十分不安。怎知數日後竟成為事實，附近的一次火山爆發居然導致數萬人死亡。

1947年，拳擊手休格・魯賓遜在一場中量級錦標比賽中打死了對手吉米・多伊爾。本來，他是不想參加這場比賽的，因為他曾經作了一個把對手活活打死的怪夢。但因人們都不相信，還譏笑說：「如果夢境也會成為事實，我早就是百萬富翁了。」他始終拒絕出賽，後來被神甫遊說才上場的。

世界上類似這樣的奇夢根本無法盡述，但最震驚世界的，還是巴西神醫阿里戈的夢：由於這個夢使他這個只受過一點正式教育，卻從來沒有受過任何醫學訓練的他成為震驚世界的神醫。他不需要用特殊的手術刀，不用麻醉藥，不用做任何消毒，手術切口出血少癒合快，手術時迅速、準確，不需要同行人幫助，不需要醫院特殊設備，隨時可以動手術，在病人沒有任何痛苦的情況下，他一生治癒了數不清的病人……據他個人自述，報夢者是一個在第二次世界大戰期間戰死的德國軍醫，這位醫生空有一身醫術，卻無法再為人類做出貢獻，心有不甘，於是便在人間找替身。起初是每晚報夢令其心煩意亂，後來索性附上了他的身體，利用他做出這些驚世之舉。

夢境生動逼真又怪誕離奇，因此是人類心裡面最神秘的部分，古往今來的心理學家對夢進行了不懈的研究。

作夢是人體一種正常的、不可或缺的生理和心理現象。人入睡後，一小部分腦細胞仍在活動，這就是夢的基礎。而夢是否帶有預言性我們不得而知，關於夢的作用，心理學家也是眾說紛紜。有人提出夢主要是幫助睡眠，它把外界的各種聲音都引入夢裡，進而使人不至於輕易醒來；有人則主張夢是將記憶歸檔時至關重要的一個環節，當夢與記憶中的內容吻合，大腦就會強化記憶，否則夢境就會顯得十分怪異。

　　精神分析學派的鼻祖佛洛德認為，人之所以作夢，是由於人的某些願望在意識清醒的時候受到壓抑，在意識放鬆警覺的睡眠中它們就改頭換面，以夢的形式粉墨登場。因此，也流傳一種說法，如果你老是夢到相同的內容，一定是你的夢要告訴你一些你自己都沒有意識到的問題，比如健康隱患等。從這個意義上說，夢對人是有用的：夢本身就是一名優秀的「診斷師」。

　　現代神經心理學則用新的技術和方法對夢的秘密進行了重新探尋。首先，科學家們發現，每個人的睡眠都分為兩個階段——快速動眼睡眠階段和慢波睡眠階段，夢都是發生在快速動眼睡眠階段。你可以仔細觀察熟睡中的人，如果他的眼球正快速地轉動，你叫醒他，他一定會告訴你自己在作夢。

　　至於為什麼會作夢，則有不同的觀點。有人認為，夢是大腦重新合成蛋白質時，各種資訊重新排列組合的反應；也有人認為，夢是人入睡後，一小部分腦細胞仍在活動所導致的；還有人認為，夢能減輕大腦皮層神經細胞的負擔，

大腦幹細胞神經元在作夢的時候對負責機體活動的運動衝動有一種抑制作用，使肌肉器官不再受其影響。如果這種保護機制不起作用，那作夢的人就會按照夢中的情景活動起來。

愛德華斯（1914年～1994年）
美國心理學家，將統計工具引入心理學進而改變了現代心理學的研究方法，他也因此而著名。愛德華斯還發展了人格測驗，他創製的愛德華人格量表可以消除被試者由於社會期許性而造成的偏差。

愛因斯坦大腦之謎

有了大腦，我們才能思考、學習、想像、記憶……有了大腦，我們才能成為自己。它是一個讓人迷惑的器官，像生、死、意識、睡眠和其他更多的東西，都是人類至今尚未解開的謎團。

　　愛因斯坦被譽為人類歷史上最具創造才華的科學家之一，也是20世紀最偉大的科學家。他出生於1879年，逝世於1955年4月18日。 去世前，他在醫院裡親手寫下一份遺囑，明確表示死後將重歸「神祕之土」，遺體必須火化，然後把骨灰撒在人們不知道的地方。在遺囑的最後，他莊重聲明，不允許像其他一些名人那樣把自己的住所改建成紀念館……

　　有關他的遺囑，社會上流傳著許多種說法。有人說，他生前已經明確表示，死後捐出腦部供科學研究；也有人說，愛因斯坦想到自己大腦的重要性，但並沒有表示捐出的意思；還有人說，他重病期間，與主治醫生認真探討過這個問題，但沒有做出肯定的答覆。

　　分析人士認為，愛因斯坦當然知道自己大腦所具有的科研價值，因此如果他要力保腦袋和身體一起火化，不留給世人進一步研究，他必定會在遺囑中詳細聲明，「死後遺體完整火化」，實際情況是，他並未寫上「完整」這個字眼，所以他至少已經默許了「死後大腦可以供後人研究」。那個年代已經開始流行腦切片研究，愛因斯坦應該知道，要阻止人們進行腦切片研究幾乎是不可能的。

　　愛因斯坦去世時，在普林斯頓醫院為他治病的醫師名叫湯瑪斯·哈威，當

時42歲。哈威醫師對這位科學泰斗仰慕已久，他也一直在思考「愛因斯坦為何才智超群？」這個問題。無獨有偶，那天負責驗屍的正是哈威醫生，所以他順順當當地把愛因斯坦的大腦完整地取了出來。然後哈威醫師把大腦悄悄帶回家中，浸泡在消毒防腐藥水裡，後來又用樹脂固化，再切成大約200片，並親自動手研究，同時也給科學界提供切片進行研究。

哈威醫師將愛因斯坦的大腦保存了四十多年，這期間科學界對愛因斯坦的大腦進行了全面的研究。據不完全統計，研究過愛因斯坦大腦的科學家不下數百名。有人猜測，這其中肯定有驚人的發現，但由於很多科學家是在政府的授意下進行研究的，成果屬於國家秘密，不便發表。

1997年，哈威醫師已經84歲高齡，他決定把所有的大腦切片送還愛因斯坦生前工作的地方——普林斯頓大學。此腦經歷了43年的輾轉，最終回到了愛因斯坦逝世的地方。大腦送回後，普林斯頓很快便收到幾份希望對愛因斯坦大腦進行研究的申請，其中包括加拿大安大略省麥克馬斯特大學女教授桑德拉・威爾特森、日本群馬大學醫學院的山口晴保教授。

我們都知道，智力和大腦的關係密不可分。但是，到底是大腦什麼地方的不同，使得人有天才和常人之分？是大腦的重量嗎？還是大腦中神經元的數量？或者是其他的原因？心理學家也非常關注智力的秘密。其中，研究天才人物的腦，並和一般人的腦進行對比，就是非常重要的一條研究途徑了。

據威爾特森研究的結果，愛因斯坦大腦左右半球的頂下葉區域，比常人大15％，非常發達。大腦後上部的下頂葉區發達，對一個人的數學思維、想像能力以及視覺空間認知，都發揮著重要的作用，這就解釋了愛因斯坦為何在數學領域有如此卓越的造詣，且具有獨特的思維，才智過人。

　　愛因斯坦大腦的另一個特點，是表層的很多的溝回和皺摺。可是人所面對的社會生活的複雜性要求人的大腦具有更多的大腦皮層（灰質）神經元，大腦容納不下，大腦皮層就只能透過皺摺的形式在頭顱內拓展面積。

　　威爾特森的研究小組，把愛因斯坦的大腦與99名已死老年男女的腦部比較，得出了這一結論。

　　威爾特森的發現轟動了世界，但有些西方科學家呼籲，這一發現固然可喜，但應謹慎對待，因為僅憑愛因斯坦的一個大腦就得出這樣的結論，理由並不充分，因為那可能只是一般聰明的猶太人普遍具有的腦部特徵。愛因斯坦儘管天生就是天才，但如果沒有後天的培養和個人的努力，天才也難以發揮出超人的智慧。總之，為了解開人腦的智慧之謎，科學家們任重而道遠。

維果斯基（1896年～1934年）
前蘇聯想心理學家，社會文化歷史學派創始人，他的《高級心理機能的發展》一書是該學派的奠基之作。他認為：低級心理機能是種系進化的結果，而高級心理機能則是人類歷史發展的結果，受社會文化制約。

蒙上眼睛的試驗

詹姆斯·朗格的理論認為，某項事實激發某個情緒，並因此產生身體變化。比如，我們突然遇到猛獸會發抖，並由於發抖而感到害怕。也就是說，情緒反應發生在生理變化之後。

20世紀初期，一位名叫布拉茨的心理學家做了一個在現在看來讓人覺得不可思議的試驗：他告訴試驗者，他們要參加的一個試驗目的很簡單，就是研究一下人在15分鐘內的心率變化。

每個志願者都被蒙上眼睛，並綁在一把椅子上，用電線接上可檢測脈搏、呼吸和皮膚感應電係數的儀器，而後讓他們獨自一人待上15分鐘。在此期間，沒有發生任何事情。第二次、第三次仍然這樣。

在這段期間，一些志願者甚至睡著了。但在第四次的某個時候，布拉茨啟動一個開關，使椅子突然向後倒下，就在椅子傾斜到60度的時候，才被刻意安放在椅子後面的機關給擋住。

結果，志願者均表現出突然的快速和不規則心跳，甚至出現呼吸停止和急促，同時皮膚釋放出感應電流。所有人在報告中均稱，他們體驗到了什麼叫驚恐和害怕。

這個試驗證明了詹姆斯·朗格理論。詹姆斯·朗格理論認為，某項事實激發某個情緒，並因此產生身體變化。比如，我們突然遇到猛獸會發抖，並由於發抖而感到害怕。也就是說，情緒反應發生在生理變化之後。

另外一個著名的試驗是在20世紀20年代。心理學家卡尼為了研究人們在嚴重的情緒混亂時的生理現象，竟然成功地說服三位志願者連續48小時不吃任何東西，並在最後連續36小時不睡覺。

　　他們給連接監測血壓和胸部擴張的儀器上，放入一個與小橡膠管連在一起的小氣球以測量胃的收縮量。卡尼還將一個類似的裝置插進志願者的直腸裡，然後對著一個可測量二氧化碳輸出的儀器吹氣或吸氣，以確定代謝指標，在此期間，還要對他們進行一次電擊，電擊的強度以他們的忍受度為準，忍受極限是做出手勢。

　　結果，電擊使志願者出現暫時性休克，血壓上升，情緒紊亂，並使直腸收縮。然而雖然志願者為科學獻身的精神值得敬佩，但這次試驗卻沒有得到明確的結果。

　　儘管三位志願者均說他們感覺到憤怒，但對相關或可能引起這些變化的具體生理變化則沒有或很少給予注意。卡尼所能發現的唯一生理反應是驚訝，而這是主觀狀態經常擁有的反應。眼睛的眨動，複雜的臉部、身體反應均發生於情緒意識之前，因此也符合詹姆斯‧朗格的理論。

　　雖然生理學家沃爾特‧坎農認為詹姆斯‧朗格的理論絕對是錯誤的，但是，在以後的十幾年裡，越來越多的心理學家經過大量的試驗證明，詹姆斯‧朗格理論在一定範圍內還是正確的。

羅森塔爾（1933年）
美國社會心理學家，加利福尼亞大學教授，主要研究興趣是人際期望，即一個人對另一個行為的期望本身將導致該期望實現。同時他還對非言語交流很感興趣。

靈感到底是什麼？

靈感是一種思維形式，它不同於邏輯思維。它是人類思維發展到高級階段的產物，是認知上質的飛躍，是一種創造性的思維活動。它表現為人腦長期思維活動中的一種頓悟，一種獨特而非凡的見解。

阿基米德是古希臘偉大的哲學家和數學家。

有一天，國王因為懷疑工匠在製造皇冠時偷工減料，就請他幫忙鑑定黃金的成色。如果能把皇冠拆開，就可很容易知道它是不是純金的。但國王並不允許把這精巧的皇冠分解。

在這種限制下，阿基米德想了很久都想不出好辦法來，因此感到十分苦惱。有一天，他到公共浴室洗澡時發現，人浸入浴池以後，池中的水就會溢出來；於是靈機一動，「如果拿一塊和皇冠等重的黃金，先後放進水缸中，比較溢出水的重量，不就可以推斷皇冠是否摻雜質了嗎？」

於是他興奮極了，不停地高喊：「我知道了！」並且沒穿衣服就衝進實驗室裡進行實驗工作，結果發現皇冠果然不是純金的。力學中重要的「浮力原理」就這樣被阿基米德發現了。

阿基米德的故事顯示，人的大腦可以同時進行兩種思索，一種是有意識的，另一種是無意識的。

阿基米德的故事雖然無法考證，但在認知革命的早期，科學家們對人大腦進行的多種試驗顯示，思維絕不是單一的。

其中最有名的試驗是美國學者詹姆斯‧拉克納和梅里爾‧加勒在1973年負責的一項試驗。

他們給每位志願者都戴上耳機，要求他們只注意左耳聽到的東西，不管右耳邊播放的內容。他們左耳聽到的是含義模糊的句子，比如：「這個球員……去掉雜訊……示意……射門……」同時，如果仔細用右耳聽的話，一部分人可說出對左耳聽到的模糊句子的解釋（「他關上油門」）；另外一些人聽到的卻是一些與左耳聽到的內容毫不相關的句子（「空中小姐面帶微笑」）。

放下耳機後，任何一組也無法說出其右耳聽到的是什麼。但當問及含義模糊的句子意義時，右耳聽到毫不相關的句子的人可分成兩組，一組認為他們聽到的是關上窗戶，另外一組卻說是把門關上，而幾乎所有聽到解釋性句子的人都說是關上油門。這種現象說明，解釋性的句子和模糊的句子同時在大腦裡得到了無意識的處理。

這個試驗得出了一個明確的結論：人的思維不是串列處理器——因為如果這樣的話，大部分的人類認知過程將不能解釋了。

愛因斯坦曾說：「我相信直覺和靈感。靈感是突然的『頓悟』，是黑暗中的閃光，是常規的反叛，是創造思維的火花……」

那麼靈感，或者說是頓悟，到底是什麼呢？靈感和大腦有什麼關係呢？

美國科學家的最新研究顯示，「靈感」確實與大腦非比尋常的工作方式有關，它與人類在常規狀態下的大腦活動不同。

為了證實上述看法，美國科學家讓18名研究對象玩一種字謎遊戲，內容是找出一個單字，使它能與列出的其他3個不同英文單字搭配，分別組合成三個有意義的辭彙。實驗的負責人要求每名研究對象在解題過程中都要報告他們經歷「頓悟」的時刻。

　　結果顯示，「頓悟」的出現與大腦右半球顳葉中的前上顳回區域有密切關係。當研究對象頓悟出答案時，這一區域活動明顯增強，並在「頓悟」前0.3秒左右突然產生高頻腦電波。而透過常規方式獲得答案的研究對象則沒有上述情況出現。

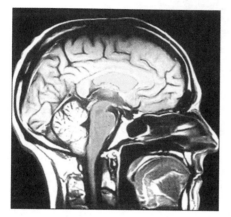

　　美國科學家首次由試驗得出結論，原來「頓悟」的產生有賴於大腦神經中樞獨特的活動機制，這一機制為大腦「頓悟」時的獨特認知過程提供了支援。科學家們進一步推斷，前上顳回區域能促進大腦將看似不相關的資訊進行集成，使人們突然在其中找到事先沒有發現的關聯，進而「頓悟」出答案。

　　這一最新研究顯示，由大腦獨特的計算和神經中樞機制導致了靈感降臨的那些「突破性時刻」，進而也揭開了蒙在「靈感」上的神秘面紗。

洛奇赤（1918年～1988年）
美國社會心理學家、精神病學家，密西根州立大學教授。致力於對信仰、態度，尤其是價值觀的研究。他的著作經常被社會科學家所引用。

俄狄普斯情結

男孩子會把他的母親視為他一生中的第一個性對象，大約兩三歲開始有明顯表現，佛洛德把男孩進入戀母情結的階段稱為「神經症階段」。

在希臘神話中，俄狄普斯是傳說中希臘底比斯的英雄。相傳他是底比斯國王拉伊俄斯和皇后伊娥卡斯忒的兒子。國王拉伊俄斯聽到預言說，自己將死於親子之手，因此，當俄狄普斯出生後，就刺穿了他的雙腳（俄狄普斯這個名字的意思就是「腫腳的」），並命令一個奴隸把俄狄普斯扔去餵野獸。這個奴隸憐憫孩子，把他送給了科林斯國王波呂玻斯的牧人。

後來，又被波呂玻斯收養下來。俄狄普斯漸漸長大，他從未懷疑過國王波呂玻斯是他的生父。俄狄普斯成人之後得到得爾福神示的預言：他將殺父娶母。他非常害怕，於是，決定永遠離開國王波呂玻斯及皇后墨洛珀。途中，他到了一個十字路口，遇見底比斯國王拉伊俄斯，在一場衝突中殺死了國王。國王的侍從除了一人逃走之外，也全被殺死。神示的預言前部分就這樣應驗了：他成了殺父的兇手。

在前往底比斯的途中，他遇見了怪物斯芬克斯。守在通往底比斯城的十字路口的斯芬克斯，讓過路人猜一個謎語：「是誰早晨用四條腿走路，白天用兩條腿走路，晚上用三條腿走路？」猜不出的人就會被吃掉。俄狄普斯猜出了這個謎語後，怪物斯芬克斯立刻墜入深淵，通往底比斯的道路從此太平無事。底比斯人感激不盡，把這位救星選為新的國王，並讓前國王拉伊俄斯的妻子伊娥

卡斯忒做他的妻子。他們生下了兩個兒子和兩個女兒。

俄狄普斯當了幾年治國有方的國王以後，底比斯發生饑荒和鼠疫。得到神示預言，只有放逐殺害前國王拉伊俄斯的兇手，災害方能消除。俄狄普斯憂國憂民，全力緝捕罪犯。最後，他找到了那個唯一脫險的老國王的侍從，才知道殺害底比斯老國王的兇手竟然是自己。兇殺案的見證人恰巧又是曾把嬰兒時的俄狄普斯交給波呂玻斯王的牧人的那個奴隸。俄狄普斯驚駭萬狀，不祥的預言全部應驗了：他不僅殺害了父親，而且娶了母親。

後來，其母伊娥卡斯忒自殺身死，俄狄普斯也弄瞎了自己的雙眼，進行自我流放。

任何新生命都是對舊生命致命的威脅，這是預言的來源。俄狄普斯徹底地否定了以父親為代表的舊權威，樹立了自己的新權威。然而，這種否定並不具有符合現實的合理性，因為，它是以「暴力」和「亂倫」為手段的。因此新權威背負著沉重的內心撕裂並以否定、懲罰、放逐自己肉體的形式來悔罪。

佛洛德認為它是各種心理病症的基本故事。反映出一種意識：由於嬰兒時代和童年早期的環境狀況，每個孩子都渴望從與自己異性的父親或母親身上滿足性欲，而怨恨與他同性的父親或母親。原始的社會和文明的社會都有反對亂倫的原理禁忌，每個人都知道這個禁忌；因此這些渴望在暗中被感覺到，卻一生永遠地埋藏在潛意識深處。

加西亞（1917年～1986年）
美國生理心理學家，以研究大鼠在內臟性有害刺激的作用下，對食物的嗅覺或味覺刺激形成延遲的厭惡條件反應而聞名。1979年獲得美國心理學會頒發的傑出科學貢獻獎，1983年當選為國家科學院院士。

誰是壞孩子？

道德是人們生活中的一種價值選擇，表達社會的一種理性應當的概念。在這個意義上，道德不僅僅是對人們一種素質的要求，而且社會生活中的各方面，像法律、經濟、政治等都滲透了一種價值應當。

　　A·有個小男孩叫斯利卡。他的父親出去了，斯利卡覺得玩他爸爸的墨水瓶很有趣。一開始時他拿著鋼筆玩。後來，他在桌布上弄髒了一小片墨水漬。

　　B·一次，一個叫奧古斯塔斯的小男孩發現他父親的墨水瓶空了。在他父親外出的那一天，他想把墨水瓶灌滿以幫助他父親。這樣，在他父親回家的時候，他將發現墨水瓶灌滿了。但在打開墨水瓶時，他在桌布上弄髒了一大片墨水漬。

　　這就是皮亞傑在對兒童品德發展階段的試驗。皮亞傑依據精神分析學派的投射原理，採用對偶故事研究兒童的道德認知發展。他設計了一些包含道德價值內容的對偶故事，要求兒童判斷是非對錯，從兒童對行為責任的道德判斷中來探討他們所依據的道德規則，以及因此產生的公平觀念發展的水準。

　　他關於兒童及青少年道德判斷問題的研究，為品德發展的研究提供了一個理論框架和一套研究方法，初步奠定了品德心理研究的科學基礎。

　　皮亞傑對每一個對偶故事都提出了

兩個問題：

（1）這兩個孩子的過失是否相同？

（2）這兩個孩子當中，哪一個比較壞？為什麼？

道德是調整人們相互關係的行為準則和規範的總和。每個社會都希望它的社會成員能夠按照這個社會的道德規範和行為準則行事，因此，品德發展便成為兒童社會化的核心內容。

瑞士著名的兒童心理學家皮亞傑是第一個系統研究兒童道德發展的心理學家。他依據精神分析學派的投射原理，採用對偶故事研究兒童的道德認知發展。下面就是皮亞傑在研究中所用的另外一個對偶故事。

A·有一個小女孩叫瑪麗。她的媽媽出去了，她覺得桌上的玻璃杯很好玩，後來她不小心打破了一個杯子。

B·一個叫妮妮的小女孩想幫助她的媽媽做家事，於是就把桌上的杯子拿去洗，結果不小心打破了3個杯子。

皮亞傑對每一個對偶故事都提出了兩個問題：

（1）這兩個孩子的過失是否相同？

（2）這兩個孩子當中，哪一個比較壞？為什麼？

透過大量的實證研究，皮亞傑發現兒童道德判斷能力的發展與其認知能力的發展存在著互相對應、平衡發展的關係，這種認知能力是在與他人和社會的關係之中得到發展的。

皮亞傑概括出一條兒童道德認知發展的總規律：兒童的道德發展大致分為兩個階段：在10歲之前，兒童對道德行為的思維判斷主要是依據他人設定的外

在標準，且根據行為的後果來判斷行為是否道德，而不考慮行為的動機，該階段稱為他律道德（以上例子中，10歲以下的孩子傾向於認為誰打破的杯子多，誰就比較壞）；在10歲之後兒童對道德行為的思維判斷，則多半能依據自己的內在標準，且認為行為的動機比結果更重要，這個階段稱為自律道德。

皮亞傑（1896年～1980年）
瑞士兒童心理學家，發生認識論的創始人。他出生於瑞士納沙特爾，曾先後當選為瑞士心理學會等多個學術團體的主席，還長期擔任設在日內瓦的國際教育局長（1929年～1967年）和聯合國教科文組織助理總幹事之職。他還是多家心理學刊物的編委，1955年在日內瓦創立「國際發生認識論中心」並擔任主任，直到去世。他最大的貢獻是創立發生認識論的理論體系。
皮亞傑及其理論在獲得世界性聲譽的同時，也遭遇來自不同學派的眾多批評，忽視人的認知發展的社會實踐的制約作用也許是其嚴重缺陷之一。

精神崩潰的海倫

心理缺陷，指無法保持正常人所具備的心理調節和適應等平衡能力，心理特點明顯偏離心理健康標準，但尚未達到心理疾病的程度。心理缺陷的後果是社會適應不良。

一天，有位叫海倫的女士來到心理學家艾森克的辦公室，坐下之後，海倫說：「教授，我的精神崩潰了，您一定要幫幫我！否則，我無法再繼續生活下去了。」

在艾森克教授的安慰下，海倫低著頭，講起了自己的故事：

我27歲，在一家超級市場擔任售貨員。記得十二歲時，是月經初潮，十三歲的時候，有一次，鄰居湯姆老先生曾握住我的手說：「手真胖，真好玩，真是可愛的寶貝！」我當時已經懂得一些男女之間的事，因此，我覺得湯姆老先生對我不懷好意，而且又聯想到別人曾說壞人「強姦幼女」之類的事件等，我非常害怕，以後很長一段時間，我都不敢見到那個湯姆老先生。

我自幼被父母嬌寵、溺愛。我有一個妹妹，她必須聽我指揮，順著我。稍不如意我就生氣。有一次我對母親說話沒有禮貌，父親責備我，雖然話說得不重，但我仍感到非常委屈，覺得「受不了」，以後幾天我都沒理父親。

我非常害怕體育活動，總是擔心身體會受傷，如腿摔斷、眼睛被打瞎、皮肉被割傷。在學校時，一看到有人跨欄跳過，甚至一想到運動，就感到恐懼。

後來，我來到這家超級市場擔任售貨員。23歲的時候，我結婚了。丈夫是個酒鬼，他虐待我，24歲時，我和他離了婚，半年後，我又和一個開貨車的人結婚，沒想到他竟然也是個酒鬼，不過，他倒是沒有虐待我，但他飲酒過度，一年之後竟然把車開下了懸崖……。我非常悲傷，畢竟我還是愛他的。我們有

一個孩子，叫安迪。安迪非常乖，只是這個孩子的眼睛天生近視，我懷疑是遺傳到他的父親，因此，我開始痛恨他的父親。

有一次，我把一位顧客的錢弄錯了，因此，我受到經理責罵，我感到委屈，晚上，我哭了很久。好不容易入睡，卻突然從床上坐了起來，嚷嚷著要去找經理，說經理故意讓我為難。接著，我開始不認識家裡人了，說丈夫、姐姐都是我的同事、說有別人的孩子在「我們家裡」……等我清醒過來，發現自己在醫院裡，非常驚訝，我不知道是怎樣被送來的。

我住院兩天，曾兩次嘔吐並且大喊大叫，我不知道為什麼。有一次，朋友們來看我的時候，曾出現過一陣呼吸困難，意識不清，清醒約半小時，卻查不出病理體徵。

經過心理治療，宣洩了忿怒情緒，身體各種症狀包括關節腫、痛都減輕並消失了。幾個星期後，突然接到母親病危的信，感到心情緊張和焦慮。次日即發現中指關節腫脹、疼痛，以致於戒指脫不下來。過了幾天，這些症狀又消失了。我感到很奇怪，這是怎麼一回事？

丈夫出事之後，我徹底崩潰了，我開始產生心理矛盾，非常痛苦。我每天都作很多夢，夢中，在意識模糊的背影上出現大量的錯覺、幻覺和沒有系統的妄想。以幻覺較多見，內容大多是可怕的場面，如看到殺人，有野獸襲擊，因而我在夢中出現驚恐、喊叫等行為。也有時看到飛蛾、蜈蚣等小動物，我到處捕抓。親人都說我言語多不連貫，東一句，西一句。我的妄想內容也變化無常，片斷而無關聯。意識清醒程度隨身體病的輕重而波動。通常在晚上較重，常興奮躁動不眠，而白天稍輕。定向力不完整或喪失。

我現在處於什麼心理狀態，我不知道，我覺得我好像真的如別人所說的，發瘋了。我真的不知道該怎麼辦？

最後，艾森克說這是在一連串的精神刺激中發生歇斯底里症。她的個性驕

横，運動恐懼，減食厭食，家庭不幸，她的情形是一定的客觀原因造成的人格發展幼稚的一系列心理表現，進而形成妨礙生活與工作的心理障礙。

由於她的性早熟，十二歲月經初潮，出現生理發展與心理發展的強烈矛盾，加之缺乏必要的性知識，雖然自以為懂得一些男女之間的事，實際上反而造成性壓抑，將正常的人際交往聯想為「強姦幼女」，表現出情緒反應強烈與易於妄想而多疑的心理傾向。因而在成長過程中也就造成人格缺陷。

其實，此類人格障礙通常形成於早年，原因除了有較明顯遺傳因素及大腦發育不成熟外，童年的精神創傷、不和睦的家庭及不良社會環境、教育方式方

法不當等都是促使人格障礙形成的外在因素。人格障礙一旦形成後矯正十分困難，因此早期的發現及預防十分重要，要注意兒童的早期教育，讓他們生活在健康的環境中。如發現兒童性格有偏離正常的現象，應盡早矯正、治療。

沃什博恩（1871年～1939年）
美國心理學家，是第一位被授予心理學博士學位的女性。由於她從事動物行為的實驗研究和對動機理論的發展而著名。1921年當選為美國心理學會主席，1931年當選為國家科學院院士。

常見的性格缺陷有：

1、無力性格：這種人精力和體力不足，容易疲乏，常述說身體不適，有疑病傾向。情緒常處於不愉快狀態，缺乏克服困難精神。他們對精神壓力和身心矛盾，易產生心理過敏反應，因此可誘發心理疾病。

2、強迫性格。強迫追求自我安全感和身體健康。會有程度不同的強迫觀念和強迫行為。此類人易發展為強迫症。

3、偏執性格。性格固執，敏感多疑，容易產生嫉妒心理。考慮問題常以自我為中心，遇事有責備他人的傾向。此類人易發展為偏執性精神病。

4、不適應性格。主要表現為社會適應不良。這種人的人際關係和社會環境的適應能力很差。判斷和辨別能力不足，容易發生不良行為。

5、分裂性格。性格內向，孤獨害羞，情感冷漠。喜歡獨自活動。此種心理缺陷易發展為精神分裂症。

6、爆發性格。平時性格呆滯，不靈活，遇到微小的刺激引起爆發性憤怒或激動。

7、攻擊性格。性格外向，好鬥。情緒不穩定，容易興奮、衝動。往往對人、對社會表現敵意和攻擊行為。

國家圖書館出版品預行編目資料

關於心理學的100個故事／汪向東編著.
－－初版－－台北市：宇河文化出版；
紅螞蟻圖書發行，2007〔民96〕
面　　公分，－－(Elite ; 2)
ISBN 978-957-659-608-7 (平裝)

1.心理學-通俗作品
170　　　　　　　　　96004088

Elite 2

關於心理學的100個故事

編　　著／汪向東
發 行 人／賴秀珍
總 編 輯／何南輝
特約編輯／呂靜如
平面設計／劉淯淳
出　　版／宇河文化出版有限公司
發　　行／紅螞蟻圖書有限公司
地　　址／台北市內湖區舊宗路二段 121 巷 19 號(紅螞蟻資訊大樓)
郵撥帳號／ 1604621-1　紅螞蟻圖書有限公司
電　　話／(02)2795-3656 (代表號)
傳　　眞／(02)2795-4100
登 記 證／局版北市業字第 1446 號
法律顧問／許晏賓律師
印 刷 廠／卡樂彩色印刷有限公司
出版日期／ 2007 年 4 月　第一版第一刷
　　　　　 2023 年 11 月　　　第二十刷

ISBN-13：978- 957-659-608-7　　　　　　Printed in Taiwan
ISBN-10：957-659-608-4